Bibliothèque de Philosophie scientifique

P. HACHET-SOUPLET

Directeur de l'Institut de Psychologie zoologique.

La Genèse des Instincts

ÉTUDE EXPÉRIMENTALE

PARIS

ERNEST FLAMMARION, ÉDITEUR

26, RUE RACINE, 26

La Genèse des Instincts

ÉTUDE EXPÉRIMENTALE

PRINCIPALES PUBLICATIONS PSYCHOLOGIQUES
DU MÊME AUTEUR

—————

Le dressage des Animaux. — Firmin-Didot, 1895. Un vol. illustré de cent dessins. (Honoré d'une souscription du Ministère de l'Instruction publique et traduit en allemand par Marschall von Bieberstein. Otto Klemm, Leipzig, 1898.)

Examen psychologique des Animaux. — Schleicher, 1900. (Traduit en allemand par Friedrich Streissler. E. Ungleich. Leipzig.)

Le mécanisme de l'entendement. — A. Ghio, 1885.

Les desiderata de la psychologie zoologique. — Schleicher, 1901.

Le mystère du pigeon voyageur. — Schleicher, 1903. (Travail de l'Institut de psychologie zoologique.)

Le principe des automorphoses. — Schleicher, 1906.

Théorie et applications psychologiques du dressage. — (Conférence présidée par M. Ed. Perrier, directeur du Muséum.) Institut général psychologique, 1909.

La psycho-physique et la notion de tropisme. — Institut général psychologique, 1908.

Les actes-signaux et la physiologie comparée du système nerveux. — Institut général psychologique, 1908.

Des erreurs chez les animaux. — Institut général psychologique, 1904.

Le dressage des chiens sauveteurs. — (Rapport à M. le Préfet de Police). Institut général psychologique, 1907.

Compte rendu d'expériences de psychologie zoologique. — (Congrès international de Rome.) Forzani, 1905. Rome.

Quelques expériences nouvelles sur le pigeon voyageur. — (Congrès international de Genève.) Kündig, 1910. Genève.

Louis-Napoléon. — (Documents inédits sur Napoléon III : Souvenirs de famille, lettres autographes.) E. Dentu, 1893.

Bibliothèque de Philosophie scientifique

P. HACHET-SOUPLET

DIRECTEUR DE L'INSTITUT DE PSYCHOLOGIE ZOOLOGIQUE

———

La Genèse
des Instincts

ÉTUDE EXPÉRIMENTALE

PARIS

ERNEST FLAMMARION, ÉDITEUR

26, RUE RACINE, 26

———

1912

A la Mémoire

de

E. MAREY, de l'Académie des Sciences,

PREMIER PRÉSIDENT
DE L'INSTITUT DE PSYCHOLOGIE ZOOLOGIQUE

PRÉFACE

Darwin et son continuateur Romanes, persuadés qu'en psychologie animale l'expérience était impraticable[1], n'ont procédé que par déduction dans leurs travaux sur les instincts ; notre tentative, au contraire, est essentiellement expérimentale et basée sur l'induction.

Nous avons pu attaquer le problème des instincts par l'analyse et la synthèse expérimentales, grâce à des moyens matériels d'investigation entièrement *nouveaux*. La description de nos méthodes tient d'ailleurs une grande place dans ce livre, à côté de l'exposé des résultats qu'elles nous ont déjà permis d'obtenir.

Comment trouver des documents *objectifs* concernant l'évolution psychique ? Comment se faire une idée des instincts des espèces éteintes dont les espèces actuelles sont les héritières ? Tandis qu'au point de vue organique, la paléontologie nous montre les chaînons qui relient les formes complexes aux formes simples et nous permet d'établir un parallélisme entre le développement embryologique et celui qui s'est produit à travers les âges, nous n'avons aucun

---

1. « Nul ne peut déplorer plus que moi, que la plus intéressante des régions où peut s'exercer la recherche scientifique (l'étude des facultés mentales des animaux) se trouve être celle dans laquelle l'expérimentation ou la vérification de l'induction est le moins applicable. » G. ROMANES.

1

secours comparable au point de vue psychologique.

Les pas d'un Labyrinthodon imprimés dans le sable conchylien, les dégâts causés par des Termites dans quelques troncs d'arbres de l'époque carbonifère, quelques insectes pris d'un seul coup dans la masse coulante des gommes des forêts antédiluviennes et gardant fidèlement l'attitude de la vie, une araignée saisissant une mouche, sont peut-être, avec les impressions des dents des carnivores et des rongeurs sur des ossements, et aussi, parfois, la répartition même des cadavres fossiles, les seules traces, peu significatives, du reste, d'actes d'instinct accomplis par les animaux des périodes géologiques ayant précédé la nôtre.

Quant aux crânes vides de quelques vertébrés fossiles, ce serait revenir au rêve de Gall que d'y vouloir lire l'histoire des instincts, ou seulement d'y chercher les plus vagues indications, puisque la richesse des circonvolutions peut se trouver chez des animaux stupides et que, d'une façon générale, la forme des organes nerveux ne paraît pas avoir, en ce qui concerne le psychisme, la signification que certains savants lui ont prêtée.

Les renseignements que fournit l'embryologie sur l'ordre d'apparition des facultés sensorielles sont, à coup sûr, intéressants, mais ils n'éclairent que de fort loin l'histoire psychique des animaux et ils ont, du reste, été contestés.

Il n'y a donc point de vestiges matériels de la genèse des instincts.

D'autre part, les progrès des animaux jeunes ne peuvent correspondre que d'une façon très grossière au développement psychique des espèces; car le perpétuel contact des êtres vivants avec le monde extérieur, pendant leur jeunesse même, a amené des modifications innombrables (sans doute héréditaires) des états primitifs, dans le sens de la simplification

comme dans celui de la complication. Et c'est pourquoi le passé psychique de l'homme, celui des grands
singes et des animaux domestiques n'est guère éclairé
par l'examen de l'enfant ou d'animaux jeunes et qu'en
principe l'histoire psychologique d'une espèce n'est
que très peu éclairée par l'examen des jeunes.

L'observation pure et simple des instincts n'a rien
produit et ne pouvait rien produire en ce qui concerne leur genèse. Des savants comme Réaumur,
Huber, ou Fabre, les ont décrits avec une patience
merveilleuse, mais n'ont pu les expliquer. Observer
est, en effet, au point de vue évolutionniste, une
méthode absolument stérile. A l'état de nature, les
instincts se forment trop lentement pour que le psychologue puisse noter les phases d'un tel phénomène.

Aussi avons-nous pensé que, pour concevoir une
idée de la genèse des instincts, il fallait chercher à
rendre sensible l'influence du monde extérieur en
accélérant la marche de phénomènes d'habitude, provoqués artificiellement et dans lesquels l'accélération
serait directement produite par la multiplicité et la
fréquence des excitations extérieures déterminées par
l'expérimentateur. Il fallait donc, selon nous, se
demander comment l'animal, du protozoaire au
gorille, *apprend* et agit, quand on multiplie autour
de lui des excitations propres à déterminer des sensations que retient la mémoire. Nous avons voulu
assister à des « naissances d'instincts », démontrer
expérimentalement ce que nombre de philosophes,
de Condillac à Th. Ribot, ont supposé, à savoir que
« l'instinct est une somme d'habitudes héréditaires »[1].

Nous prenons le mot « apprendre » dans un sens
très large. On apprend intelligemment et l'on apprend
par la simple régulation des mouvements imposés
par les conditions extérieures; on apprend avec sa

1. Th. Ribot, *l'Hérédité psychologique.*

raison un théorème de géométrie, mais tous les raisonnements du monde ne serviraient de rien pour apprendre à se tenir sur une bicyclette. Ce sont les expériences répétées du sens musculaire, déterminant certains effets, certaines habitudes sur lesquelles opère une sorte de sélection, qui nous apprennent à nous tenir sur une telle machine : l'intelligence n'est ici pour rien.

Savoir comment les animaux apprennent, comment le protoplasme apprend, ce serait savoir comment les instincts se sont développés. De là l'importance considérable, mais non exclusive, donnée par nous à l'étude des effets du dressage. Ce sont les procédés empiriques des dresseurs professionnels, restés mystérieux pendant si longtemps, qui, réduits à des principes, puis adaptés aux besoins de la science psychologique, nous ont fourni les moyens d'investigation *nouveaux* dont nous parlions en commençant.

Le plus grand nombre de nos expériences furent purement analytiques; les autres, constituant des essais synthétiques, ont abouti à la création d'actes réactionnels ayant tous les caractères de l'instinct et même transmissibles par hérédité.

* *

Le tracé de notre plan est fort simple.

Après avoir parlé des méthodes en psychologie animale et exposé nos procédés expérimentaux, ainsi que les moyens de les appliquer dans les jardins zoologiques, nous cherchons à établir un critère objectif de l'instinct. Pour en délimiter le domaine, nous l'étudions dans ses rapports avec l'énergie extérieure, avec les prétendus *tropismes*, avec les besoins, la sensation, le réflexe, la conscience et l'intelligence.

Nous écartons de nos préoccupations, en la discutant à la lumière d'expériences nouvelles, la notion de tropisme animal, placée naguère par Loeb à la base même de la psychologie, et qui, bien que conduisant à une conception des plus singulières des phénomènes de la vie, fut, d'abord, favorablement accueillie en Amérique et en Allemagne. Selon nous, en fait de tropismes, Loeb n'a mis en évidence que des erreurs de l'instinct; les prétendus tropismes, ou actions directes des « agents » extérieurs sur la matière vivante, *n'existent pas*. Ce sont les rayons N de la psychologie zoologique.

Débarrassé de ces chimères, nous étudions, d'abord, rapidement, l'instinct au point de vue statique. Nous montrons qu'il est toujours la complication d'un besoin et est relié à des sensations affectives et représentatives. Quelques pages sont consacrées à l'étude de la *qualité* des sensations représentatives ; nous faisons alors comprendre comment ce qui est, au cirque, un exercice amusant, peut devenir, dans le laboratoire, un *acte-signal* établissant la reconnaissance par le sujet d'une excitation des sens. Le degré le plus bas auquel il est possible de réduire l'intensité mesurable de l'excitation, tout en obtenant encore l'acte-signal, détermine le seuil de la sensation, c'est-à-dire le degré de l'acuité sensorielle. Il y a là une sorte de *langage* mimique entre l'expérimentateur et son sujet.

Enfin, envisageant le point de vue dynamique, nous cherchons à établir les lois de l'habitude qui ont présidé à la genèse des mœurs, des attitudes corporelles, des industries des animaux, toutes choses si souvent décrites, si souvent embellies, mais dont on a toujours laissé dans l'ombre l'origine lointaine.

Comme facteurs des instincts, de leurs modifications simples ou compliquées, nous sommes amené à admettre, d'abord, le principe invoqué par Lamarck pour expliquer l'évolution organique : *l'action des*

conditions physiques (physico-chimiques) *extérieures.*
A des excitations nouvelles correspondent des représentations mentales et des conditions de dynamogénie nouvelles. C'est là le grand principe biologique; et la psychologie devait nécessairement lui être soumise.

L'usage et le défaut d'usage ne constituent pas pour nous un facteur différent du premier, comme l'a voulu Lamarck; en effet, la cause de l'usage et du défaut d'usage ne se trouve pas dans l'animal lui-même, qui subit les nécessités et ne les crée pas, qui n'agit pas selon son bon plaisir, mais d'après les excitations extérieures; il n'y a ici qu'un cas particulier de l'action des conditions physiques extérieures.

Nous nous appuyons donc sur l'idée maîtresse de la biologie évolutionniste; mais c'est surtout, dans une loi propre à la psychologie, que nous cherchons l'explication du côté le plus mystérieux de presque tous les instincts : la prévoyance.

L'influence du monde extérieur et de ses variations explique bien des choses; elle n'explique cependant pas un caractère fondamental de la généralité des instincts : leur valeur prophétique. Il fallait expliquer comment ont pu être réalisés des instincts qui ne sont utiles que s'ils fonctionnent *avant* certaines circonstances, des instincts qui, en un mot, ont l'air de prévoir. C'est ici que nous faisons intervenir notre *loi de récurrence* des associations de sensations. Déduite d'un nombre considérable d'observations et d'expériences scrupuleusement vérifiées, cette loi, une fois découverte, nous a servi de guide dans toutes nos recherches et les a beaucoup simplifiées.

Loin de croire, comme les néo-Lamarckiens et comme Baldwin, que la prévoyance instinctive se rattache à l'intelligence ou à la « complexité croissante des associations cérébrales » (Baldwin), ou bien, comme d'autres psychologues, qu'elle est un effet de la

sélection agissant sur un ensemble d'actes déterminés
par une sorte de décharge diffuse de l'énergie somatique, nous la faisons résulter directement du mécanisme même des associations les plus simples. Nous
établissons que les associations des sensations se font
toutes, dès le début de la vie de l'individu et certainement ont dû se faire dès le début de la vie des ancêtres des individus actuels, *dans le sens opposé à
l'ordre des excitations extérieures*. La possibilité d'associer des sensations est ainsi, en même temps, *ipso
facto*, une tendance à anticiper. En effet, le monde
extérieur est le théâtre de beaucoup de phénomènes
en série, se reproduisant toujours dans le même
ordre et déterminant des excitations sensorielles correspondant chez l'animal à des sensations; or une
sensation naturellement dynamogène (en général
affective), qui a été précédée d'un certain nombre
d'autres sensations non dynamogènes, forme bientôt
avec celles-ci une chaîne continue qui se complète en
remontant de la dernière à la première. Et cette première sensation de la série finit par déclancher la réaction qui, dès lors, arrive plus tôt que par le passé
relativement aux phénomènes extérieurs. L'anticipation est ainsi réalisée sans intervention de l'intelligence. La sélection n'intervient que secondairement:
1° dans le cas où l'anticipation serait essentiellement
nocive; c'est alors le synchronisme des phénomènes
extérieurs et des phénomènes psychiques nécessairement imposé; 2° dans le cas où l'anticipation est utile
jusqu'à un certain point; alors, à partir de ce point, la
sélection a son effet et rétablit le synchronisme. Dans
cette conception, la sélection a une valeur restrictive.

Le facteur de la récurrence des associations est
psychologique, tout en dépendant du monde extérieur; un autre facteur également nouveau, et qu'il
est important d'ajouter aux deux premiers, est l'*erreur instinctive utile*. L'assemblage de ces mots

semble d'abord un non-sens. Est-ce qu'une erreur peut jamais être utile? Nous verrons qu'il en est fréquemment ainsi.

Comme autres facteurs, nous reconnaissons la décharge diffuse de l'énergie nerveuse, le jeu, l'imitation et l'intelligence proprement dite; mais nous n'avons recours que le moins possible à cette dernière, car elle n'a pu intervenir que très tardivement.

La décharge diffuse qui, dans certains cas, devient une sorte d'essai irraisonné de l'organisme, nous conduit à examiner la célèbre théorie de Jennings et à en dégager l'intérêt puissant en le mettant en relief dans des expériences de dressage. L'éminent professeur de Baltimore a bien voulu résumer ses idées dans une note écrite spécialement pour notre ouvrage: nous lui adressons ici nos remerciements.

En dépensant dans le jeu l'excès d'énergie que fournit parfois le monde extérieur par l'intermédiaire de la nutrition (idée spencérienne), les animaux accomplissent des mouvements qui peuvent se fixer s'ils sont utiles à l'espèce. Il y a, ici, quelque chose de plus que dans la décharge diffuse. En effet, les jeux ne sont pas des mouvements absolument fortuits; ils sont dirigés *dans le sens des organes de relation les mieux développés;* ils constituent donc des espèces d'essais pour prolonger la puissance somatique dans une direction où elle s'est déjà engagée.

A ce point de vue, nous nous appuyons sur nos observations personnelles, sans négliger le beau livre de Groos; mais il est bon de remarquer que cet auteur, contrairement aux affirmations de quelques psychologues, a moins considéré le jeu comme pouvant donner naissance à des instincts que comme une sorte de mise en marche de ces instincts, une fois réalisés, comme un « entraînement » dans la vie actuelle et individuelle des animaux.

La sélection naturelle au sens de Darwin sera souvent invoquée par nous ; mais elle n'est, à nos yeux,
qu'un cas particulier de l'action des conditions physiques extérieures, puisque ce sont elles qui rendent
nécessaires les adaptations à défaut desquelles les
êtres vivants périssent. Et la sélection ne fait
qu'accentuer, tant que leur développement est utile,
les caractères qui existent déjà et que restreindre leur
développement, à partir du moment où ils deviendraient nocifs. Sans elle, on conçoit mal tout perfectionnement d'instinct ; mais elle ne peut pas avoir eu
d'action, à l'origine même d'un instinct. C'est ce que
quelques biologistes n'ont pas suffisamment compris.

On le voit, nous n'entendons pas battre en brèche
les doctrines lamarckienne et darwinienne ! Avec
des moyens nouveaux, nous croyons avoir confirmé
les idées admirables de Lamarck et de Darwin, en
leur donnant, au point de vue psychologique, une
sorte de soutien matériel ; et, d'autre part, les idées
que nous ajoutons aux leurs viennent (en dépit de
quelques divergences dans les détails)[1] comme un
corollaire de leur œuvre.

Enfin, dans une dernière partie, nous tentons d'évoquer une sorte de tableau objectif de l'évolution des
instincts. Nous nous plaçons aux points de vue : 1° de
la répartition territoriale des animaux (c'est dans ce
chapitre que prennent place des études sur les migrations, le problème du pigeon voyageur, les espaces
vides de la nature, etc...) ; 2° de leurs attitudes de
combat, d'amour, etc..., de l'expression de leur
physionomie (c'est ici que nous sommes amené à
combattre quelques idées de détail émises par Darwin) ;

1. Surtout en ce qui concerne la théorie des mouvements
antithétiques de Darwin, théorie dont lui-même n'était pas
satisfait.

3° de leur action sur des objets (industries diverses; nouvelles recherches sur les abeilles, la nidification des oiseaux, etc.). Dans chacune de ces catégories, nous comparons les mouvements que l'on obtient par le dressage aux instincts naturels; et surtout nous rendons compte de nos *synthèses artificielles d'instincts*.

La nécessité de donner dans quelques centaines de pages, en même temps qu'une idée d'ensemble de la genèse des instincts, une étude des méthodes qui ont permis de faire les premiers pas dans ce domaine, nous oblige à procéder, en général, par larges traits et à préciser seulement les détails concernant quelques instincts choisis comme exemples. Du reste, le lecteur ne peut s'attendre à trouver, dans un livre de ce genre, l'explication de tous les instincts connus... puisque pour les décrire seulement, sans tenter de les expliquer le moins du monde, les naturalistes ont publié des bibliothèques entières. Il faut aussi rappeler que, dans l'*Origine des espèces*, Darwin n'a pris que *trois* exemples d'instincts, qu'il considère comme merveilleux entre tous : le parasitisme du jeune coucou, l'esclavagisme chez les fourmis et la construction, par l'abeille, de cases hexagonales. Nous nous sommes attaché, quant à nous, à étudier un certain nombre de formes instinctives caractéristiques auxquelles peuvent être rattachées la plupart des autres.

Janvier 1911.

La Genèse des Instincts

ÉTUDE EXPÉRIMENTALE

LIVRE I

MÉTHODES ANCIENNES ET NOUVELLES EN PSYCHOLOGIE ANIMALE

CHAPITRE I

CRITIQUE DES ANCIENNES MÉTHODES

---

§ 1. — Le point de vue métaphysique.

Il y a une distinction bien nette à établir entre ceux qui étudient les animaux avec des idées préconçues se rattachant à un système philosophique et, d'autre part, ceux qui, après examen objectif, ne se refusent pas le droit de concevoir des idées générales, une théorie sur le psychisme et la vie. Les premiers, avant de commencer à observer ou à expérimenter, supposent prouvé ce qu'il faudrait prouver; les seconds ne font que tirer des conclusions de leurs recherches.

Au premier groupe, se rattache un écrivain digne d'admiration à d'autres égards, « le Réaumur de notre temps », l'auteur des *Souvenirs entomologiques*, M. Fabre. « Certes, disions-nous dans une conférence sur *Les desiderata de la psychologie zoologique*[1], si

---

1. *Bulletin de l'Institut de psychologie zoologique*, octobre 1901.

nous voulions suivre les idées de M. Fabre, nous
n'aurions nul besoin d'ouvrir des laboratoires de
psycho-zoologie! Pour lui, les animaux agissent d'une
certaine façon parce qu'ils ont toujours agi de cette
façon; et il est très prudent de se contenter de les
regarder, de décrire leurs mœurs matérielles, sans
nous inquiéter des ressorts cachés qui nous donnent
la comédie de la vie. Que nous importe! — Ne nous
suffit-il pas de penser que la Providence règle les
affaires du monde? — Un tel raisonnement rappelle
celui du Sire de Joinville devant le Nil débordé et
constitue la négation de toute science : « On ne sait,
disait le conseiller de saint Louis, d'où vient cette
crue, si ce n'est de la volonté de Dieu! »

Esprit religieux, Fabre est consolidé dans sa foi par
tout ce qui lui paraît inexplicable sans la constante
et directe intervention de Dieu. Il aspire au mystère.
S'il observe, il semble que ce soit pour chercher des
problèmes insolubles, plutôt que des explications; il
est impossible de mieux réaliser l'inverse d'un esprit
philosophique. Observateur passionné des mœurs
matérielles des insectes[1], il s'est défendu de chercher
à en expliquer la genèse, comme il avait repoussé les
idées évolutionnistes en ce qui concerne la réalisation
des organes.

L'avenir, qui gardera le souvenir de cet écrivain,
dont Ed. Rostand a pu dire qu'il était un poète, de ce
peintre zoologiste qui dramatisa avec tant d'art ses
recherches, lui reprochera d'avoir compliqué à plaisir
les instincts pour satisfaire son rêve d'une création
indéchiffrable. Il lui reprochera aussi de s'être con-
tenté de quelques essais expérimentaux insuffisants
et dont les conclusions devaient être facilement
détruites par des expériences plus pénétrantes[2].

1. C'est-à-dire de tous leurs déplacements somatiques.
2. Celles de Marchal, par exemple, sur l'*Ammophila affinis*.

§ 2. — La méthode anatomique et le postulat du rapport entre le psychisme et la forme du système nerveux.

Ce qui frappe tout d'abord quand on passe en revue les anciennes méthodes d'information en psychologie animale, c'est qu'aucune d'elles n'a été conçue au point de vue de l'évolution. Elles n'ouvrent que le champ du présent.

On a bien essayé de faire entrer d'un seul coup toute la psychologie animale dans l'évolution biologique en proclamant que les fonctions psychiques ont dû suivre pas à pas le développement des organes nerveux; mais les résultats de cette méthode restent vagues, imprécis; et certains d'entre eux sont évidemment faux.

Haeckel, qui, dans ses monographies consacrées aux éponges calcaires et dans toutes les questions d'anatomie, d'embryologie ou de physiologie a su étreindre avec tant de force les réalités biologiques, n'a guère traité la question psychologique qu'au cours d'ouvrages de vulgarisation. Et comme il écrivait à une époque où, pour le succès de la doctrine, il importait d'aller vite et de donner, fût-ce *grosso modo*, une idée de l'évolution dans tous les domaines de la biologie, il adopta, avec confiance, la méthode anatomique, la seule qui fût à sa portée. Il n'a pas cherché à écrire l'histoire des instincts, mais à montrer les formes transitoires des organes nerveux; il a ensuite projeté dans le département psychologique des aspects de la mentalité animale correspondant, *selon la vraisemblance*, à ces différents stades. Il se contente d'une approximation des plus larges quand il écrit : « L'ordre dans lequel se succèdent les débris fossiles des classes de vertébrés nous révèle en partie, en même temps que leur enchaînement phylétique, le développement progressif de leur enchaînement psychique ». Si nous constatons avec Haeckel le développement quantitatif du cerveau chez les mammifères placentaliens pendant l'époque tertiaire, par exemple, chez les ongulés, les carnivores et les primates, nous pourrons dire, sans doute, qu'il y a « un progrès entre les représentants d'un même groupe, au début de la période de l'éocène et de l'oligocène et, plus tard, pendant la période du miocène et du pliocène » ; mais de tels renseignements, on ne tire qu'une idée trop générale : « Le complexe sort partout du simple... » L'esprit contemporain réclame des détails infiniment plus précis[1].

Que quelques indices fournis par l'embryologie (par exemple l'ordre d'apparition de la myéline indiquant l'ordre dans lequel ont dû apparaître les fonctions sensorielles) soient intéressants, nous ne le nions pas (malgré les vives critiques de plusieurs névrologistes) ; mais la méthode anatomique perd ses droits quand il s'agit d'instincts, c'est-à-dire de sensations associées. Elle ne peut ici que procéder par déductions, analogies, et les conclusions qu'elle a données sont non seulement hypothétiques, mais, pour la plupart, absolument fausses.

S'il n'y avait qu'une fonction chez chaque animal, ses organes étant parfaitement adaptés à cette fonction, l'histoire psychologique des espèces se lirait en même temps que son histoire organique ; mais un organe peut servir à plusieurs fins ; par cela même, une adaptation complète à chacune d'elles est impossible. C'est pourquoi l'évolution organique, bien que liée à l'évolution psychologique, ne la suit pas chaînon à chaînon. L'instinct n'est certes pas « indépendant de la forme des organes » (nous étudierons ces questions), mais étant multiple alors que la forme orga-

1. L'illustre maître d'Iéna a bien voulu adhérer complètement à nos premières tentatives pour intéresser les savants au dressage ; il est devenu un partisan très convaincu de la méthode « zoopédique ».

nique est forcément une, il faut bien qu'il consiste souvent en des emplois différents d'un même organe. De là le danger de dire, comme certains évolutionnistes, que le psychisme s'est développé parallèlement aux complications morphologiques des systèmes nerveux et musculaire.

L'histologie pourrait peut-être éclairer la question, mais combien elle est loin d'appréhender matériellement les données du problème! Les limites de la vision, aidée des plus puissants appareils d'optique, ne semblent pas le permettre.

Et cependant, pour certains savants, le critère anatomique est resté une sorte de dogme intangible, rendant inutiles toutes recherches nouvelles. Leur désir de connaître est satisfait dans le domaine de l'évolution psychique. Du seul examen d'un système cérébro-spinal, ils déduisent l'existence de telles ou telles facultés, et, en plaçant en série des formes ayant des degrés divers de développement, ils construisent la phylogénie d'un groupe. Tel animal, disent-ils, a une intelligence « moyenne » ou une « intelligence très développée », « l'examen de son encéphale le prouve ». Ils émettent des aphorismes comme celui-ci : « Les poissons ne peuvent associer leurs sensations, *puisqu'ils n'ont pas de substance corticale* ». Il devient, dès lors, bien inutile d'observer les actes des bêtes et de faire des expériences psychologiques ; ce serait accomplir une œuvre « indigne d'un savant ». On a beau dire à ces sectaires : « Regardez! Voici, dans un cristallisoir, un poisson qui a appris à se placer dans un tube quand on allume une petite lampe électrique immergée![1] Ce poisson a donc associé la sensation visuelle procurée par la lampe aux sensations musculaires de pénétration dans le tube... Considérez,

1. Voir *les Actes-Signaux*, par P. HACHET-SOUPLET, *Bull. de l'Institut général psychologique*, 1908.

d'une part, ce cerveau à circonvolutions abondantes ;
c'est celui d'un mouton qui s'est précipité dans un
ravin où venait de tomber un autre mouton ; et,
d'autre part, ce cerveau presque lisse : c'est celui d'un
Hamster qui avait, de son vivant, l'ingéniosité de
couper avec les dents la corde qui suspendait au-
dessus de sa tête, après avoir passé sur une poulie,
un petit seau rempli de grains... Que pensez-vous,
désormais, de la signification psychologique des circonvolutions? » Les anatomistes répondent : « Nous
ne voulons pas apprendre ces faits et nous les nions
a priori ».

Voici, à ce sujet, quelques passages de communications qu'a bien voulu nous faire, de son propre mouvement, M. Jules Soury, l'éminent psychologue,
parce qu'il éprouvait le besoin de nous dire, après
lecture de notre *Examen psychologique des animaux*, ce qu'il « avait sur le cœur » et toute sa
révolte devant des expériences qu'il jugeait inutiles :
« Je suis incompétent en psychologie empirique,
n'étant à aucun degré expérimentateur. » (4 oct. 1908).
«... Vous citez des faits, vous invoquez des témoi-
gnages, mais les uns et les autres n'existent point
pour nous, théoriciens, qui savons simplement qu'une
fonction ne saurait exister sans un organe, en particulier chez des êtres aussi hautement différenciés que
les mammifères. Je nie donc, *a priori*, ce que, de la
meilleure foi du monde, vous affirmez pour l'avoir
entendu, vu, touché... *Nous refusons d'observer des
faits que d'avance nous déclarons impossibles.* Vous me
trouverez aussi irréductible dans tous les domaines
de la connaissance pure, c'est-à-dire scientifique....
Je refuserais d'assister à des expériences... » (15 octobre 1908).

« Je refuserais d'assister à des expériences! » —
Refuser le témoignage direct des sens, pour s'enfermer dans une idée! Aucune bulle papale n'a con-

tenu d'affirmations plus tranchantes. Chateaubriand avait déjà jugé ce dogmatisme scientifique. Son Canadien, examiné par un comité de savants, parlait ainsi : « Un troisième (savant) fut d'avis de m'adresser des questions ; mais un quatrième s'y opposa, disant que, d'après la conformation extérieure de ma tête, il était impossible que je comprisse ce qu'on me demanderait. » (*Les Natchez.*)

Pour rendre féconde la « méthode anatomique » telle que nous venons de la décrire, il faudrait, nous semble-t-il, changer sa base même. Au lieu de placer artificiellement, dans un cerveau donné, des facultés *supposées*, il conviendrait de commencer par établir expérimentalement la psychologie des animaux d'après leurs actes. On chercherait, seulement après de nombreuses observations sur des espèces différemment organisées, à établir une corrélation entre l'existence de tel élément nerveux et de telle aptitude psychique[1].

§ 3. — De l'observation simple des animaux dans la nature.
Rareté des renseignements qu'elle fournit.

« Observons directement les animaux dans la nature », avait écrit Leroy, ce garde des forêts qui fut assez hardi pour ne pas redouter les foudres de la science officielle de son temps.

Ce programme semble admirable en sa simplicité, mais il faut en envisager les impossibilités.

Leroy fut un chasseur qui mit de la sincérité, de la philosophie et de l'éloquence dans des récits où il n'y a, d'ordinaire, que de l'imagination et de la faconde ; il aimait les bêtes et les voyait en beauté ; ses *Lettres*

---

1. Voir *les Actes-Signaux* et *la Physiologie comparée du système nerveux*, par P. Hachet-Souplet.

constituent une œuvre très remarquable pour l'époque;
mais la méthode qu'elles préconisent n'était pas applicable et elle n'a pas été appliquée, précisément en ce
qui concerne les animaux que Leroy avait en vue : les
mammifères et les oiseaux.

Supposons qu'un psychologue de carrière (sans
fusil sur l'épaule) s'adonne à l'observation des bêtes
à l'état de nature d'après les conseils de Leroy; il
n'arrivera absolument à rien, car comment se conformer à des instructions de ce genre : « Ce n'est qu'en
suivant l'animal dans ses différents âges et dans les
événements de sa vie qu'on peut parvenir à connaître
le développement de son instinct et la mesure de son
intelligence[1]. » Il est impossible de réaliser ce plan;
il est vrai aussi qu'en dehors de ce plan, il n'y a aucun
moyen d'*observer* la vie libre d'un mammifère ou d'un
oiseau; la méthode n'est donc pas applicable.

Le fût-elle, il ne faudrait lui demander que d'être
descriptive, elle ne s'applique qu'au présent, qu'à
l'état actuel de l'animal étudié, elle ne peut fournir
aucun renseignement sur l'évolution de l'instinct,
car dans les conditions naturelles, il se modifie
trop lentement. On peut sur les grèves, dans les
plaines et les bois, « collectionner » quelques faits
psychologiques, rares du reste, comme on collectionne
des insectes et des pierres; mais non apprendre comment ces actes que l'on observe chez un animal ont été
acquis par l'espèce. Un psychologue purement observateur agirait comme un chimiste qui ne voudrait
étudier les réactions de la matière que d'après les
phénomènes naturels. Il n'apprendrait vraiment pas
grand'chose.

D'ailleurs, si la méthode de Leroy avait été pratique, un écrivain comme M. Cunisset-Carnot, qui
s'occupe des mêmes animaux que Leroy, pourrait-il

---

1. *Lettres sur les animaux*, p. 14, LEROY.

écrire aujourd'hui : « Tout ce que les animaux font, quand ils sont livrés à eux-mêmes et ne sont plus préoccupés de la terreur que nous leur inspirons, leur vie pratique, leurs mœurs intimes, tout cela est encore, pour nous entouré d'une profonde obscurité. » « Nous savons ce que fait l'animal chassé, mais au delà, plus rien... »

Et que dire des espèces de mammifères et d'oiseaux exotiques ?

Les voyageurs naturalistes ont rendu les plus grands services à la systématique, mais ils n'ont à peu près rien fait pour la psychologie. Il y a toujours dans les faits qu'ils rapportent une grande part d'incertitude, et si les renseignements qu'ils fournissent sont rares, ils sont aussi très souvent contradictoires. Brehm a fait, à ce propos, des remarques fort justes. Il est même curieux de constater que, très souvent, ce sont les observations faites dans les jardins zoologiques qui ont permis de rectifier les erreurs des voyageurs !

L'observation directe, dans la nature, n'a guère pu être utilisée qu'en ce qui concerne les animaux inférieurs et surtout les insectes, parce qu'il est facile de les suivre tout en se déplaçant fort peu et aussi parce que la plupart n'ont pas l'air d'être influencés par la présence de l'homme, quand celui-ci prend quelques précautions.

L'observation simple a toujours un grand défaut ; c'est qu'infiniment moins expressive, moins « parlante » que l'expérience, et n'étant pas comme elle facilement renouvelable, en variant les conditions, il devient impossible, quand on l'emploie seule, de décider quelle est, entre plusieurs interprétations, la bonne, celle qu'il faut garder.

Selon ses tendances philosophiques, chaque observateur interprète, — et souvent dans les sens les plus différents, ce qu'il a vu.

Les esprits « statiques » introduisent partout l'idée de discontinuité. Partout où il y a des différences apparentes, ils ne veulent voir aucun lien entre les phénomènes. Cette tendance est très accusée chez H. Coupin, par exemple, qui, préoccupé de cette idée, juste d'ailleurs, qu' « il n'y a aucune relation entre la perfection de l'industrie d'un animal et le degré plus ou moins élevé de celui-ci dans l'échelle des êtres »[1], se hâte d'en conclure qu'ici : « L'évolution perd ses droits ». Elle ne les perd, aux yeux de cet auteur, que parce qu'il cherche à découvrir, non pas des rapports entre un organe, fonctionnant dans une industrie, et les perfectionnements de cette industrie ; mais un rapport, à la vérité, impossible, entre les échelons de complexité organique générale et la perfection d'une industrie déterminée. Du reste, cette idée de « perfection » est discutable ; tout organisme, adapté à ses conditions particulières d'existence, ne remplit-il pas aussi parfaitement son but que l'homme ou n'importe quel autre animal, également bien adapté, remplit le sien ? La complication n'est pas une supériorité, une perfection. L'important est de vivre ; c'est la vie qui est admirable et d'autant plus admirable, peut-être, qu'elle est obtenue et maintenue par des moyens plus simples ; or, la vie ne peut durer à travers les changements lents du milieu, sans adaptations correspondantes, c'est-à-dire sans évolution.

Les évolutionnistes ont exagéré à l'extrême la tendance contraire, — celle de l'esprit dynamique, — en donnant toute leur confiance à la méthode éthologique interprétée d'une certaine façon.

---

1. *Les Arts et métiers chez les animaux*, par H. Coupin.

§ 4. — La méthode dite « éthologique ».

Au point de vue évolutionniste, on spécialise le sens réel de l'expression : « Méthode éthologique » en désignant par ces mots la transposition dans le temps de ce que l'on constate dans l'espace, en observant des animaux ayant des instincts qui offrent entre eux des rapports, sans être cependant identiques. Ayant remarqué que des espèces voisines ont, à des degrés divers, un instinct déterminé, l'on fait de ces degrés une série enchaînée se déroulant d'une époque à une autre.

L'observation éthologique est un procédé fort ancien. Darwin, Haeckel, Giard et beaucoup d'autres ont employé plus ou moins largement cette méthode. Darwin a expliqué, par exemple, la complexité de l'industrie de l'abeille par la comparaison éthologique. « J'ai été étonné, écrit-il à ce propos, de constater combien nous pouvons encore fréquemment découvrir d'intermédiaires conduisant vers les instincts les plus compliqués » [1]. Ed. Perrier n'a cessé de recommander la méthode éthologique : « Toutes les fois que l'on observe chez un animal un instinct qui semble miraculeux, on trouve chez les animaux du même groupe une série graduée d'instincts, d'abord très simples, desquels on peut s'élever par une série de modifications continues et parfaitement explicables jusqu'à l'instinct qui paraissait merveilleux quand il était isolé. » Il va jusqu'à faire ce rapprochement : « En fixant toutes ces étapes sur une bande cinématographique, on pourrait faire revivre dans tous ses détails l'évolution *logique* de tous les instincts [2]. »

Une telle évolution peut satisfaire la logique ; mais

1. *Origine des espèces*, REINWALD, p. 230.
2. C'est ce que G. Bohn appelle « l'évolution des connaissances des animaux suivant les habitats ».

aucune preuve objective ne montre qu'elle a été réelle. Le lien entre plusieurs faits éthologiques est seulement dans notre esprit, puisque nous n'avons jamais vu l'un de ces faits engendrer le suivant. Il y a là une espèce d'illusion d'optique. C'est ainsi que lorsque, emporté par un train, on passe très vite devant des poteaux télégraphiques inégaux en hauteur, on a l'impression de ne voir qu'un seul poteau qui grandit, diminue, puis grandit encore. Les partisans de ce système prennent, en somme, leurs idées d'évolution pour des démonstrations objectives d'évolution.

Nous estimons que la méthode éthologique peut être utile, si on veut la considérer comme capable seulement de suggérer des thèmes d'expériences. Elle met, en effet, sur la voie de recherches fort intéressantes ; mais elle ne peut faire davantage.

Si, par exemple, on a constaté qu'une espèce A, vivant dans un milieu M, manifeste tels ou tels instincts de fuite, tandis que l'espèce B, morphologiquement voisine, vivant dans un milieu M', se comporte d'une autre façon, montre, par exemple, des aptitudes plus perfectionnées à fuir, rien ne prouve, certes, que l'instinct de l'espèce B est sorti d'un instinct identique à celui de A, comme l'affirmeraient les partisans de la méthode éthologique simple ; mais c'est assez pour montrer qu'une vérification expérimentale est ici possible. En effet, si nous transportons A dans le milieu où vit B, nous pourrons sans doute assister à une transformation curieuse... A vrai dire, il faut, pour obtenir de pareils résultats, beaucoup de temps (les essais de l'*Institut de psychologie zoologique* le prouvent); ce n'est pas une raison pour ne pas entrer résolument dans cette voie où l'on peut trouver des documents très démonstratifs.

§ 5. — L'observation simple des animaux domestiques ou seulement captifs.

Darwin a signalé quelques variations d'instinct chez des animaux à l'état domestique. On pourrait en étudier un grand nombre ; mais il n'y a là que des *atténuations* d'instincts devenus en partie inutiles ; l'animal ayant la nourriture assurée, les rouages nervoso-musculaires qui permettaient de la rechercher restent inoccupés et se « rouillent ». Les variations sont donc ici presque toujours des suppressions partielles, et non des synthèses d'instincts nouveaux. Ces suppressions peuvent être respectées par l'hérédité ; mais il n'est pas possible de le prouver, car, dans ce cas particulier, on peut admettre l'idée de Russel-Wallace et supposer que le jeune s'est instruit directement à son tour, puisqu'il est né dans le milieu nouveau qui avait instruit ses parents. C'est du moins là une objection des plus sérieuses et qui ne pourrait être détruite que par *des faits* d'une signification opposée.

D'autre part, les animaux en cage ne peuvent faire preuve d'aucune adaptation psychique véritable, car aucun événement ne traverse leur existence. Fréd. Cuvier, le frère du grand Cuvier, qui eut à sa disposition la ménagerie du *Jardin des Plantes*, a pu constater cet inconvénient. Malheureusement, pour y remédier, il se contenta de laisser gambader quelques singes et de provoquer des mariages chez la gent simiesque ; il ne fit aucune expérience méthodiquement suivie.

Or, l'observation simple, surtout celle des animaux captifs, est un procédé beaucoup trop « contemplatif » et à peu près stérile. La Fontaine a demandé « que faire en un gîte à moins que l'on ne songe ? » mais que aire dans une cage, à moins que l'on ne dorme ou que l'on ne tourne sur soi-même jusqu'au vertige et à l'abrutissement complet?

D'ailleurs, Fréd. Cuvier, comme Fabre, fut toujours gêné par ses préjugés en psychologie : « Pendant très longtemps, a écrit Ed. Perrier, lorsqu'on a observé les animaux, on n'a pu s'empêcher de faire intervenir ce que l'on croyait savoir sur leur origine et sur leur fin. Les observations faites par F. Cuvier sont entachées de cet esprit... *Ces conditions d'observations sont très fâcheuses* »[1].

Elles devaient conduire Fréd. Cuvier à des contradictions extraordinaires. Mais ses erreurs de détail n'ont pas nui à la portée de ses travaux autant que son manque d'esprit méthodique. En effet, il allait au hasard, sans programme tracé, attendant les rares événements qui peuvent se produire dans une ménagerie. Aussi, dans son héritage scientifique, ne trouvat-on aucune idée à mettre à profit ; il ne pouvait faire école ; et les naturalistes ne touchèrent plus, après lui, aux questions qu'il avait effleurées. En France, ils ne firent plus l'honneur d'une visite aux *vivaria*, qui retombèrent au rôle de curiosité populaire; en Angleterre, Darwin et Romanes devaient se borner à quelques rares observations au Jardin zoologique de Londres.

En ce qui concerne l'étude des animaux domestiques, au point de vue expérimental, on ne peut guère signaler que les essais de sir J. Lubbock, qui a fait quelques remarques sur ses chiens. Il s'est arrêté à mi-chemin dans une voie excellente. Faute de connaître ce que j'appellerai la technique du dressage, il a été amené aux plus singulières conclusions, refusant au chien la discrimination des couleurs (qu'il possède fort bien) et lui accordant la faculté de comprendre l'écriture, — ce qui est une pure rêverie. Il est juste de dire que

1. ED. PERRIER. (*Bull. de l'Institut psychologique*, mai-juin 1904).

Lubbock n'a jamais écrit le mot « dressage »; il se
fiait à la bonne volonté de son élève et espérait que
celui-ci irait au-devant de son désir par une sorte
d'auto-éducation. Ces essais n'ont fait d'ailleurs que la
matière de cinq ou six pages dans l'œuvre, à d'autres
points de vue, si remarquable de l'éminent savant
anglais.

§ 6. — Méthode expérimentale de l'excitation simple. Ses dangers.

Réaumur, Lubbock, Forel et beaucoup d'autres naturalistes ont employé quelquefois dans leurs recherches
expérimentales une méthode basée sur l'excitation
simple. Ils s'aidaient aussi d'une sorte de sélection
anatomique et opéraient presque exclusivement sur
des insectes.

Ils cachaient, par exemple, un fruit sous des
feuilles, et, après avoir constaté qu'un insecte l'avait
découvert, ils le privaient d'un de ses appareils sensoriels. Si, après cette vivisection, l'arthropode ne
découvrait plus le fruit, les expérimentateurs con-
cluaient que l'organe amputé était celui qui avait
servi, en premier lieu, à trouver la cachette. Ou bien,
encore, ils dissimulaient quelques femelles de Bombyx, dégageant apparemment une odeur spéciale, et
cherchaient à savoir si des mâles, privés de leurs
antennes sauraient, quand même, la découvrir.
C'étaient là des applications d'une méthode d'excitation simple (excitation olfactive produite par le fruit,
par la femelle, etc.). Beaucoup plus tard, Lœb[1] devait

---

1. Nous avons fait remarquer dans notre mémoire sur *les
Actes-Signaux* (février 1908) que la méthode de Lœb n'utilise
que des « excitations simples » et cette distinction a été reprise
par Ed. Claparède dans sa communication au Congrès de
Francfort-sur-le-Mein.

transformer cette méthode et en montrer les dangers par des erreurs qui resteront célèbres.

Lœb procédait avec les corps vivants comme un physicien avec les corps bruts. Après avoir isolé, dans quelque cristallisoir, l'animal à étudier, il essayait sur lui les effets des différents « agents » physiques à sa disposition et surtout ceux de la lumière. Ces essais curieux faisaient ressortir des perturbations causées par l'isolement du sujet; mais Lœb les interpréta tout autrement. Il se trompa sur la valeur de sa méthode en n'apercevant pas les aberrations qu'elle peut entraîner. En effet, elle est analytique en ce sens qu'elle sépare systématiquement les excitants qui peuvent agir sur les animaux et qu'elle laisse de côté à peu près complètement les objets pour ne considérer que les « agents » physico-chimiques; mais ce fut une étrange duperie chez Lœb, de croire qu'une telle analyse correspondait nécessairement à celle des facultés des animaux et qu'elle conduisait à en révéler les éléments simples ! Ce n'était qu'une *analyse à priori !*

Ce biologiste interroge l'animal en l'excitant au moyen d'un « agent » extérieur et, dès que l'animal réagit, il déclare que la réaction provoquée est *un effet direct* de l'agent extérieur, *un tropisme.* L'isolement artificiel de l'excitation étant anormal, crée, à la vérité, des erreurs d'association qui ont pour conséquence des actes instinctifs fonctionnant à faux : Lœb déclare que c'est là le mécanisme essentiel de la réaction du protoplasme aux influences des agents extérieurs.

En résumé, la méthode, très étroite, employée par ce savant, semble n'avoir pour but que de consolider la notion de tropisme animal, créée *à priori* par le même savant. Au lieu d'avoir une méthode pour chercher la vérité, il se sert de procédés qui ne laissent passer, qui ne mettent en relief que certains faits : ceux de nature à établir l'exactitude apparente de la théorie proposée. A son insu — car nous n'avons pas le droit de suspecter sa bonne foi — la forme expérimentale qu'il adopte dénature, transforme les faits, ou plutôt leur apparence. Aucune, à vrai dire, ne présente d'aberrations aussi dangereuses. Elle aura retardé les progrès de la science de plus de vingt ans : c'est un outil de déformation.

Elle ne pourrait devenir un outil de travail positif qu'une fois débarrassée de toute idée préconçue et employée parallèlement à d'autres procédés servant de contrôle.

§ 7. — Méthode de la salivation psychique.
Limitation de sa portée.

Les expériences de « salivation » étaient encore dans le domaine de la physiologie pure, il y a seulement quelques années.

On sait pourtant, depuis le xviiie siècle, que lorsqu'on présente de l'avoine à un cheval, cet animal salive avant d'avoir l'avoine dans la bouche[1]; or tout le principe de la « salivation psychique » est là. Malloisel, en 1905, a soutenu une thèse excellente sur cette question; et il était, dès lors, assez naturel de penser qu'un peu transformé, ce procédé pourrait peut-être servir en psychologie animale. C'est ce que les chercheurs de l'école de Pawlow ont compris; mais, tout en reconnaissant que cette méthode peut renseigner sur certains points, nous ne lui accordons qu'une confiance restreinte.

On a eu tort de dire qu'elle permet l'étude des lois des associations; elle ne peut en embrasser l'ensemble puisqu'elle ne comporte que l'emploi du signal de la

---

1. Et ne sait-on pas depuis toujours que la vue d'un aliment appétissant fait « venir l'eau à la bouche » ?

sécrétion, qui est en dehors de toute influence de la volition et semble même ne pas être soumis aux mêmes lois que les réflexes musculaires.

C'est faute d'avoir fait cette dernière distinction que certains commentateurs français de cette méthode (très enthousiastes, parce que les savants étrangers qui viennent de l'illustrer par des tentatives méritoires, travaillant en Russie, n'offrent aucune concurrence redoutable aux chercheurs des laboratoires français) ont voulu en tirer des certitudes qu'elle ne peut donner et ont pris pour des « extinctions psychiques » ce qui n'est probablement que la limite de la production matérielle du liquide physiologique en un temps donné. (Voir p. 224 de ce livre.)

La « salivation psychique » n'a de portée qu'en ce qui concerne les lois psychologiques de la sécrétion. Déjà les résultats obtenus par les élèves de Pawlow sont sur certains points en contradiction absolue avec ceux que l'on obtient en utilisant les réflexes *musculaires* quels qu'ils soient. Et même au point de vue de la sécrétion, on oublie trop que les sensations internes variables en fonction des phénomènes physiologiques, créent nécessairement des perturbations sans qu'il soit toujours possible de les discerner.

J'ajouterai que cette méthode, nécessitant l'agression chirurgicale, est repoussée par tous les amis des animaux qui, surtout dans le domaine de la psychologie pure, réprouvent la vivisection, et qu'elle ne peut être appliquée aux animaux rares des jardins zoologiques, puisqu'elle compromet non seulement leur beauté, mais aussi leur santé.

CHAPITRE II

LA MÉTHODE DES EXCITATIONS MULTIPLES

La meilleure méthode de psychologie zoologique n'est-elle pas *a priori* celle au moyen de laquelle il serait possible de faire varier à l'infini les conditions expérimentales, afin d'explorer les cas les plus différents, de contrôler sans cesse un essai par un autre, en un mot, de restituer, autant que cela se peut, les multiples excitations de toutes sortes qui agissent sur les animaux dans la nature et d'embrasser ainsi tous les problèmes de la psychologie comparée?

Il faudrait, en outre, qu'après cette exploration dans l'étendue, un pareil instrument de travail permît aussi une exploration dans le temps et qu'avec lui il devînt possible de hâter artificiellement la production des phénomènes, de façon qu'invisible dans la nature, parce qu'elle y est trop lente, l'évolution psychique pût être, pour ainsi dire, directement perçue par l'œil humain. On créerait ainsi des états successifs, des cycles psychiques dont on n'aurait qu'à étudier les phases pour entrevoir la genèse des instincts aussi bien que les lois de l'intelligence.

C'est à établir une telle méthode que mes collègues et moi avons travaillé pendant de longues années, en organisant nos recherches à l'*Institut de psychologie zoologique*.

Deux principes nouveaux dominent l'œuvre de cet Institut :

1° L'application *systématique* de la méthode expérimentale et particulièrement du dressage scientifique à l'étude des animaux, surtout des vertébrés;

2° L'organisation pratique des études expérimentales sur les hôtes des jardins zoologiques.

§ 1. — Enquête sur le « dressage ».
Les idées du Dr Gustave Le Bon.

Il est bien singulier que, sachant qu'il existe dans le monde des hommes assez adroits pour imposer leur volonté aux animaux les plus divers, pour transformer leur manière d'agir, leur imposer des habitudes qui deviennent des espèces d'instincts, les psychologues n'aient pas fait tous leurs efforts, depuis de longues années, pour pénétrer les « secrets » de cette puissance. Il est étonnant qu'ils ne se soient pas demandé si ces secrets n'étaient pas, à vrai dire, des moyens d'éducation fort naturels et, cela étant, si des influences toutes pareilles, agissant dans la nature, n'étaient pas des facteurs de ces modifications de l'instinct que l'évolutionniste admet théoriquement.

Nul doute que l'illusion, l'artifice, ne règnent en maîtres dans les spectacles d'animaux savants; mais si nous ne devons assurément pas croire que des chiens, comme le célèbre Munito, font réellement des calculs compliqués prouvant une intelligence égale à celle de l'homme, il n'en est pas moins vrai que les Munitos obéissent à des ordres imperceptibles pour le spectateur; et le mécanisme d'une telle obéissance est un problème psychologique des plus intéressants!

Romanes a cru que la méthode expérimentale n'était guère applicable à la psychologie comparée :

que n'a-t-il tourné ses vues du côté du dressage!

Au premier abord, rien ne ressemble plus à un instinct que les exercices d'un animal savant : même régularité, même ignorance probable du but... Quel domaine immense pour le chercheur! Et comment n'a-t-on pas vu plus tôt qu'il y a là, non seulement des faits à expliquer en les considérant sous un jour évidemment très différent de celui sous lequel les professionnels du cirque et du théâtre les présentent; mais encore des procédés qui, transformés, débarrassés des oripeaux du théâtre, pouvaient devenir des moyens de recherche scientifique infiniment précieux?

Certains savants ont prétendu que l'instruction donnée aux bêtes, étant tout « artificielle », l'étude des moyens employés par les dresseurs ne peut rien apprendre sur les lois de la nature. Qu'entendaient-ils donc par « artificiel »? S'imaginaient-ils que l'homme est capable d'agir en dehors des lois de la nature? Le dressage est une expérience humaine, soumise nécessairement aux lois générales de la vie et, par conséquent, elle peut servir à les démontrer. Au sens absolu, « artificiel » ne veut pas dire antinaturel! Ce qui paraît artificiel, c'est ce qu'on ne voit pas d'habitude en dehors de l'intervention humaine. Or, L. Favre le répétait naguère après Cl. Bernard : « Les exceptions, les anomalies, les exagérations en psychologie comme en astronomie, en physique, en chimie, en biologie, etc..., nous mettent sur la voie des découvertes, parce qu'elles révèlent ou rendent sensible l'action de facteurs inconnus; elles facilitent l'étude qui fera découvrir ces facteurs. Où il y a un paradoxe, il y a une découverte à faire ».

Comment l'exemple de ce qu'a produit l'étude bien comprise de l'anormal dans le domaine biologique n'a-t-il pas ouvert, vingt ans plus tôt, les yeux des psychologues sur la valeur du dressage dans leurs études spéciales? Pour arriver à son admirable con-

ception de la sélection, Darwin est parti d'une étude
scientifique de la sélection dite « artificielle »; or, ses
idées ont été prodigieusement fécondes ; et ne pou-
vait-on, dans le domaine de la psychologie animale,
partir de l'éducation dite « artificielle » des animaux
pour tâcher d'arriver à une conception de cette autre
éducation que leur donne le monde extérieur, c'est-à-
dire de toute leur vie psychique ?

Entrer dans cette voie, n'était-ce pas réaliser et
dépasser de beaucoup, du reste, le rêve que J. Lubbock entrevoyait dans les dernières pages de son livre
sur *Les Sens chez les animaux inférieurs* ? Ce savant
avait échoué dans ses tentatives sur la discrimination
sensorielle chez le chien et s'était certainement illu-
sionné sur la faculté de déchiffrer les mots qu'il attribuait à ce même animal ; mais ses échecs ne prove-
naient-ils pas simplement de ce que l'illustre savant
anglais ignorait les procédés de dressage des professionnels et croyait à une sorte d'auto-éducation de
l'animal, d'ailleurs irréalisable dans les conditions qu'il
imaginait ? Rien n'empêchait de supposer que, dans le
dressage proprement dit, on pourrait trouver ce que
Lubbock avait en vain cherché : une nouvelle méthode
d'investigation psychologique.

Tout semblait le promettre ! Sans doute, aux yeux
des savants timorés, le passé des animaux savants
est fort compromettant : avant d'obtenir leur droit
d'entrée dans les laboratoires, ils ont diverti le public
au cours de spectacles peu sérieux. Et pourtant,
l'anxiété du philosophe devant le problème de la pensée inférieure n'est-elle pas unie par quelque lien à la
curiosité des esprits simples qui s'étonnent et admi-
rent devant les dînettes de singes et les culbutes de
chiens savants ?... Un tel rapprochement n'a rien de
sacrilège, ni même de singulier. Que la psychologie
animale puisse devoir quelque chose aux dresseurs
professionnels, il ne faut pas s'en étonner, puisque la

chimie doit beaucoup aux alchimistes, l'astronomie aux astrologues et la médecine aux empiriques ! C'est souvent avec des dehors charlatanesques et merveilleux que s'est révélé. dans l'histoire des sciences, un mode nouveau d'étudier la Nature.

D'ailleurs, il y avait un bon moyen de ne pas s'égarer dans l'étude des mouvements artificiels, provoqués par les excitations multiples du dressage, il consistait à aborder leur examen sans aucune idée préconçue, contrairement à ce qu'avait fait Lœb dans l'étude des réactions provoquées par des excitations simples.

Mais l'emploi du dressage en psychologie était nécessairement subordonné à une connaissance approfondie de tous les procédés pratiques mis en usage par les professionnels. Or, l'étude de ce qu'on appelle vulgairement leurs « trucs », est chose plus difficile qu'on ne le croit. Belluaires et dresseurs font tous leurs efforts pour les cacher ou les dénaturer aux yeux des profanes qui cherchent à se renseigner. Les questionnaires sont, pour eux, un agréable sujet de moqueries et une occasion de déployer leur ingéniosité malicieuse.

D'ailleurs, étant seulement des empiriques, ils ne se rendent pas compte eux-mêmes de ce qu'ils font.

« L'habileté des dresseurs, a écrit le Dr Gustave Le Bon, étant uniquement instinctive et ne résultant que d'une longue pratique, ils n'ont jamais pu donner les raisons de leurs méthodes, lorsqu'ils se sont avisés d'écrire des livres... Ils sont bientôt acculés à des formules vagues, telles que le tact, l'expérience, etc... Demander à un dresseur comment il obtient tel ou tel résultat, c'est absolument comme si on priait un bon marcheur, ignorant la physiologie, d'expliquer le mécanisme de la marche. Toutes les connaissances des dresseurs, étant instinctives, sont aussi inexplica-

bles pour les autres que pour eux. » Nous aurons
l'occasion, dans plusieurs chapitres de ce livre, de
montrer que, dans cette voie, comme dans beaucoup
d'autres, le Dr Gustave Le Bon a été un véritable pré-
curseur. L'auteur de l'*Équitation actuelle et ses principes* ne s'étant occupé que du cheval, dont le dressage
est surtout une question de mécanique animale, n'a pas
été amené à établir les lois de l'adaptation psychique.
Il est, en tout cas, nécessaire de remarquer, et nous
n'y manquerons pas, qu'il a pressenti les principales
d'entre elles, — ce qui, à l'époque où il écrivait,
était un véritable prodige.

Thorndike, lui, a cru pouvoir se renseigner directement auprès des professionnels *en les interrogeant*.
Les quatre ou cinq réponses qu'il a reçues étant contradictoires montrent bien à quelles difficultés il s'est
heurté.

Nous n'avons pas, pour notre part, suivi le même
chemin. Ayant remarqué que les professionnels qui,
du reste, ne savent guère parler de leur métier, con-
sentaient volontiers, par une sorte de vanité singulière, à « faire du dressage » devant des étrangers, bien
que le geste fût, ici, cent fois plus démonstratif que la
parole, nous avons jugé l'interview superflue. C'est
pourquoi nous nous décidâmes à offrir, à ceux d'entre
eux qui voudraient en profiter, l'avantage de pouvoir
disposer d'une salle de répétitions gratuites, à condition d'y tolérer notre présence. De nombreux forains et
« artistes » de cirque devinrent ainsi nos collaborateurs
sans le savoir. Je dois toutefois faire une exception
pour quelques dresseurs instruits, qui, persuadés, à
juste raison, que notre tentative n'était pas dirigée
contre eux et ne pouvait pas leur créer de rivaux, se
sont prêtés de bonne grâce à notre minutieuse
enquête.

Dans ce manège-laboratoire, où chaque jour « répé-
taient » des clowns et des amateurs de cirque, nous-

même commençâmes à dresser des animaux nous
appartenant ou prêtés par le *Muséum d'histoire naturelle* et qui devaient constituer le noyau des sujets du
futur *Institut de psychologie zoologique*. Nous avons
poussé le souci de l'exactitude aussi loin que possible
et nous espérons qu'il ne se trouvera personne pour
nous reprocher d'avoir été chercher des parcelles de
vérité dans les coulisses des cirques !... Le temps
n'est plus où l'on criait au scandale, parce que
M. Camille Flammarion avait choisi, pour point de
départ d'une ascension scientifique, l'ancien Hippo-
drome... Quelques savants gourmés trouvèrent alors
et écrivirent que c'était là un lieu « indigne de la
Majesté des Sciences ». Ils oubliaient seulement qu'en
science, ce n'est pas tant le point de départ que
celui d'arrivée qu'il importe de considérer et que la
partie est toujours gagnée quand on revient d'une
expédition les mains pleines de faits nouveaux !

H. de Varigny, dont l'œuvre en biologie expérimentale est si intéressante, a donné, dans un curieux article du *Temps*, un aspect des séances de notre cirque
intime. Nous y renvoyons le lecteur[1]. Ce premier laboratoire fut pour nous un précieux instrument de travail. On y a pu voir un grand nombre d'animaux :
quadrumanes, carnassiers, rongeurs, herbivores, pinnipèdes, oiseaux, etc... Nous avons pu y faire, au
total, sur le dressage, l'enquête la plus vaste qui, jusqu'à présent, ait été tentée. Il fallait, avant de passer
aux applications scientifiques, accumuler le plus grand
nombre possible de « faits », d'observations directes,
pour pouvoir essayer, ensuite, de les réduire à un
certain nombre de types, de formes caractéristiques.
Des années et des années furent nécessaires pour collectionner ces faits, les contrôler et les classer, grâce
à un système complexe de fiches. Ce travail ne deman-

[1]. *Le Temps* (21 déc. 1901).

dait qu'un certain esprit de suite, mais il n'a pas laissé de nous donner beaucoup de peine, et, malgré notre goût pour les animaux, nous aurions abandonné notre tâche, — il faut l'avouer, — sans l'appui infiniment bienveillant de savants éminents qui ne cessèrent de nous encourager pendant cette rude période préparatoire.

§ 2. — Définition du dressage. — Sa signification psychologique.

Les actes déterminés par le dressage ne sont caractérisés ni par une qualité particulière, ni par une complexité plus ou moins grande, ni même par une certaine nouveauté. En effet, les dresseurs n'étant pas des magiciens, ne peuvent créer, comme quelques auteurs l'ont cru, des réactions d'une *nature* spéciale chez les « animaux savants » ; de plus, s'il est des exercices très compliqués, il en est aussi de très simples, consistant en actes ordinaires dans la vie des animaux et n'intéressant les spectateurs que parce qu'ils se produisent à la volonté du montreur. Par exemple, un chien qui franchit une barrière dès que son maître lui en donne l'ordre, exécute un mouvement familier à l'espèce ; et ce qui appelle, ici, l'attention, c'est l'obéissance de ce chien qui saute quand on le veut et qui n'est ainsi dominé que parce qu'il a été *dressé*. Les mouvements constituant des exercices peuvent donc être à peu près quelconques ; mais tous doivent satisfaire à cette exigence absolue : *il faut qu'ils puissent être provoqués dans des conditions d'excitation sensorielle, qui, avant l'intervention humaine, ne produisaient rien de pareil chez le sujet.*

Nous appellerons donc « dressage » l'art d'*habituer* les animaux à réagir dans des conditions d'excitation sensorielle différentes de celles dans lesquelles ils agissaient primitivement, c'est-à-dire de les habituer à obéir à des commandements vocaux, à des signes ou à d'autres excitations qui, auparavant, n'avaient sur eux aucun effet.

Les bons dresseurs de cirque emploient empiriquement, dans de nombreux cas, un dressage à double action; c'est-à-dire qu'ils réalisent chacun des exercices de leurs bêtes, par deux moyens différents reliés à des signaux différents, le premier déterminant une attraction vers un appareil ou quelque endroit de la piste, au moyen d'un appât, le second chassant l'animal vers le même endroit ou le même appareil, au moyen d'un fouet.

Ce qu'on appelle communément apprivoisement est une éducation rudimentaire déterminée par l'attraction d'aliments appropriés à l'espèce en expérience, et en général tenus à la main par le « charmeur ». Le mot apprivoisement s'applique surtout quand les mouvements enseignés aux animaux sont très simples et ne consistent guère qu'à s'approcher de l'homme qui présente un appât. Il est possible cependant de réaliser un véritable apprivoisement par la poursuite — ce qui semble un pur paradoxe! On obtient fort bien, par exemple, qu'un cheval que l'on chasse sur une piste circulaire avec une grande chambrière n'en redoute que la *lanière*, finisse par se réfugier au centre de cette piste et par venir « droit au manche » avec lequel on ne l'a, bien entendu, jamais frappé. Mais quel que soit le procédé employé, il n'y a finalement « dressage » que quand l'animal *obéit à un signal*.

En somme, les dresseurs de cirque créent des sensations affectives naturellement dynamogènes et des sensations représentatives correspondant à des signaux vocaux ou visuels; et ce n'est que quand l'association est réalisée et parfaitement gravée dans la mémoire que le dressage est confirmé. Par exemple,

4

un lion que l'on est obligé de frapper et un cheval qui
ne vient au maître que pour manger dans sa main ne
sont pas des animaux dressés; ils ne le deviendraient
que quand, sur un simple signe, ils exécuteraient les
mêmes mouvements. On ne conçoit pas le dressage en
dehors du mouvement réflexe enseigné et se reproduisant après un signal.

Il convient, pour la clarté du langage, de distinguer
nettement le dressage proprement dit, dont, évidemment, les effets sont des phénomènes d'habitude,
d'autres procédés analogues ayant également rapport
aux habitudes; mais dans lesquels l'homme n'intervient que dans la préparation générale de l'expérience,
sans jamais employer les *signaux* du dressage véritable. Ces moyens expérimentaux sont, d'ailleurs, infiniment moins « maniables » si l'on peut dire et ne
permettent pas les mêmes recherches.

Par exemple, quand un crabe vient vers la lumière
d'une bougie à travers une petite porte, prend l'habitude de ce parcours et le fait de plus en plus vite, il
n'y a pas de dressage dans son cas, puisque l'excitant
lumineux agit directement sur le crabe, comme quand
la bête est dans son habitat et que, dans l'expérience,
cet excitant n'est pas remplacé par un signal[1]. Il n'y
a, ici, que la mise en évidence d'une réaction existant déjà intégralement avant l'expérience. Pour satisfaire à notre définition il aurait fallu que l'expérimentateur eût réussi à remplacer l'excitant direct par un
excitant indirect et obtenu dans ces conditions la
sortie du crabe. Il y a entre les deux cas toute la
différence qui existe entre un cheval qui exécute un
changement de direction à la voix (réaction apprise)
et celui qui, pour l'exécuter, doit être tiré dans la nouvelle direction au moyen d'une longe attachée à un
filet et provoquant une douleur sur les barres (réaction naturelle).

1. Expérience d'A. Drzewina.

L'établissement d'une association de sensations sans obéissance au signal humain est en dehors du dressage proprement dit. On en trouve des exemples dans les cas d'auto-éducation. Un pigeon, par exemple, qui, une première fois, a fait tomber du grain de la pochette suspendue à la bouche d'un cheval en volant autour de sa tête et qui recommence sa manœuvre, ne peut être considéré comme dressé, l'intervention humaine ne s'étant pas produite.

De même, la célèbre observation de Mœbius sur un brochet a été identifiée à tort à des faits de dressage. Un brochet séparé de petits poissons par une glace, se heurte durement à cette glace chaque fois qu'il se précipite pour les saisir. Il finit par renoncer à les attaquer; et, plus tard, placé dans le même aquarium que les petits poissons, il ne les touche jamais. Dans cette expérience, il n'y a pas intervention humaine, ni provocation d'acte; il y a suppression d'acte : c'est l'inverse d'un fait de dressage, une espèce d'amputation, d'*arrachement* psychique, selon l'expression souvent employée à propos de l'aphasie.

§ 3. — Multiplicité des excitations dans le dressage.

Que l'on procède à l'éducation d'un animal au moyen de fouets, de cravaches, de tridents, d'éperons, etc., ou qu'on ait recours dans ce but à des « agents » extérieurs tels que la chaleur ou l'électricité, il ne paraît pas abusif d'appliquer, dans ces différents cas, le mot dressage pourvu qu'à ces excitations déclanchant des réactions qui existent chez le sujet encore inculte, il y ait, par la suite, substitution de signaux convenus mettant la bête en action, c'est-à-dire association de sensations.

Il est nécessaire de remarquer que la méthode de dressage scientifique consiste en un emploi *d'excita-*

tions multiples. En effet, le dressage le plus rudimentaire comporte, d'après notre définition, une excitation déterminant une sensation affective, naturellement dynamogène, et des excitations déterminant des sensations représentatives, qui s'associent à la première par le mécanisme de la récurrence (que nous étudierons dans un chapitre spécial) et deviennent à leur tour dynamogènes.

Nous évitons ainsi les dangers de la méthode de Lœb et des autres chercheurs qui ont expérimenté sur les animaux inférieurs en se contentant d'excitations simples, — procédé qui s'éloigne de la nature; car dans son milieu originel, l'animal est soumis à une foule d'influences différentes; et ce n'est que très exceptionnellement qu'il subit des excitations isolées.

L'apparence artificielle de l'expérience de dressage est une pure illusion qui ne résiste pas à l'examen philosophique, nous l'avons déjà fait remarquer. Et si le dresseur *dirige* l'ordre des excitations selon sa volonté, selon le plan qu'il a conçu, le monde extérieur règle de même l'ordre des excitations reçues par un animal libre; les influences extérieures sont soumises à un plan général autrement rigide que la volonté du dresseur, puisque ce plan est le résultat de ces lois physico-chimiques que Leibniz appelait l'harmonie préétablie...

En résumé, le dressage scientifique, en faisant ressortir certaines facultés[1] psychiques, comme les colorants isolent pour les yeux de l'observateur telles ou telles parties du protoplasme dans les préparations histologiques, permet de faire de véritables « préparations psychologiques ». Aucune autre méthode n'est capable d'embrasser à la fois aussi largement et de façon aussi précise les divers phénomènes de la

1. Ce mot commode reviendra quelquefois au cours de cet ouvrage. Il est évident qu'une « faculté » n'est qu'une classe où notre esprit range des séries de phénomènes.

psychologie animale. Aucune autre ne restitue aussi complètement, dans le laboratoire, les conditions des excitations multiples de la vie libre. Aucune ne permet comme elle de rendre visible l'évolution des instincts en multipliant à l'infini le nombre des excitations s'adressant à tous les sens. Elle semble réaliser intégralement, dans cette psychologie animale que Romanes regrettait de voir en dehors du grand mouvement de la science expérimentale, les *desiderata* qu'exprimait d'une façon générale Th. Ribot quand il demandait que tout procédé de recherche psychologique comprît deux éléments maniables et modifiables par l'expérimentateur : les excitations déterminant des sensations et des actes qui servent de tests.

Nous verrons que le dressage scientifique permet l'exploration très précise des sens chez les animaux, aux points de vue qualitatif et quantitatif, l'étude des associations de sensations, de la mémoire, de l'intelligence et même la réalisation expérimentale de synthèses d'instincts. Il faut donc se garder de prendre à la lettre les affirmations de certains savants qui, parlant de cette méthode, citent des passages tronqués de nos mémoires et laissent supposer que nos procédés ne s'appliquent qu'à l'analyse de l'intelligence.

§ 4. — Un grand mouvement en faveur de la psychologie zoologique expérimentale, en France.

Les séances du manège-laboratoire de l'Institut de psychologie zoologique attirèrent un grand nombre d'amateurs de dressage, de psychologues, de naturalistes et aussi d'artistes animaliers désireux de voir des animaux en mouvement.

Les premiers résultats de la méthode tirée de l'étude du dressage avaient été publiés dès 1895; il restait à donner un nom à cette méthode. L'avis de deux lin-

guistes éminents de l'Académie française, G. Boissier
et E. Faguet, fut alors sollicité. Et l'on créa le mot
« zoopédie[1] ». Voici l'opinion de M. G. Boissier sur
ce néologisme : « Zoopédie est un mot qui me semble
très bien inventé pour dire éducation des animaux.
Vous n'en trouverez pas de meilleur. » Et voici celle
de M. E. Faguet. « Zoopédie me parait excellent et
même le seul mot que l'on puisse employer. » Le
regretté A. Baron, de l'École d'Alfort, avait proposé
« zoagogie », qu'il trouvait préférable à « zoopédie ».
« Vous avez inventé la chose, nous écrivait-il alors, et
j'ai « inventé le mot ». M. Ed. Perrier a tranché le
débat en disant avec beaucoup d'esprit que « comme
nous vivons dans un siècle de liberté, chacun pourra
employer à sa guise « zoopédie » ou « zoagogie »,
comme il l'entendra. » Nous choisissons, quant à
nous, « zoopédie », qui a été imprimé en premier
lieu et qui semble plus euphonique; nous nous ser-
virons de ce mot au cours du présent ouvrage.

L'*Institut de psychologie zoologique*, dans ses programmes publiés en janvier 1901[2], préconisait surtout
l'emploi des procédés de dressage scientifique parce
que ce sont ceux qui restituent le plus complètement,
autour du sujet, les multiples influences du milieu
naturel; mais il admettait, en principe, l'emploi des
méthodes anciennes, dans les limités que nous avons
indiquées au début de ce livre, et de quelques méthodes
accessoires, inaugurées par lui, telles que celle de la

---

1. De *zôon* animal, et *paideia* éducation. Nous avons trouvé
récemment un curieux livre en latin sur la *Zoopédie ou enseignement des animaux tiré de l'exemple des animaux*, par le
Jésuite ANTOINE DE BALINGHEM (1621). Le mot zoopédie est pris,
ici, dans le sens d'enseignement par l'exemple des bêtes, tandis que nous l'employons dans celui d'enseignement donné aux
bêtes par l'homme.

2. Cet institut existe depuis 1899; il devint une société ouverte
en janvier 1901, époque à laquelle son siège social fut installé
à l'hôtel de la Société d'Acclimatation.

comparaison des temps de sortie d'animaux enfermés dans des labyrinthes ou des boîtes s'ouvrant par des mécanismes et celle de l'éducation des animaux physiquement anormaux[1]. Il ne rejetait, en principe, aucun moyen d'information pourvu qu'il fût caractérisé par la rigueur scientifique.

Son initiative intéressa vivement les savants; et c'est alors que se produisit parmi eux, dans la presse et jusque dans le grand public, un mouvement très étendu en faveur des études expérimentales de psychologie zoologique. Dans une brochure intitulée *Contribution à l'histoire d'une fondation scientifique*, le comité de direction de notre Institut a reproduit un certain nombre de documents relatifs à des questions de priorité soulevées plus tard à ce sujet.

Il y eut alors un véritable élan en faveur des études de psychologie expérimentale (1901). Autour des savants qui, dès la première heure, avaient répondu à notre appel, se groupèrent d'autres savants, des philosophes, des littérateurs, des artistes, des sportsmen et de zélés amis des bêtes; mais, malgré la diversité des préoccupations dominantes de chacun, le mouvement resta nettement scientifique. L. Marillier, maître de conférences à l'École des Hautes Études, dans un intéressant article de la *Revue des Sciences pures* (15 mai 1901) s'est fait l'écho de l'opinion qui se manifesta parmi les naturalistes : « Si la psychologie comparée, écrivait-il. n'a pas fait de plus rapides progrès, c'est parce que, jusqu'ici, l'observation y a joué un rôle par trop prépondérant et presque exclusif; elle doit suivre la même destinée que les autres branches de la science le l'esprit et faire plus large, d'année en année, la part assignée à la méthode expérimentale dans ses moyens d'investigation; et ici la

1. Voir *Les Desiderata de psychologie zoologique*, par P. HACHET-SOUPLET (1901).

forme que revêt naturellement l'expérimentation, c'est celle du dressage méthodique et rationnel, du dressage surtout des animaux supérieurs. »

A cette époque, l'*Institut général psychologique* n'avait pas encore inscrit la psychologie animale dans ses programmes; il ne l'avait même pas nommée dans son manifeste de fondation. Ce n'est qu'en janvier 1902 qu'un groupe se forma au sein de cette Société pour l'étude de la mentalité des animaux et l'on s'entendit pour adopter intégralement non seulement les idées, mais le texte même du programme de l'*Institut de psychologie zoologique*. Dans la brochure dont nous parlions tout à l'heure, on a publié, en regard, sur les deux côtés d'une même page, les programmes des deux Instituts, ce qui fait ressortir efficacement leur parfaite ressemblance.

Il nous a paru nécessaire de donner ces détails, qui ne sont nullement contestés par l'administration de l'*Institut général;* mais que G. Bohn semble ignorer, puisque, dans *la Naissance de l'intelligence* il a interverti les rôles et a attribué à l'*Institut général* la création faite par l'*Institut de psychologie zoologique*, — ce qui est une erreur matérielle d'autant plus singulière sous sa plume que, dans d'autres écrits, il avait reconnu notre initiative (Voir le *Bulletin de l'Institut général psychologique*, n° 6, année 1903).

Nous n'avons pas l'intention d'indiquer ici les dates de publication de tous les travaux de psychologie zoologique expérimentale, effectués pendant ces dernières années; nous rappellerons seulement les noms de quelques-uns des chercheurs qui ont débuté dans cette voie après la fondation de l'*Institut de psychologie zoologique*. Nous citerons G. Bohn, dont nous aurons souvent à discuter les idées[1] relatives aux pré-

---

1. La psychologie zoologique est une science encore très jeune; ceci explique les divergences d'opinions trop faciles à

tendus tropismes, Fauré-Fremiet, à qui l'on doit déjà plusieurs belles études sur les protozoaires; Matisse, qui a fait de curieuses expériences sur l'activité des animaux dans ses rapports avec la chaleur; Piéron, qui a su se garder de l'engouement des physiologistes pour les idées de Lœb et dont les travaux sur la mémoire[1], sur le sommeil chez les animaux sont d'un si puissant intérêt; Mlles Drzewina, et Goldsmith, dont le *Bulletin de l'Institut général psychologique* a publié des mémoires remarquables par leur rigueur scientifique.

Parmi les savants qui se sont tout spécialement consacrés à la pratique ou à l'étude du *dressage scientifique*, nous citerons les Français Foveau de Courmelles (qui n'était pas un nouveau venu en psychologie animale puisque, avant de devenir un des défenseurs de la méthode zoopédique, il avait publié un important ouvrage d'observations psychologiques), A. Coutaud, président de la Société protectrice des animaux, Simonneau, Marin, Lambotin, A. Raphaël, le commandant Stiegelmann, expérimentateur de grand mérite; Orillard, qui s'est voué au dressage des chevaux et des chiens; Mendousse, qui a basé sa thèse de doctorat sur les expériences de l'*Institut de psychologie zoologique*[2]. En Allemagne : Hess, Nagel, Himstedt, O. Kalischer, Sokolowsky, Rothmann, Swift, Jacobson; en Russie : Samojloff, Pheophiloktowa; en Belgique : Petrucci, Waxweiler et Delanne; en Amérique : I. Franz et beaucoup d'autres encore, se sont également servis du dressage scientifique.

constater chez ceux qui, avec un zèle égal, cherchent la vérité dans ce domaine.

1. *L'Évolution de la mémoire*, par H. Piéron. Bibliothèque de philosophie scientifique. E. Flammarion.

2. *Du dressage à l'éducation*, par P. Mendousse. Alcan, édit.

§ 5. — Organisation d'expériences dans des parcs zoologiques.

On comprit bientôt, à l'*Institut de psychologie zoologique*, combien il serait intéressant de faire en grand,
sur les animaux les plus divers, ce que nous faisions
dans notre petit manège, sur quelques espèces seulement. On se demanda, alors, si, en dehors de leur
rôle de vulgarisation populaire, rôle assez limité
d'ailleurs, les Jardins Zoologiques rendaient à la
science tous les services qu'on est en droit d'en attendre. Or, il faut bien avouer qu'il n'en est rien ; on n'a
pas su profiter jusqu'à présent de la captivité des
animaux exotiques. Ceux qu'on a fait venir, souvent à
grands frais, dans les parcs publics, y vivent malheu-
reux, à l'étroit. De jour en jour, d'année en année,
nous voyons leur marche s'alourdir, leurs yeux peu à
peu s'éteindre et ne plus refléter finalement que le
prodigieux ennui des éternels prisonniers... Après
leur mort, on les ouvre dans quelque amphithéâtre,
on prépare leur peau pour la placer dans une vitrine
de musée; et si l'examen de leurs viscères apprend
quelque chose, il n'était pas nécessaire, pour que
nous l'apprenions, de garder si longtemps la bête
vivante : on pouvait l'abattre dès le premier jour.
Ce ne sont donc pas les travaux d'anatomie comparée qui, jamais, justifieront l'existence des jardins
zoologiques. Les collections d'animaux vivants doivent servir à étudier la vie dans toutes ses manifestations et, parmi elles, les facultés mentales. Au lieu
d'enfermer et de laisser mourir tristement le mammifère ou l'oiseau que des explorateurs ont capturés au
cours de leurs voyages, ne pouvons-nous les placer
dans de vastes cages, dans une demi-liberté et ne
pouvons-nous expérimenter sur leurs facultés psychiques ? A cette condition seulement, leur captivité

aurait un but scientifique et serait, pour le penseur, fécond en données philosophiques.

Une telle entreprise est-elle impossible?

On l'a cru longtemps; mais la révélation des procédés du dressage a montré qu'il n'en était rien; elle a fait comprendre qu'il est des moyens permettant d'expérimenter sur les animaux sauvages, féroces ou non, en se passant au besoin de leur bonne volonté, sans pénétrer dans leurs cages, sans nuire à leur santé, et que, dès lors, les études les plus minutieuses peuvent être entreprises sur leur psychisme.

Cette révélation a montré que si l'œuvre de Frédéric Cuvier fut très limitée, si ses tentatives ont pu paraître stériles, il y a d'autres façons de procéder. A son époque, on n'expérimentait guère dans le domaine biologique; en revanche, tous les progrès de la science moderne ne sont-ils pas dus précisément à l'expérience et n'y a-t-il pas lieu de l'appliquer ici?

Le plus difficile était de combattre les critiques des adversaires systématiques de toute innovation et aussi de ceux que ces nouveautés dérangeaient moralement et matériellement. Le grand argument contre l'établissement de laboratoires psychologiques dans les jardins zoologiques fut celui-ci : « Quand on désire étudier les animaux sauvages, il faut aller les observer dans leur pays d'origine, car, dans les ménageries, ils perdent toutes leurs facultés. » Or, nous avons vu que les observations des naturalistes-chasseurs n'ont absolument rien donné au point de vue psychologique. D'autre part, s'il est trop vrai qu'une *longue* captivité dans des cages étroites peut émousser les facultés sensorielles et mentales des animaux, ils ne commencent à perdre de leur vigueur psychique qu'après *plusieurs années d'internement*. Il y a donc un laps de temps relativement considérable pendant lequel on a toutes facilités pour agir; c'est déjà là un champ extrêmement vaste. Après cinq ou six ans de réclusion, un fauve ne semble pas avoir perdu ses facultés intellectuelles. On le voit bien dans le dressage; et nos expériences sur un lion d'Abyssinie[1] âgé, vivant au Muséum sont, elles aussi, probantes à cet égard.

Par conséquent, dans l'état *actuel* des ménageries, on peut déjà faire des constatations expérimentales intéressantes. (L'étude même de la lente dégénérescence des instincts, déterminée par la captivité, aurait un puissant intérêt!) Mais en modifiant les conditions d'existence des bêtes des *vivaria*, en leur accordant une vie plus libre, en plein air et une nourriture convenable, on peut arriver à les garder absolument saines moralement et physiquement. Les élevages de lions, de tigres, d'autruches, etc... entrepris dans d'excellentes conditions d'hygiène par M. K. Hagenbeck de Hambourg, assisté de notre distingué collègue de l'*Institut de psychologie zoologique*, le Dr Sokolowsky, en sont la preuve. Au point de vue psychologique (comme à ceux de la protection et de l'art animalier) il est infiniment désirable de « désenfermer » le plus possible les animaux des parcs zoologiques; et c'est le cas de rappeler que toute espèce de laboratoire a pour destination de représenter le plus possible la *Nature!*

C'est à A. Milne-Edwards que nous fîmes connaître, en premier lieu, notre plan d'étude au *Muséum*. L'illustre naturaliste accueillit avec beaucoup de bienveillance l'exposé de nos idées; mais il n'eut pas le temps de mettre ses promesses à exécution; et c'est à son successeur Ed. Perrier qu'il appartint d'introduire, au Muséum, la psychologie expérimentale. Nous pûmes, grâce à lui, faire quelques tentatives, dès l'année 1900, à la ménagerie du Jardin des Plantes. « La méthode de dressage scientifiquement appliquée, permet d'inté-

---

1. Ce lion avait appris, *sans être guidé*, à ouvrir très raisonnablement une boîte.

ressants résultats, écrivait à cette époque Ed. Perrier.
L'idée de l'appliquer aux animaux dont le Muséum
dispose est ingénieuse et peut être féconde; le
Muséum sera heureux d'aider à la mettre en pratique. »

C'est alors que A. Giard écrivait au Ministre de
l'Instruction publique : « Les résultats obtenus par
la méthode du dressage scientifique à l'*Institut de
psychologie zoologique* et publiés dans plusieurs
livres et mémoires fort intéressants, méritent toute
l'attention des psychologistes. Un laboratoire où de
semblables recherches seraient poursuivies méthodiquement sous la direction d'un praticien habile, ren-
drait des services incontestables; et je pense que tous
les naturalistes seront unanimes à en désirer la création. » « Les fondateurs de l'*Institut de psychologie
zoologique*, écrivait à cette époque H. de Varigny, ont
conçu un projet dont il faut leur savoir gré : ils ont
pensé que les animaux du Jardin des Plantes
pourraient servir à autre chose qu'à égayer les
nourrices et les guerriers en bonne fortune ou à
jouer le rôle de victimes qui leur est infligé par les
lâches et féroces voyous qui se font une âme en ima-
ginant cent manières ingénieuses de blesser et faire
souffrir les bêtes. Ils se sont dit ce qu'aucun naturaliste ne s'était dit jusqu'ici, que les animaux pourraient
être utilisés pour des expériences psychologiques. Ce
projet a réussi : le Jardin des Plantes aura un laboratoire... et nous souhaitons que son fondateur trouve
toutes les facilités pour faire de bonne besogne. Car,
avec l'expérimentation, voici l'étude de l'âme des bêtes
en bonne voie »[1].

M. le Dr Bordier, directeur de l'Ecole de médecine
de Grenoble, annonçait en ces termes au Congrès des
médecins aliénistes et neurologistes de 1902, la

1. *Le Temps* (21 déc. 1901).

fondation d'un laboratoire de psychologie zoologique au Muséum : « Nous voyons maintenant le Muséum d'histoire naturelle de Paris donner asile à un laboratoire de psychologie zoologique. Vocable assurément nouveau, mais établissement peut-être rêvé par Descartes, qui y serait sans doute venu, comme il l'écrivait au P. Mersenne « anatomiser les têtes des divers animaux », pour expliquer en quoi consiste l'imagination et la mémoire. Sur son frontispice, on pourrait graver cette phrase de Montaigne : « La présomption est notre maladie naturelle et originelle... C'est par vanité que l'homme s'attribue des conditions diverses, qu'il se trie sur lui-même et sépare de la masse des autres créatures, taille des parts aux animaux ses confrères et compagnons... » Le Dʳ Bordier allait un peu vite en parlant du « frontispice » du nouveau laboratoire; de frontispice, il ne fut jamais question, et nous n'avons jamais disposé au *Jardin des Plantes* que de locaux fort primitifs; mais les bases d'un laboratoire n'en furent pas moins établies à cette époque.

Tout parc zoologique destiné non à l'amusement, mais à l'étude, devra comprendre, dans l'avenir, une organisation permettant d'étudier les moyens de locomotion, la machine musculaire des animaux en mouvement et de pratiquer sur eux des expériences de psychologie. C'est cette idée qu'a naguère reprise et défendue avec talent dans un mémoire officiel, le Dʳ Loisel, de la Sorbonne, qui d'ailleurs réclamait déjà depuis longtemps des facilités pour les chercheurs désireux d'étudier les phénomènes de la biologie générale au *Muséum*.

A la ménagerie du *Jardin des Plantes* nous dûmes, le plus souvent, nous contenter de travailler dans les cages ou parcs habités par les animaux. Aussi en attendant la construction d'un laboratoire spécial et commode, trouvâmes-nous utile de commencer, parallèlement à ces difficiles essais, d'autres expériences dans un petit jardin zoologique improvisé. De là est sortie l'idée de créer un établissement d'un genre tout spécial, d'abord fermé, puis entr'ouvert au public et qui constitue le deuxième laboratoire de l'*Institut de psychologie zoologique*. Un de ses visiteurs l'a décrit dans les *Lectures pour Tous*. Nous renvoyons le lecteur à cet article[1]. Après des transfèrements occasionnés par plusieurs causes, ce laboratoire existe toujours; mais il a subi de profondes modifications.

Enfin, la direction du *Muséum* a bien voulu mettre à notre disposition une partie de ses terrains de Vincennes; et c'est là que va être édifié un vaste laboratoire, dont les plans sont dus à l'architecte de grand talent, M. V. Rolland.

Ce petit historique des efforts de l'administration de notre Institut pour organiser nos travaux de psychologie expérimentale a pour but de rectifier les renseignements fantaisistes publiés à ce sujet.

1. N° de novembre 1907.

LIVRE II

DE L'INSTINCT AU POINT DE VUE STATIQUE

CHAPITRE I

(PARTIE NÉGATIVE). — CE QU'ON A VOULU OPPOSER A LA NOTION D'INSTINCT.

---

§ 1. — La notion de tropisme animal.

Avant Lamarck, philosophes et savants plaçaient l'animal entre deux gouffres : le premier le séparait de l'homme ; l'autre l'isolait des corps inertes.

Le premier surtout préoccupait les esprits : on le proclamait insondable, soit qu'on envisageât la question avec des scrupules métaphysiques, soit qu'on la jugeât du haut de l'amour-propre humain : « Il serait difficile, écrivait Voltaire, de prouver que l'âme d'un animal qui n'est qu'une glaire en vie, soit un feu céleste. Pour peu qu'on creuse, on trouve un abîme infini. Il faut admirer et se taire. »

Les premiers transformistes, tenant, avant toutes choses, à la continuité de la chaîne des êtres vivants, eurent une autre opinion sur les « glaires en vie ». Mais voulant trop prouver, ils prouvèrent bien peu de chose. Les plus modestes animaux, comme ceux dont l'organisme est très développé, leur semblèrent doués

de facultés psychiques vraiment trop brillantes :
« L'esprit et la sottise, écrivait F. Trögel, *le bon goût*
et le mauvais, la vérité et le mensonge, la sagesse et
la folie... surgissent successivement sur le vaste
océan de la vie animale. » Et l'illustre Büchner ajou-
tait : « Il n'y a aucune exagération dans ces véri-
diques paroles ! »

Puis, cet anthropomorphisme passa. On se fatigua
d'un procédé aussi grossier; on abandonna, avec ce
mode de discussion, la discussion elle-même pour
entreprendre de combler l'autre abîme; et, afin de
rapprocher les êtres inférieurs de la matière inorganique, on les rendit esclaves des « agents » extérieurs
en leur refusant non seulement l'intelligence, mais
même l'instinct. Lœb fit passer la notion de tropisme
du règne végétal au règne animal; il supposa que la
vie des animaux inférieurs (et même de nombreux
vertébrés) est réglée par des attractions et des répulsions déterminées par la chaleur, la lumière, l'électricité, etc... et dans lesquelles aucune *sensation* n'intervient.

Qu'est-ce qu'un tropisme végétal? Le phénomène
est très vulgairement connu. Tout le monde sait que
quand des tiges poussent en plein air et sont exposées
à la lumière de tous les côtés également, elles montent
en suivant la direction verticale; tandis que quand
elles grandissent dans un local clos, éclairé d'un côté
seulement, elles se courbent vers la source lumineuse.
« Maintenant, comment un éclairage latéral (comprenant les rayons actifs héliotropiquement) peut-il déterminer ces courbures? Supposons que la lumière arrive
latéralement à la tige de la plante et qu'elle soit
absorbée complètement du côté éclairé. Il se produira,
de ce côté, des actions photo-chimiques : oxydation,
réduction, ou autres. Sur la nature de ces actions, nous
ne savons rien jusqu'ici, et il nous semble que c'est là
un des problèmes qui devraient attirer l'attention des

botanistes... Mais le fait certain c'est qu'elles déterminent une diminution de l'extensibilité des tissus de
la tige; peut-être même provoquent-elles un raccourcissement ou une contraction active, comme nous
verrons que c'est le cas chez les animaux. Si nous
admettons que certaines forces, par exemple, la tur-
gescence des cellules, agissent dans le sens d'une
extension symétrique par rapport à l'axe de la tige, et
si l'éclairage unilatéral vient ensuite diminuer l'extensibilité ou provoquer un raccourcissement d'un
côté, *on voit que l'extrémité de la tige doit se courber
vers la lumière...* » (Loeb, *la Dynamique des phénomènes de la vie.*)

Si nous passons au règne animal, nous retrouvons
chez les animaux fixés, des phénomènes qui, à première vue, semblent analogues : « Une des formes
animales qui se prêtent le mieux à cette démonstration
est l'*Eudendrium*. Les polypes d'une tige d'*Eudendrium* commencent par tomber lorsqu'on vient de la
transporter de l'Océan dans un aquarium. Mais, après
quelques jours, il se forme de nouveaux polypes : dès
lors, les rameaux qui les portent commencent à
croître, la région d'accroissement étant située immédiatement au-dessous de chaque polype. Si on soumet
la tige à un éclairage latéral, la partie des rameaux
qui correspond à cette zone d'accroissement se courbe
vers la lumière, jusqu'à ce que les points symétriques
du polype soient atteints sous un angle égal par les
rayons lumineux. Cette condition est réalisée, dans le
cas d'une source lumineuse unique, lorsque la position
de l'axe de symétrie du polype coïncide avec la direction générale des rayons. Dès que cette orientation
est atteinte, les rameaux qui portent les polypes continuent leur croissance en ligne droite, suivant la
direction des rayons... Nous pouvons nous convaincre
directement que la région dans laquelle se produit
la courbure héliotropique est contractile : la courbure

résulte donc bien, ici, de ce que le côté le plus éclairé se contracte plus fortement que l'autre »[1].

S'agit-il, ici, d'un phénomène de croissance, c'est-à-dire purement physiologique[2], ou bien d'une orientation de l'être vivant déterminée *musculairement* ou, du moins, par des contractions progressives du protoplasme? Lœb a varié sur ce point. Nous venons de voir qu'il parlait nettement de « croissance » dans le passage cité; mais il abandonne complètement, par la suite, ce point de vue, et assimile absolument les mouvements dits tropismes à des orientations dans lesquelles la croissance du corps n'est pour rien. A ses yeux, non seulement les animaux inférieurs, mais même un grand nombre d'espèces supérieures (pourquoi pas toutes?) sont dominées par les tropismes.

Pour lui, la cause des mouvements des animaux n'est donc pas, avant tout, la recherche (consciente ou inconsciente) de la substance qui nourrit, la reproduction et la défense; c'est l'orientation par rapport aux « lignes de force » : « On peut se représenter, dit-il, l'espace dans lequel se déroule la vie des organismes comme traversé par des lignes de force de différentes natures; les unes persistant d'une façon permanente, les autres se reproduisant périodiquement ou à des intervalles réguliers. Par suite de leur symétrie, les animaux sont amenés à orienter leur corps d'une manière déterminée par rapport aux lignes de force issues d'une même origine : ils s'orientent de manière à ce que les points symétriques de sa surface soient atteints par ces lignes de force sous un angle égal : condition nécessaire pour que cette surface reçoive, de part et d'autre, un nombre égal de lignes de force par unité de surface. Maintenant, d'où vient que les animaux prennent cette position? De ce que

1. Lœb (*loc. cit.*, p. 218).
2. La lenteur de ces courbures et d'autres considérations semblent le faire croire.

les points symétriques de la surface du corps ont généralement la même structure morphologique et la même constitution chimique[1]. »

Ainsi Lœb fait passer l'influence directrice qui met les animaux en mouvement, des objets du monde aux « agents » physico-chimiques, et comme c'est aux objets que les animaux ont affaire en réalité, il en résulte un système des plus singuliers.

En France, G. Bohn a d'abord adopté complètement cette théorie; il a cru ensuite pouvoir la modifier; et, finalement, y est revenu presque complètement : « Il semble, a-t-il écrit, que je sois de l'avis des « psychologues », d'après lesquels les animaux s'orienteraient par rapport à des objets vus à distance. Il est facile de dissiper ce malentendu apparent; ce qui interviendrait *directement* pour l'orientation de l'animal, ce serait l'*éclairement* des deux yeux; l'animal prend, en effet, les positions pour lesquelles les éclairements des deux yeux sont égaux ou presque[2]. »

Le tropisme a été conçu par Lœb comme un effet *direct* des « agents » extérieurs, comme un effet qui ne serait pas réglé par le système nerveux; d'ailleurs, il ne pourrait se distinguer des autres réactions que par ce seul caractère; et dès qu'on le lui retire, il devient un réflexe ordinaire. Les variations de Bohn sur ce point ne peuvent donc paraître que fort extraordinaires. Il a cependant écrit successivement que les naturalistes ont jusqu'ici « exagéré l'importance du système nerveux », puisque les tropismes agissent sans lui; que « les tropismes passent par le système

---

1. *La Dynamique des phénomènes de la vie.*
2. *Mémoire sur les attractions et oscillations des animaux*, p. 58. Bohn a passé par des périodes de scepticisme et d'ardente admiration vis-à-vis de Lœb; ces phrases sont en effet sorties de sa plume à des époques différentes : « Je dénonce l'erreur de Lœb » et : « Je ne puis résister à la tentation d'écrire, à côté du nom de Galilée, celui du biologiste Jacques Lœb. »

nerveux »; que : « Dans le tropisme, la force du milieu
extérieur n'agit pas par un mécanisme quelconque » et
qu'elle « ne fait, en somme, que diriger l'activité de
l'animal[1]... » Il ne s'agirait plus, dans ce dernier cas,
que d'un déclanchement de l'énergie somatique, c'est-
à-dire d'un mouvement réflexe... Mais ce sont là de
vains efforts pour faire face à des critiques successives;
ils n'aboutissent qu'à des contradictions inextricables.
Si les tropismes existaient, on ne pourrait les concevoir en tant que réaction distincte des réflexes que
comme des effets directs des agents extérieurs; telle
est bien, du reste, la théorie de Lœb.

Et c'est avec une véritable stupeur que tout naturaliste sans idée préconçue lira l'exposé d'une pareille
doctrine. On est tenté de demander de quels animaux
Lœb et Bohn entendent parler et si les faits qu'ils
invoquent se passent sur Mars ou Vénus... et quand on
constate qu'il s'agit non seulement de protozoaires,
de vers, d'arthropodes, etc., mais bien aussi de vertébrés, on se sent transporté dans un domaine extra-
scientifique.

Nous savons que des commentateurs de Lœb ont
nié avec ardeur que ce savant eût étendu la notion
de tropisme aux animaux supérieurs; mais il faut
citer le maître lui-même. N'a-t-il pas écrit : « Les
réactions géotropiques des yeux ne sont pas particulières aux vertébrés inférieurs; elles se retrouvent également chez les oiseaux et les mammifères[2]. »

Ses disciples ont été, pour la plupart, plus pru-
dents en évitant de se prononcer sur cette généralisation. A vrai dire, on ne sait où s'arrête, d'après eux,
le domaine des tropismes. Il en résulte une grande
imprécision dans les idées de l'Ecole.

---

1. L'Instinct, dans la *Revue des Idées.*
2. *La Dynamique des phénomènes de la vie*, p. 265.

§ 2. — Le tropisme serait une marche à la mort.

Lœb admet comme tropismes principaux : l'hélio-
tropisme, le chimiotropisme et le géotropisme. Pour
lui, la lumière, par exemple, produit d'invincibles
attractions et répulsions, et le « rayon lumineux »
semble « empaler l'animal », lui imposer fatalement
une direction soit vers la source de la lumière, soit
dans le sens opposé. Le même organisme peut être
attiré ou repoussé par la lumière selon son état physiologique.

Un tel système paraît renfermer de notables impossibilités.

Une très grave objection est que, si parmi les tropismes chimiques, quelques-uns pourraient conduire
vers la substance qui nourrit, les autres tropismes ne
semblent pouvoir remplir ce but que très accidentellement. Dès lors, la continuité de la vie ne s'explique
plus. Par exemple, les marches invincibles vers la
lumière et vers l'ombre ne sont pas forcément des
moyens de trouver à manger et, dans le cas du géotropisme agissant seul, c'est pour l'animal l'immobilité dès qu'il a suivi, comme un liquide qui se répand,
toutes les pentes sur lesquelles il s'est trouvé successivement placé...

Si l'on suppose que plusieurs tropismes entrent,
comme on a dit, en conflit, le cas ne semble pas plus
avantageux pour l'animal. Il suffit d'appliquer les
règles de la mécanique pour comprendre qu'étant le
jouet de plusieurs forces extérieures, tantôt il sera
voué à l'immobilité, tantôt tournera sur lui-même ou
ira dans une direction qui l'éloigne de la substance
qui nourrit. C'est très exceptionnellement qu'il finira
par la rencontrer !

Assurément l'illustre Lœb, dont les travaux physiologiques sont justement admirés et dont nous nous

permettons d'attaquer les idées seulement sur le
terrain de cette science fertile en discussions qu'est
la psychologie zoologique, Lœb n'a pu oublier que
les animaux ont, avant tout, besoin de se nourrir et de
se reproduire! Il sait que les actes des êtres vivants
dépendent de l'énergie qu'ils ont empruntée par la
nutrition au monde extérieur, il sait que des influences
extérieures agissent sur leurs appareils sensoriels et
ensuite plus profondément dans l'intimité de leur être,
créant ainsi, pour eux, un passé psychologique, qui
comprend celui de l'espèce augmenté des acquisitions
individuelles... Et ce que nous reprochons à ce
savant, ce n'est certes pas d'ignorer tout cela, mais
de ne pas voir que la notion de tropisme ne s'accorde
pas avec tout cela, c'est-à-dire avec les réalités de la
vie.

Peu importent en vérité, les restrictions prudentes,
mais contradictoires de Lœb, qui en arrive à proclamer que, finalement, tout est possible et que les
explications opposées au tropisme peuvent être vraies
pour certains animaux! Peu importe également que
G. Bohn, son disciple, ait écrit : « En étudiant les
mécanismes des tropismes, je n'ai même pas essayé de
les expliquer »[1]; car n'est-ce pas donner une explication ou du moins tenter d'expliquer des phénomènes
que de dire « ce sont des tropismes » — puisque ce
mot veut dire attraction ou répulsion directe par les
« agents » extérieurs?

On ne pourra pas nous reprocher d'exagérer les
idées de Lœb et de ses disciples; nous montrons simplement leurs conséquences immédiates. Ce savant
distingué n'est pas le seul auteur, certes, qui ait posé
un principe sans en envisager toutes les conséquences!
Mais il arrive trop souvent que, quand un critique mon-

1. Bulletin de l'*Institut général psychologique*, 5e année, n° 5,
p. 414.

tre qu'une théorie aboutit à l'absurde, on l'accuse à
tort de vouloir tourner cette théorie en dérision. On
ne remarque pas que si le système est ridicule, ce
n'est pas la faute du critique. C'est absolument comme
si un ingénieur ayant tracé le plan d'une machine
sur le papier, sans remarquer qu'elle ne pourrait
fonctionner à cause d'un point mort, on reprochait à
ceux qui le signalent d'être des ironistes parce qu'ils
se contentent de dire que la machine ne marchera pas.

Avec le système de Lœb, la vie ne serait pas possible sur terre! D'ailleurs quand, au moyen de la seule
notion de tropisme, on cherche à expliquer les actions
d'un animal, s'agirait-il d'un humble protozoaire, on
se heurte à de tels non-sens, à de telles impossibilités
qu'à moins de renoncer à exercer sa raison, il faut ou
rejeter complètement la théorie de Lœb, ou bien
admettre l'intervention d'autres facteurs que les tropismes. Aussi Lœb, Bohn et d'autres auteurs éta-
blissent-ils en principe, que si les tropismes sont
capables déjà de s'opposer les uns aux autres, ils
peuvent aussi être combattus par des influences extérieures et même intérieures... Ces savants ont admis
l'existence de ces facteurs ; mais pour ne pas nuire,
sans doute, à la simplicité de la doctrine, ils les
laissent presque toujours en réserve ; ils ne les font
jamais, ou presque jamais, intervenir dans les explications qu'ils donnent des actes des animaux ; ils les
gardent, comme des arguments de raison à opposer
aux contradicteurs indiscrets.

Il convient, toutefois, de faire une exception en ce
qui concerne la *sensibilité différentielle* (qu'il ne faut
pas entendre au sens classique). Nous étudierons
plus loin ce genre de réaction que Lœb et Bohn croient
discerner quelquefois, chez les animaux et qu'ils
opposent aux tropismes tout en déclarant qu'il ne
peut être question d'y voir « une faculté psychique ».

Il est bon de remarquer, d'une façon générale, que

quel que soit le facteur que ces auteurs opposent
parfois aux tropismes, son rôle est en contradiction
absolue avec la définition même du tropisme, que ses
partisans s'étaient entendus pour déclarer *irrésistible*.
Irrésistible veut dire capable de détruire d'autres
influences, ou ne veut absolument rien dire. Au
début, c'est ainsi qu'on l'entendait; mais les vives
critiques dont on a criblé le système de Lœb ont
amené ses élèves à des restrictions inattendues,
quelques-uns en sont arrivés à déclarer que le tropisme est invincible... chaque fois seulement qu'il
n'est pas combattu par une influence plus forte. Il
n'en resterait pas moins *une entrave à la vie*, sans
compensation aucune, et sa pérennité serait incompa-
tible avec la sélection naturelle.

§ 3. — Il n'y a aucune relation quantitative entre l'excitation extérieure et la réaction. Preuves expérimentales.

Comment certains biologistes ont-ils pu supposer
un instant que l'excitation extérieure actuelle avait
un rapport quantitatif, non pas avec la sensation
(comme la loi de Fechner l'établit) mais avec la
réaction, ce qui donnerait une base scientifique à la
notion de tropisme?

On avait préparé, en 1908, à l'*Institut général psychologique*, un programme de recherches sur cette
question. On y a heureusement renoncé depuis; mais
il est bon de signaler cette impasse, pour que
d'autres chercheurs ne s'y perdent pas de nouveau :
« Il serait utile dans les expériences sur les tropismes,
écrivait J. Courtier, de mesurer exactement l'intensité des excitants (de l'excitant lumineux par exemple, pour les phototropismes) et, d'autre part, d'évaluer dans la limite du possible, le travail produit par

les réactions motrices des animaux, » et « ... la diversité des réactions chez l'animal peut être attribuée en grande partie à la diversité des degrés correspondants d'intensité de l'excitant » et encore « la motricité varie en fonction de l'excitant »[1]. G. Bohn écrivait de son côté que « i désignant l'intensité de l'excitant... le tropisme est fonction de i »[2].

Nous avons vivement protesté, à cette époque, contre un tel projet d'étude qui ne pouvait être que stérile[3]; et nous avons été assez heureux pour convaincre G. Bohn, qui renonça brusquement à comparer, au point de vue quantitatif, l'excitation à la réaction et écrivit peu de temps après dans la *Naissance de l'Intelligence* : « On a souvent tendance à rechercher l'équivalent énergétique d'une série de mouvements dans la réception qui en a été le point de départ. C'est inexact... » Nous sommes absolument d'accord sur ce point.

Ce qui a fait croire à une relation quantitative entre l'excitation extérieure et la réaction, c'est surtout l'effet physiologique de stimulation que produit une certaine élévation de chaleur sur les organismes les plus divers. Voici un exemple de ce fait pris dans le domaine zoopédique. Lorsque les forains qui s'intitulent dresseurs ou dompteurs de Puces ont attaché quelques-uns de ces insectes à de petites voitures en ivoire ou en métal, ces animaux resteraient assez tranquilles sous le joug si, pour les mettre en mouvement, au moment de la représentation, le bateleur n'échauffait pas la table de tôle servant de théâtre, au moyen d'une lampe invisible, ou ne faisait pas descendre, au-dessus de ce théâtre, un petit lustre

---

1. *Bull. de l'Institut général psychologique* (mai 1908).
2. *Loc. cit.* (janvier 1908).
3. Voir *La Psycho-physique et la notion de tropisme.* (*Loc. cit.*, séance du 12 octobre 1908.)

dégageant de la chaleur qu'un abat-jour concentre sur les attelages. Il semble y avoir, dans ce cas, un simple effet tonique général, une augmentation de vie à comparer à ce qui se passe chez une Marmotte quand la bonne saison arrive. C'est un phénomène dépendant surtout de la circulation du sang et qui n'a aucun lien avec les appareils des sens ; on pourrait le rapprocher des effets de l'hydratation progressive des animaux marins littoraux qu'a observés Bohn. G. Matisse a fait, lui aussi, d'intéressantes constatations du même genre en étudiant avec beaucoup de méthode différents poissons.

Ce sont là des phénomènes qui n'ont rien de psychologique. Les données du problème de la mise en activité de l'animal dans une direction donnée sont tout autres. Ce qu'il reçoit dans ses appareils sensoriels, ce n'est pas une énergie qu'il transformera directement en réaction, c'est un choc léger que l'on peut comparer à un déclanchement mettant en liberté de l'énergie en tension dans la machine animale. (Énergie amassée par la nutrition et dont la répartition au système musculaire est réglée par les adaptations de l'espèce et de l'individu.) Or, entre le travail que peut fournir une puissante machine, ou un canon, et le déclanchement qui met les rouages en mouvement, ou fait partir le coup, *il n'y a aucun rapport mathématique à établir*. Vouloir relier mathématiquement l'intensité de l'excitation à l'effet dynamique est aussi peu scientifique que de chercher à établir une relation entre la force du canonnier et l'effet du coup de canon : le canonnier peut être un enfant ou un colosse, le coup de canon aura les mêmes effets. A une excitation petite, peut correspondre un acte formidable. Par exemple le son de x vibrations à la seconde, correspondant au cri d'un chevreau, peut devenir, pour une panthère, une excitation qui déterminera l'effort considérable aboutissant à l'écrasement des os du

chevreau dans la gueule du fauve. Admettrez-vous que
l'impression sonore s'est transformée en ce carnage?

Bien plus, un simple signe rattaché par la mémoire
à un objet, une émanation de cet objet, une odeur,
le fera découvrir par l'animal qui en a besoin; chez
la bête aveugle ou n'ayant qu'une vision incomplète,
une *forme* d'objet sentie tactilement déterminera des
actes particuliers... Il faut, ici, se prononcer : ou bien
l'excitation se transforme directement en réaction,
ou bien elle n'a, avec la réaction, aucun rapport quantitatif possible. Or, seule la seconde hypothèse peut
s'accorder avec les faits. (Voir p. 221.)

Nous savons qu'il y aurait une autre façon d'envisager la question. On pourrait dire que, sans supposer une transformation intégrale de l'énergie de l'excitant en travail, une excitation E pourrait mettre en
liberté une certaine quantité d'énergie et une excitation 2E, une quantité, un certain nombre de fois plus
grande, de cette même énergie, comme cela semble
se produire dans le cas de l'action catalytique des
ferments. Mais il ne peut pas en être ainsi. Le principe d'association ne serait pas compatible avec ce
mécanisme.

Nous verrons, en effet, dans le livre suivant, que le
dynamisme d'une sensation passe à une autre par
association et que des sensations d'intensités différentes déterminent les mêmes réactions.

§ 4. — Les tropismes sont inconciliables avec les lois de l'évolution.

On lit assez peu, en France, les mémoires étrangers
avant qu'ils soient traduits; de graves confusions
peuvent résulter de ce travers. Ainsi, avant que les
savants français eussent bien compris ce qu'est la
notion de tropisme, elle leur parut, un instant, fort

séduisante parce qu'il leur sembla qu'elle répondait
à ce désir de tout transformiste de trouver quelque
chose d'intermédiaire entre les phénomènes physiques
ordinaires et ceux de la pensée; mais les idées de
Lœb sont maintenant mieux connues, son livre principal a été traduit, et l'on comprend qu'il est impossible de faire sortir la sensation du tropisme, qui n'a
absolument rien d'elle; on comprend surtout que les
tropismes seraient des réactions funestes pour les
espèces et que, par conséquent, si la théorie de l'évolution est vraie, elles auraient été forcément élimi-
nées par la sélection.

Il faut donc choisir entre la théorie de Lœb et celle
de l'évolution; il est impossible d'admettre les deux
ensemble.

On pourrait même dire qu'en admettant les tropismes, on n'a plus besoin de la notion de vie pour
expliquer les phénomènes de mouvement du protoplasme, et que les substances protoplasmiques *non
vivantes* devraient *se mouvoir* elles aussi. La question
peut, en effet, en dernier ressort, être ainsi posée :
les réactions des animaux sont-elles le produit de
l'énergie nerveuse, énergie physico-chimique interne,
énergie biologique, accumulée par la nutrition et
déclanchée par de légers chocs de l'énergie extérieure
(excitations sensorielles) ou bien sont-elles l'effet
direct de l'énergie extérieure toute seule? Dans la
seconde hypothèse, la vie est *un phénomène superflu*,
puisque l'énergie intérieure demeure inutilisée; les
tropismes devraient donc se produire, en dehors de
la matière vivante, aussi bien que dans la matière
vivante. Absolument comme le poids agit sur tous les
corps terrestres, absolument comme l'électricité agit
sur un grand nombre de corps vivants ou morts, les
tropismes devraient agir sur toute matière protoplasmique ou chimiquement homologue.

Ainsi, l'on peut dire qu'avec le système de Lœb,

défendu, par Bohn dans ses grandes lignes, si la vie
n'est pas possible sur terre, du moins les corps
inertes pourraient avoir toutes les apparences de la
vie puisqu'ils se mouvraient d'après les influences
extérieures!

§ 5. — Erreurs dans l'observation des faits chez les partisans des tropismes.

A. CONTRE-ÉPREUVES. — Mais enfin, pourrait-on
penser, *les faits* cités par Lœb, ne sont-ils pas
réels ?

Ils ne le sont pas tous; et ceux qui le sont s'expliquent autrement que Lœb ne pensait.

Ainsi, Lœb et ses disciples ont attaché une grande
importance à l'orientation du corps des animaux à
symétrie bilatérale, c'est-à-dire ayant un côté droit et
un côté gauche. D'après ces savants, les artiozoaires
subiraient les tropismes d'une façon particulièrement
intéressante; ils recevraient des agents extérieurs,
tels que la lumière, de véritables attractions et répulsions déterminant des oscillations jusqu'à ce que
l'animal présente à la source énergétique des surfaces égales de son corps à droite et à gauche et particulièrement des surfaces égales de ses yeux, s'il
s'agit de la lumière.

Par exemple, chez la mouche domestique, il n'y
aurait plus, à la lumière, de marche en droite ligne
possible, après ablation d'un œil. L'insecte recevant
une action tonique de la lumière du côté de l'œil non
opéré et n'en recevant pas de l'autre côté, l'équilibre
serait rompu et il se produirait des mouvements de
manège.

Si c'est l'œil droit qui a été excisé, le mouvement
se produit « vers la gauche », a écrit G. Bohn[1].

1. *Revue des idées* (septembre 1904). Note de G. Bohn.

Or, s'il en est ainsi, ce sont les pattes du côté droit qui exécutent les mouvements les plus amples, puisqu'elles se trouvent sur le grand cercle du manège, tandis que celles du côté gauche décrivent un petit cercle, entre le premier et le centre. Voilà précisément ce que les partisans des tropismes n'ont pas vu : *ils se sont trompés de côté :* « Les pattes du côté aveugle (en l'espèce c'est le droit) n'effectueront pas des pas aussi grands que celles de l'autre côté et l'animal tournera... », a écrit G. Bohn[1]. Or, c'est exactement le contraire qui se produit et, par conséquent, dans le cas cité, l'action tonique semble se trouver du côté où elle ne pourrait pas se produire d'après la théorie même des tropismes !

A dire vrai, il n'y a ici, selon nous, qu'un phénomène *de fuite de la douleur*, ou une manifestation de la gêne occasionnée par la perte d'un œil. Des animaux placés à différents degrés de l'échelle animale (et l'homme lui-même dans certaines circonstances) décrivent des mouvements de manège analogues, généralement dirigés dans le sens opposé à celui de l'œil lésé ou seulement gêné. En plaçant des œillères d'un côté seulement de la tête d'un animal, on obtient des déviations ou des mouvements tournants. (Le fait est très caractérisé chez les échassiers, comme, par exemple, la Demoiselle de Numidie.)

« Des observations fort curieuses, écrit Bohn dans *la Naissance de l'intelligence*, ont été faites sur le *Bombyx mori*... V. L. Kellogg a fait l'expérience suivante : il sectionne l'antenne droite du mâle; celui-ci se met à décrire des cercles de plus en plus étroits, en sens inverse des aiguilles d'une montre... » (De droite à gauche.) Or, d'après le système défendu par cet auteur, ce serait le côté gauche intact qui devrait être le plus stimulé, le plus actif et, par conséquent, celui

1. *Bull. de l'Institut général psychologique* (juin 1909), p. 449.

qui devrait décrire le plus grand cercle ; mais pour cela il faudrait que l'animal tournât de gauche à droite, *comme les aiguilles d'une montre ; or, il tourne dans le sens inverse.*

Et, par conséquent, il nous semble encore une fois démontré que la théorie est fausse !

Tous les arguments de ce genre qu'avaient amoncelés les partisans des tropismes, se retournent ainsi contre eux et les condamnent.

Il y a beaucoup d'autres erreurs d'observation chez les partisans des tropismes ; cependant, certaines de leurs constatations sont exactes ; dans ce cas, seule leur interprétation est fausse et il est toujours facile d'expliquer les faits invoqués sans faire intervenir la notion de tropisme. Selon nous, les biologistes de l'école de Lœb appellent tropismes des actes instinctifs se présentant sous un aspect particulier.

Tant qu'un animal est laissé dans son habitat, tant que rien n'est changé dans cet habitat, les objets, et surtout ceux qui lui sont utiles, lui causent des impressions qui déclanchent des impulsions motrices fonctionnant régulièrement. Or, les agents extérieurs, produisant certains effets sur les objets ou dans les milieux enveloppant les objets qui règlent la vie des animaux, ceux-ci associent les impressions causées par ces agents aux impressions fournies par les objets de leur milieu vital. De sorte que certains actes, plus ou moins importants dans la vie des espèces, peuvent être liés *indirectement* aux agents extérieurs ; on a cru à tort que c'étaient là des tropismes. Mais Lœb et ses partisans ont été dupes surtout de l'apparence qu'offrent les mouvements de ce genre quand ils se reproduisent à faux, par suite d'une erreur.

En effet, dès que certaines circonstances extérieures se trouvent modifiées ou supprimées, l'être vivant est sujet à des erreurs qui suggèrent l'idée d'un fatalisme implacable. C'est ainsi que, malgré le danger de cet

exode, les *Littorines* de nos côtes vont vers la haute
mer quand, de ce côté, on projette une ombre. Si l'on
n'examinait que ce fait, on dirait qu'il dépend d'un
tropisme négatif, mais si l'on se rappelle le mode
d'existence de l'espèce, le phénomène s'éclaire ; et l'on
comprend que les *Littorines* agissent ainsi parce
qu'elles associent l'impression d'ombre à celles que
leur causent les rochers littoraux, qui leur servent
ordinairement d'abri. Quand elles vont vers l'ombre,
du côté de la haute mer, c'est donc une erreur causée
par une association d'impressions que l'animal n'est
pas capable de rompre quand il le faudrait. De même
les *Pagures*, placés sur une surface courbe non perforée cherchent à faire pénétrer l'extrémité de leur
abdomen dans un trou (qui n'existe pas), comme s'ils
se trouvaient sur une coquille arrondie de mollusque ;
les Dytiques et les Hydrophiles s'abattent sur des
glaces, placées horizontalement parce qu'ils les prennent pour la surface brillante de l'eau ; il n'y a, dans
ces différents cas, aucune espèce de tropisme.

Dans le laboratoire, les erreurs des animaux apparaissent d'une façon encore plus frappante. Quand
l'expérimentateur s'empare d'un animal *inférieur*,
l'isole dans un tube à essai, puis projette des rayons
lumineux sur le tube, si cet animal a l'habitude de
vivre dans un lieu découvert, il ne manquera pas de
se diriger vers la source lumineuse, même si cette
source se trouve du côté opposé à l'extrémité ouverte.
Si vous placez des chenilles de *Porthesia* dans un tube
(célèbre expérience de Lœb), elles se laissent mourir
de faim à l'extrémité fermée, tournée vers la source
lumineuse ; et cela tient à leur habitude de monter
sur les hautes branches des arbres, c'est-à-dire sur
les plus éclairées. Mais libres, elles ne subiraient pas
ainsi l'effet de la lumière ; elles ne resteraient pas à
l'extrémité d'une branche dépouillée de ses feuilles ;
il faut tenir compte des perturbations introduites par

le dispositif lui-même. Ici, l'erreur est, pour ainsi dire, imposée, le tube est un véritable *piège lumineux* ; le seul élément connu des chenilles est ici la lumière ; dans cet espace étroit, aux surfaces fortement courbées et glissantes, il leur est difficile de se retourner ; ce serait pour elles un pénible changement d'équilibre : il est donc fatal qu'elles se dirigent vers la source lumineuse. Ce phénomène est déterminé par l'isolement du sujet et par une intégration trop forte des sensations. Mais faisons une autre expérience.

Si nous plaçons des chenilles de *Porthesia*[1] dans un tube à essai dont une extrémité, tournée vers la source lumineuse, s'ouvre librement dans le fond d'une petite cloche en verre dont l'ouverture est, au contraire, tournée du côté opposé à la source lumineuse, nous pourrons constater que les chenilles, après avoir arpenté le tube dans la direction *b a*, c'est-à-dire vers la lumière, se répandent dans la cloche, et finalement, en sortent en suivant une direction absolument contraire *a, b*. Or, rien n'a été changé dans l'état physiologique des chenilles. Elles n'ont pas mangé ; rien n'a été changé dans les excitations extérieures déterminant le prétendu tropisme ; enfin aucune excitation nouvelle n'a été ajoutée. Qu'est donc devenu le tropisme ?[2]

De même, si l'on place des chenilles de *Porthesia* dans un tube recourbé revenant sur lui-même, en fer à cheval, et dont les branches sont parallèles aux rayons lumineux, on peut voir ces larves parcourir l'appareil d'un bout à l'autre, et, par conséquent, présenter successivement leur pôle oral et leur pôle anal à la source lumineuse.

Le dispositif imaginé par Bohn pour étudier les

1. Des chenilles nouvellement réveillées de leur sommeil hibernal.

2. Expérience du laboratoire de l'Institut de psychologie zoologique.

Littorines, est, comme le tube de Lœb, mais dans le sens négatif, un véritable *piège* : « Dans une cuvette de verre, j'ai placé des cailloux de façon à produire des déviations de trajectoires : parfois les Littorines ont passé à un millimètre d'un caillou[1] couvert d'ulves où la Littorine aurait trouvé un abri, de la fraîcheur, de la nourriture : le mollusque a continué son chemin comme s'il était attiré par une force fatale[2]... » Ici, les habitudes du mollusque sont changées ; il est, si l'on peut dire, « dépaysé ». Ces animaux n'ont pas l'habitude de manger à la lumière, pourquoi improviseraient-ils, d'un seul coup, une conduite nouvelle ? Mais si l'on prend des Littorines et si l'on a soin de les habituer peu à peu à se nourrir sous un éclairage de plus en plus intense, on finit par obtenir qu'elles mangent à découvert. Il n'y avait donc pas, chez elles, de tropisme, c'est-à-dire de modification du protoplasme donnant une direction ; il n'y avait dans tout ceci que des habitudes que l'on peut détruire par d'autres habitudes.

Les erreurs expérimentales des biologistes de l'école de Lœb sont fort nombreuses ; et l'on cesse d'en être surpris quand on se reporte à leurs procédés au point de vue de la logique.

Comment Bohn a-t-il cherché a constater le prétendu parallélisme de la direction de l'animal et de celle des lignes de force du champ énergétique ? *Il l'a tout simplement supposé !* On pouvait s'attendre à ce que l'expérimentateur, en présence d'un tropisme, cherchât d'abord, au moyen d'appareils de physique, à déterminer la direction du champ de l'énergie extérieure et qu'ensuite il vérifiât le parallélisme de cette direction et de celle que prend l'animal ; mais ce n'est

1. Caillou blanc : « Un caillou blanc... repousse les littorines. » *Attractions et oscillations des animaux marins*, Bohn, p. 30.

2. *Loc. cit.*, p. 96.

pas ainsi que l'auteur de la *Naissance de l'Intelligence*
a voulu procéder. « Il serait difficile, a-t-il écrit, de
définir la direction du rayon lumineux dans un espace
éclairé... » Il convient donc d'y renoncer ; mais l'expérimentateur constate que les animaux en expérience
« suivent des chemins parallèles... comme s'ils étaient
sollicités par une force dirigée suivant une direction
parfaitement déterminée ». Ce sera suffisant pour
admettre que cette force existe et leur impose bien
le chemin qu'ils suivent. Il faut citer le texte même
de Bohn : « La notion de rayon lumineux sera soigneu-
sement écartée. Il lui sera substitué la notion de champ
lumineux, celle de ligne de force lumineuse, notions
d'ordre expérimental. *La direction du champ lumineux
sera celle de la résultante d'action F, des muscles loco-
moteurs diversement excités par la lumière ; les lignes
de force lumineuse seront les trajectoires tracées par les
animaux dans ces conditions* »[1].

B. — Tropisme et Dressage. — Le dressage nous
fournira des arguments contre Lœb.

On peut, en effet, démontrer expérimentalement
que la notion de tropisme répond à des phénomènes
d'association qu'il ne paraît nullement nécessaire de
débaptiser. N'importe quelle manière de se diriger,
chez n'importe quel animal, peut être modifiée par
l'éducation. Dès lors, que devient l'action directe, le
tropisme ? Lœb lui-même, a déclaré que la faculté
d'apprendre était la caractéristique du psychisme, il a
opposé cette faculté au tropisme. Que deviendra donc
ce dernier si nous montrons que le prétendu tropisme
peut être entièrement modifié par l'éducation... qui
n'a guère d'influence sur « la composition chimique
du protoplasme » ?

On a cru longtemps que les animaux inférieurs ne

1. *Attractions et oscillations des animaux marins*, p. G. Bohn,
p. 25. (Institut général psychologique.)

peuvent apprendre. C'est une erreur que nous combattons depuis plus de vingt ans. Le célèbre Bethe a cru qu'il était impossible d'instruire les Crustacés parce qu'après avoir arraché des proies à des Crabes et avoir maltraité ceux-ci avec la main à *six reprises différentes*, ils ne paraissaient pas redouter la main! Bethe est certes un distingué physiologiste; mais il n'a aucune idée de ce qu'est le dressage. Pour modifier les habitudes d'un sujet, il faut beaucoup plus de temps et de patience; six épreuves ne peuvent avoir aucun effet. Un Chien qui a l'habitude de sauter dans le sens de sa marche, en décrivant une courbe plongeante, doit être jeté en l'air et retourné dans certaines conditions, sept cents ou huit cents fois, en moyenne, avant de pouvoir exécuter le saut périlleux en arrière. Il faut avoir autant de patience avec les animaux inférieurs ou plutôt il faut en avoir davantage.

Par une éducation appropriée et poursuivie *pendant plusieurs générations*, on peut faire voler, dans le jour, des Papillons de nuit; et s'il est vrai que la chaleur a une influence sur les muscles des papillons, elle est loin d'avoir toute l'importance que lui attribue Bachmetjew. Il n'est pas bien difficile non plus de faire voler, la nuit, des papillons diurnes; nous avons souvent obtenu ce résultat[1].

Nous rappellerons à ce sujet nos recherches sur l'activité provoquée pendant le jour, chez les animaux nocturnes et il nous sera permis de parler ici de quelques mammifères, puisque Lœb admet l'existence des tropismes dans cette classe. Nous avons eu des Lémuriens qui, ne recevant leur nourriture que dans le jour et étant excités à se mouvoir avant le coucher du soleil, avaient fini par être plus tranquilles la nuit que le jour. Plusieurs Musangs noirs nous ont aussi donné, à ce point de vue, des résultats

---

1. Pour l'étude des prétendus tropismes chez les insectes consulter les travaux de Bohn.

fort nets, et nous avons en ce moment un Para-
doxure qui, d'abord bruyant la nuit, dort maintenant
à partir de 8 heures du soir, réservant toute son
activité pour la journée. Il vient volontiers se prome-
ner au soleil; et, dans ce cas, ses iris sont si serrés
qu'il est très difficile d'apercevoir la pupille sur la
boule marron-clair de l'œil.

C'est là une véritable transformation d'une habitude spécifique.

Il est aussi très démonstratif de créer artificiellement des « apparences » de tropismes : Nous possédons des pigeons habitués à voler vers une lampe
parce qu'auprès d'une lampe allumée, ils ont souvent
trouvé du grain; nous possédons aussi des pigeons
qui se dirigent vers l'ombre, parce qu'ils ont l'habitude d'y être en repos. Ce n'est donc pas ici la
lumière, qui détermine une attraction ou une répulsion, une modification protoplasmique... il y a
cependant *apparence* de tropisme.

Ce n'est *jamais* l'agent lumineux qui attire ou
repousse; c'est la pâture, la tranquillité ou le danger
dont cet agent peut être le signe, qui attirent ou
repoussent. Le renversement du signe obtenu par
l'éducation en est une preuve. Par exemple, à l'état
de nature, le crapaud semble fuir la lumière. Or, les
observations de notre collègue Rougé établissent
qu'en captivité, apprivoisé, le crapaud *recherche la
lumière.* Il est donc probable qu'à l'état de nature il
ne la fuit que pour chercher l'humidité et se dissimuler. Quand il est apprivoisé, il ne redoute pas la
lumière, parce qu'il ne trouve dans les lieux qu'elle
éclaire ni sécheresse ni ennemis. Il y a bien là un
fait psychologique et l'on exprimerait une idée fausse
en disant que chez le crapaud, la lumière est inhibitrice, qu'il y a là un « phototropisme négatif » !

Je ne crois pas qu'il existe un seul être vivant
duquel on puisse dire que la lumière agit sur lui

directement, en l'attirant ou en le repoussant fatalement, quels qu'aient été son passé individuel, son éducation, son « dressage ». Si les rayons du soleil attirent en général les *Dytiques à la surface de l'eau, on
peut fort bien les dresser* (*en y consacrant beaucoup de
patience*) *à venir, au contraire, à la surface quand on
recouvre leur aquarium* d'un écran, et à fuir les rayons
ardents du soleil. Il y a donc, ici, des associations
d'impressions qui sans doute, restent bien indépendantes de la conscience; mais qui constituent une
activité psychique propre à l'individu, un *instinct*
qu'il n'y aurait, il nous semble, aucun avantage à
appeler d'un nom nouveau.

En résumé, Lœb et Bohn ont donné un nom particulier à ce qui n'est qu'une apparence. Le souci de
n'appréhender que les réalités objectives a dévié chez
eux de la façon la plus singulière; et ils ont abouti, ne
leur en déplaise, à une conception métaphysique de
la nature, dans laquelle des entités comme la
lumière, la chaleur, le poids jouent le plus grand
rôle. Où il y avait des phénomènes d'instinct, ils ont
vu une obéissance aux « agents » extérieurs et ce
fut là ce qu'on appelle en logique une erreur de *substitution*, car ils prêtent à des faits des attributs ima-
ginaires.

Les prétendus tropismes auront été, répétons-le,
les rayons N de la psychologie animale; on a mis une
vingtaine d'années à s'apercevoir qu'ils n'existent pas.

§ 6. — Définitions de la « sensibilité différentielle »
données en Amérique et en France.

A. Point de vue de Lœb. — En psycho-physique,
on se sert des mots « sensibilité différentielle » quand,
au cours d'une expérience, le sujet humain a perçu
une augmentation de sensation, correspondant à une
augmentation de l'excitation périphérique.

Transportant cette notion dans la psychologie zoologique, Lœb dit qu'il y a sensibilité différentielle dans deux cas qui semblent assez différents; mais qui, d'après lui, se présentent fréquemment ensemble : 1° Quand un brusque changement d'éclairage détermine une nouvelle réaction chez un animal (c'est la sensibilité aux contrastes brusques); 2° Quand un animal recherche, *indépendamment de la direction* de l'excitant, le point le moins éclairé[1].

Tout le monde a observé, au bord de la mer, que les Balanes qui garnissent les rochers se referment brusquement, quand on passe la main au-dessus d'eux; c'est là, au sens de Lœb, un phénomène de sensibilité différentielle : « Il y a, dit-il, des animaux qui réagissent à des variations brusques de l'intensité de la lumière par un mouvement ou par un arrêt de leur mouvement. Si la Méduse dont nous avons déjà parlé (*Polyorchis*) repose immobile sur le fond du vase, on provoquera des mouvements de natation toutes les fois qu'on diminuera brusquement l'intensité de la lumière... Si on interpose la main entre un aquarium contenant des *Serpula uncinata* et la source lumineuse, les vers rentrent dans leur tube avec la vitesse d'une flèche... Chez un grand nombre de formes, cette sensibilité différentielle se manifeste en ce qu'une augmentation brusque de l'intensité de la lumière les fait entrer en mouvement, tandis qu'une diminution brusque les arrête ou les endort. Les animaux qui sont dans ce cas se rassemblent généralement aux endroits où l'intensité lumineuse est minimum (par rapport au reste du milieu). Les endroits auxquels se rassemblent des animaux donnés sont caractéristiques du type auquel ils appartiennent. Dans un vase transparent, éclairé latéralement, des animaux positivement héliotropiques se rassemble-

---

1. *Dynamique des phénomènes de la vie*, p. 253.

ront du côté qui regarde la lumière; des animaux négativement héliotropiques, du côté opposé, indépendamment de la répartition de l'intensité lumineuse à l'intérieur du vase. Au contraire, des animaux doués de sensibilité différentielle se grouperont aux endroits où l'intensité est minimum. »

La sensibilité différentielle de Lœb n'est donc pas ce que ses partisans semblent indiquer, quand ils opposent cette notion au tropisme; elle n'a pas pour conséquence une certaine indépendance des animaux vis-à-vis des agents extérieurs. Elle force les êtres vivants à agir différemment suivant les variations d'intensité des agents extérieurs et ne les rapproche pas plus sûrement de la substance qui nourrit ou de la cellule complémentaire qui permet la reproduction. Si un animal se trouve déjà dans la partie la moins éclairée d'un lieu, il ne pourra pas en sortir, grâce à la sensibilité différentielle, pour se diriger vers une proie placée dans une région plus éclairée! Il pourra distinguer le plus éclairé du moins éclairé, mais ne tirera aucun profit de sa discrimination. Il aura changé d'esclavage en cessant d'être sous l'empire du tropisme, mais il n'en obéira pas moins aux agents extérieurs!

A vrai dire, le groupement dans les plages d'ombre dont parle Lœb n'a pas la persistance qu'y voit ce savant. En général, l'effet d'un brusque changement d'éclairage rappelle, par association, la présence d'un ennemi de l'espèce et détermine des rétractions ou des fuites; mais des sensations internes et externes mettent bientôt l'animal sur une nouvelle voie de réactions; ce qui serait impossible s'il était, comme le pense Lœb, l'esclave de l'agent extérieur.

B. LA SENSIBILITÉ DIFFÉRENTIELLE D'APRÈS G. BOHN. — G. Bohn n'a retenu de la théorie de Lœb concernant la sensibilité différentielle que ce qui est relatif aux modifications dans la marche après un *brusque* changement dans l'excitation, mais il a voulu préciser encore la pensée du maître et a formulé une *loi* : « J'ai déduit une loi. Chez les animaux qui présentent un phototropisme positif : toute variation négative (diminution) de l'éclairement, portant sur toute l'étendue du champ lumineux, tend à produire, immédiatement ou après un arrêt plus ou moins prolongé, le changement de signe du phototropisme; chez les animaux qui présentent un phototropisme négatif, c'est une variation positive (augmentation) qui a le même effet; la tendance provoquée par l'éclairement dans l'un et l'autre cas peut se réaliser complètement ou incomplètement (une seule rotation de 180 degrés, rotations successives, oscillations régulières ou irrégulières[1]. » En termes plus simples, cela veut dire qu'un animal qui d'ordinaire fuit la lumière, changera de direction si l'on augmente « l'éclairement » du lieu vers lequel il se dirige, tandis qu'un animal ayant l'habitude de venir vers la lumière changera de direction, si l'on diminue l'éclairement du lieu où il se trouve; et tout cela se passera, abstraction faite de la *direction* des rayons lumineux et de leur intensité absolue.

Cet auteur a fait sur des Punaises de lit, une expérience qui lui semble caractériser nettement la sensibilité différentielle. Il a remarqué que ces insectes fuient la lumière d'une fenêtre et que si, pendant cette fuite, l'on place devant eux ou derrière eux (cette fois entre la fenêtre et leur corps) une lampe, ils font également demi-tour. Il en conclut que la direction et l'intensité de la force n'ont pas ici d'effet, tandis qu'elles agissent dans le tropisme. A vrai dire, cette expérience ne prouve qu'une chose, c'est que la Punaise de lit fuit instinctivement, *par suite d'associa-*

---

1. *Bulletin de l'Institut général de psychologie*, janvier 1908.

tions anciennes, la lumière. En effet, 1° l'animal fuit la lumière de la fenêtre ; 2° il fuit la lumière de la lampe quand on la pose devant lui et 3°, malgré l'apparence, il fuit encore la lumière, quand il fait demi-tour au moment où l'on place la lumière entre lui et la fenêtre. Il est vrai que, dans ce second cas, son demi-tour le met face à la plus grande lumière ; mais rien ne pouvait l'en avertir et il n'a tourné sur lui-même que parce que les objets placés vers le fond de la chambre (côté opposé à la fenêtre) lui renvoyaient tout à coup un surplus de lumière. Si, du reste, l'on poursuit plus loin l'expérience, on constate que la Punaise de lit, qui s'est tournée vers la fenêtre et vers la lampe, — pour fuir la réflexion des objets placés de l'autre côté et tout à coup plus éclairés qu'ils ne l'étaient d'abord — fait bientôt un nouveau demi-tour : en toute circonstance, elle fuit donc la lumière. L'intensité, et par conséquent la direction de la lumière (n'enseigne-t-on pas en physique que l'intensité lumineuse est liée à la direction des « rayons »?) a donc une influence sur les actions de la Punaise de lit ; toutefois il est bien évident qu'il ne s'agit point d'une répulsion directe, d'un tropisme, mais de phénomènes d'association de sensations, d'instincts. La Punaise fuit avec la lumière les dangers que cette lumière évoque plus ou moins clairement dans ses ganglions nerveux.

Ainsi les reculs, les mouvements tournants, etc... sont des actes appris par l'expérience.

On a donné à la notion de sensibilité différentielle la plus commode élasticité. Comme invoquer le psychisme proprement dit déplaît souverainement à certains biologistes (qui veulent quand même faire de la psychologie), ils ont pris le parti de mettre au compte de la sensibilité différentielle toute action animale qui ne cadre pas avec la notion de tropisme. C'est ainsi que pour Bohn cette faculté peut devenir un besoin de continuer un acte interrompu... : « Un animal qui est appliqué contre une paroi solide et qui, brusquement, pour une cause ou pour une autre, en est écarté, tend à s'y appliquer de nouveau. » C'est ce que l'auteur appelle « la sensibilité différentielle vis-à-vis de la surface des corps solides. »

On ne voit pas quel pourrait être le critère de cette faculté; car tout acte commencé tend à se continuer; c'est la loi d'inertie... Et l'on se demande ce que la science peut gagner à la création de pseudo-divisions de ce genre, que rien ne justifie et qui, loin d'éclaircir les questions, les compliquent à plaisir!

Ce serait, du reste, perdre son temps que de chercher les critères des nombreuses « sensibilités différentielles » dont on a gratifié les animaux... Puisque, prises séparément, les réactions opposées que l'on décrit dans tout phénomène de ce genre, sont des mouvements ordinaires, et *puisqu'ils ne font que se succéder, comme leurs causes extérieures et également opposées se succèdent*, on ne peut voir en eux aucun caractère particulier.

(PARTIE POSITIVE). — CRITÈRE OBJECTIF ET PLACE DE L'INSTINCT DANS LES PHÉNOMÈNES DU MONDE

---

§ 1. — Critère objectif de l'instinct.
Distinction entre les actes d'instinct et les mouvements d'une machine

Avant d'étudier les actes des animaux et de leur donner des noms différents [1], le philosophe doit déterminer la place que ces phénomènes, considérés en bloc, occupent parmi les autres phénomènes de la nature.

Descartes a posé le problème dans une affirmation qu'il n'a d'ailleurs pas prouvée : « S'il y avait des machines qui eussent les organes et la figure extérieure d'un singe ou de quelque autre animal sans raison, nous n'aurions aucun moyen pour reconnaître qu'elles ne seraient pas, en tout, de même nature que ces animaux... » Ce raisonnement, si souvent reproduit sous diverses formes, est-il exact ? Il soulève plusieurs questions de grande importance.

1. Le lecteur verra que si nous adoptons des noms d'espèce pour désigner des actes ayant un caractère différent, nous leur donnons exactement le sens que donnent au mot espèce en biologie, les évolutionnistes pour qui la systématique n'est qu'une étude mnémotechnique n'établissant jamais aucune barrière infranchissable entre les êtres vivants et indiquant seulement des degrés de développement.

C'est, d'abord, celle des rapports qui peuvent exister entre l'énergie extérieure et les mouvements des animaux. On pourrait poser ainsi cette partie du problème : les machines rendent en travail, du moins en grande partie, l'énergie que les « agents » extérieurs leur communiquent et ce travail est, pour chaque machine, dans un certain rapport mathématique avec l'énergie extérieure accumulée dans cette machine. En est-il de même chez les êtres vivants?

Nous avons vu que les partisans de la notion de tropisme ont mal posé la question. Ils ont voulu prouver que la réaction est fonction de l'excitation. Or, dans les conditions ordinaires de la vie, ce n'est pas entre l'excitation et les réactions qu'il faut chercher un rapport quantitatif.

Il n'en demeure pas moins certain — si les lois physico-chimiques ne sont pas un simple rêve — que l'équivalence existe entre *la somme de travail* fournie par une substance vivante et l'énergie qu'elle a amassée, déduction faite des déchets que prévoit la loi de Carnot; mais, précisément parce que l'être vivant est un accumulateur d'énergie, il faut, pour prouver cette relation, au lieu de considérer l'excitation actuelle et la réaction, comme les partisans des tropismes l'ont fait, établir une comparaison entre ce qu'a accumulé d'énergie, par la nutrition, un organisme, de sa naissance à sa mort et, d'autre part, le travail effectué par ce même organisme en y ajoutant les réactions de décomposition du cadavre[1]. J'imagine qu'une telle expérience ne serait pas facile. Elle n'est cependant pas impossible.

Et elle prouverait certainement que si l'animal diffère d'une machine, ce n'est pas parce qu'il *crée* de l'énergie, et qu'en somme il est soumis aux lois physico-chimiques.

1. Il faudrait aussi tenir compte de l'œuvre de la génération; et la question se compliquerait encore, nécessairement, des rejets de matières plus ou moins utilisées par l'organisme.

Il faut donc chercher d'un autre côté la différence qui existe entre un animal et une machine.

Dans une machine, comme chez les animaux, une portion d'énergie se trouve emmagasinée; et, pendant un temps donné, peut agir sur des leviers et engrenages de façon à lutter contre les forces extérieures[1]. Un tel système est capable, par exemple, de gravir une pente, — ce que ne peut faire un corps inerte sans intervention actuelle de l'énergie extérieure. Sans doute, tout animal sait changer sa direction d'après les circonstances; mais certaines machines changent aussi la leur; on peut très bien concevoir un mécanisme tel qu'en un temps donné, il change un nombre de fois déterminé la direction de sa masse; on a construit des machines qui décrivent un huit de chiffre avec une correction parfaite! Il n'est même pas juste de dire que cette correction absolue, tenant à l'essence de ces mécanismes, ils font nécessairement toujours les mêmes mouvements et ne pourraient répondre différemment à des influences différentes créées par le monde extérieur, comme un animal le sait faire; car il existe des distributeurs qui, pour une pièce de 5 centimes, jettent x grammes de bonbons et, pour 10 centimes, $2\,x$ grammes des mêmes bonbons...

Aboutirons-nous donc au raisonnement cartésien en disant que l'animal est une machine? Ce serait identifier des choses au fond très dissemblables. C'est que, en effet, une machine peut effectuer un nombre déterminé de mouvements; mais elle ne sait pas récupérer d'elle-même l'énergie qu'elle a dépensée et, surtout, l'emploi de ses rouages dans le monde extérieur, au lieu de les fortifier d'abord, les use dès le

---

1. Il n'est donc pas juste de dire, avec saint Thomas : « *Vita in motu* » et, avec Farges et Barbedette : « La vie est l'activité en vertu de laquelle une substance se meut ou peut se mouvoir d'elle-même. » *Cours de philosophie scolastique.* T. I, p. 462.

début, sans que jamais leur nombre augmente par l'exercice, tandis que l'animal se développe et *apprend* physiologiquement : il a de la mémoire.

Depuis Comte, on s'est habitué à identifier mémoire et inertie ; et les évolutionnistes ont vu dans ce rapprochement un lien de plus entre les phénomènes biologiques et physico-chimiques. On ne conçoit pas, cependant, en quoi un phénomène de durée, comme l'inertie, ressemble à un phénomène de répétition. Continuer un mouvement commencé, ce n'est pas le refaire, le recommencer après être revenu à la position d'équilibre.

Reprenons quelques exemples classiques.

La cire façonnée par les doigts du sculpteur garde la forme qui lui est ainsi donnée ; on a même écrit qu'elle s'en souvient, mais elle n'a acquis de ce fait aucun pouvoir de reprendre sa forme primitive et de se façonner de nouveau. Elle est, à vrai dire, devenue plus molle par suite du maniement ; mais c'est là une possibilité d'être influencée plus profondément par une action extérieure *et non de restituer le phénomène du façonnement*. De même, il n'y a pas tendance au retour vers un état antérieur et *à recommencer ensuite la modification de cet état* dans le fait qu'une branche écartée de la direction dans laquelle elle a poussé, tend à la reprendre. La force de redressement n'a été que combattue par la main qui a écarté la branche ; elle s'est montrée de nouveau quand cette opposition a cessé. L'hystérésis, dont on a voulu tirer des conséquences singulières, est un phénomène d'inertie, et l'on ne voit pas en quoi il est possible de le rapprocher de la mémoire. Il faut confondre durée et mémoire pour penser que l'hystérésis est un « souvenir du métal ». A ce point de vue la continuité du débit d'une rivière serait la mémoire de la rivière ? Enfin, pour reprendre un exemple très connu, la photographie d'un paysage conserve la trace de ce paysage, mais la plaque *ne se souvient pas*, parce qu'elle ne sait pas recommencer le phénomène chimique qui l'a déjà modifiée; elle ne sait pas revenir à son état primitif et s'impressionner de nouveau.

Bien différent est le comportement du protoplasme!

La matière vivante est, chaque fois qu'elle se souvient, le théâtre d'un même phénomène; elle sait le faire renaître en elle; elle sait aussi acquérir de nouveaux souvenirs, c'est-à-dire de nouvelles habitudes.

Aristote a fait remarquer que les animaux prennent des habitudes et qu'une pierre jetée en l'air ne prend pas l'habitude d'y rester. L. Dumont et toute la philosophie classique actuelle (voir Rabier) ont cru pouvoir répondre à cela que l'animal ne prend pas davantage cette habitude; mais c'est une erreur puisque l'adaptation lente transforme le saut plané en vol véritable, crée le parachute, puis l'aile du reptile volant, du mammifère volant, de l'oiseau... Et si la matière vivante s'adapte et se perfectionne, c'est qu'elle sait *répéter* son effort. La substance vivante qui a fonctionné revient à un état voisin de son état primitif, l'impression qui a ébranlé une cellule nerveuse se répète sans qu'il soit nécessaire que la même action venant du monde extérieur la provoque. Telle est la mémoire; elle ne consiste pas à durer, à suivre un chemin; elle consiste, au figuré, à commencer à suivre un chemin, à s'y arrêter, à revenir sur ce chemin et à le parcourir de nouveau plus ou moins complètement (au besoin sans la cause directe extérieure qui a déterminé le premier parcours), puis à modifier ce parcours en subissant des influences extérieures. Il y a donc deux caractéristiques de la mémoire biologique : 1° la répétition du phénomène, sans intervention des causes premières; 2° son incomparable « faculté adaptative ».

Rien de pareil n'existe dans le monde minéral : un

8

astre qui se meut en décrivant une ellipse continue constamment son mouvement ; il ne le suspend pas pour le reprendre ensuite. Quand la mémoire évolue, elle se distingue encore davantage des phénomènes mécaniques ; en effet, le présent cesse pour elle d'être semblable au passé et, tout en se répétant en quelque chose, elle se modifie aussi en quelque chose, puisqu'elle s'adapte.

Toute fonction vitale est un phénomène de mémoire ; le psychologique n'est qu'un département du physiologique, c'est-à-dire de la mémoire vitale. Le psychisme naît avec la vie ; la nutrition est un phénomène de mémoire nutritive puisque l'estomac qui a digéré se retrouve prêt à digérer de nouveau ; la génération est une mémoire reproductrice, puisque les organes de la génération recommencent sans cesse à organiser de la substance vivante.

Voilà, selon nous, ce qui différencie la mémoire de la substance sentante, des phénomènes de durée et d'accroissement de résistance ou de soumission à l'influence *actuelle* extérieure que nous voyons dans le monde inorganique.

Dès lors, l'analogie entre l'animal et une machine cesse de nous obséder : les régimes fonctionnels de l'un et de l'autre sont différents. Dans un animal, comme dans une machine, le rendement *global* est probablement fonction de l'énergie dépensée à actionner les mouvements ; mais *l'animal apprend*. Les attractions et les répulsions dont les animaux nous donnent le spectacle et qui, finalement, constituent leurs fonctions principales, ne s'expliquent donc pas par les lois qui régissent la matière brute ou la matière ouvrée en machine, — ce qui ne signifie point, d'ailleurs, qu'il existe un « principe vital », mais que les lois de l'énergétique ont, dans l'être vivant, un degré de complexité qui n'existe pas dans les réactions des minéraux.

* *
*

Définition de l'instinct. — Nous avons maintenant distingué les actes des animaux des mouvements des corps inertes et des machines ; mais ces actes semblent présenter bien des différences entre eux. Auxquels appliquerons-nous le mot *instinct*?

On a souvent critiqué la notion d'instinct ; on lui a reproché des imperfections multiples et très différentes. Mais, si quelques objections de détail sont justifiées, elles ne peuvent porter sur le caractère permanent, essentiel de l'instinct ; quant aux autres, elles sont basées sur de simples erreurs d'observation et aussi de logique.

Tous ceux qui ont cru à l'instinct ont admis qu'il se manifeste quand un homme ou un animal est invinciblement poussé à accomplir des actes familiers à son espèce et dont (à ce moment précis du moins), il ne comprend pas, il n'envisage pas le but. Les animaux supérieurs peuvent sans doute, comme l'homme, ou du moins jusqu'à un certain point, se rendre compte du but d'un acte instinctif ; mais ce n'est là qu'une opération mentale surajoutée.

L'ignorance du but dans l'action est la caractéristique nette et claire de l'instinct ; et c'est tout ce que nous retenons des définitions qu'on en a données[1]. Nous nous sommes attaché, on le verra, à faire ressortir objectivement ce caractère de l'instinct. On peut, en effet, montrer expérimentalement qu'un animal comprend ou ne comprend pas le but immédiat d'un

1. Claparède a signalé cette entente des biologistes sur l'ignorance du but dans l'acte instinctif : « Tous les biologistes sont d'accord, je crois, pour définir l'acte instinctif, un acte adapté, accompli, d'une façon uniforme, par tous les individus d'une même espèce, *sans connaissance du but* auquel il tend, ni de la relation qu'il y a entre ce but et les moyens mis en œuvre pour l'atteindre. » *Esquisse d'une théorie biologique du sommeil.*

acte qu'il accomplit. Si l'on modifie brusquement les conditions extérieures dans lesquelles il se trouve, son instinct peut fonctionner à faux, de façon persistante; l'animal agit alors inutilement, ou même de façon dangereuse pour lui : ce qui prouve qu'il n'y a pas chez lui connaissance du but.

Il ne peut, certes, être question pour nous de défendre les idées métaphysiques ajoutées à la notion d'instinct par les rêveurs de tous les temps. Nous dirons cependant qu'à nos yeux, elles n'ont pas, comme on l'a dit, « déshonoré » le concept d'instinct; et ceci pour une bonne raison : c'est qu'elles n'en ont jamais fait partie. Les idées des philosophes scolastiques (reprises par les Addison et les Fabre) sont des rêveries dont ils gardent seuls la responsabilité; elles ne sont certes pas contenues dans le concept d'instinct; on a vainement essayé de les lui ajouter. Quant à l'hypothèse de la création des « forces naturelles » par une puissance supérieure, elle est en dehors de la sphère où se meut le savant; et, précisément à cause de cela, n'a pu opérer aucun ravage scientifique, ni s'incorporer à la notion d'instinct[1]. La grande querelle religieuse entreprise par les Carl Vogt, les Büchner, les Brehm, était donc assez vaine, et sa conclusion : « L'instinct n'existe pas, parce qu'il supposerait l'intervention divine » est, comme l'a dit Groos, extrêmement « naïve. »

Mais, a dit aussi Büchner, il y a une autre raison de renoncer à l'instinct; c'est qu'on ne le conçoit qu'invariable et que les actes des animaux, même

---

1. L'enchaînement des phénomènes biologiques est, pour les philosophes déistes, comparable à « l'enchaînement de l'Univers » de Bossuet, qui admet que Dieu a voulu que le cours des choses humaines eût sa suite, que chaque événement eût, derrière lui, sa cause. « La loi naturelle, écrit Farges dans son *Cours de philosophie scolastique*, n'est autre chose qu'une manière d'agir naturelle à chaque agent, dont Dieu ne contredit pas la nature par sa volonté. »

inférieurs, se modifient... Et pourquoi ne concevrait-on l'instinct qu'avec le caractère de l'invariabilité absolue? Sans remonter à Condillac, qui a longuement parlé des modifications de l'instinct, celui qu'on a appelé « le pontife de l'Instinct » Fréd. Cuvier — c'est une chose que les modernes semblent avoir complètement perdue de vue — ne croyait nullement à sa fixité absolue! Et, bien qu'il y ait dans ses œuvres quelques contradictions à ce sujet[1], il a cependant admis que, même en dehors de l'intelligence, d'autres influences pouvaient modifier l'instinct. N'a-t-il pas écrit : « Il est un ordre de phénomènes dans lequel on pourrait trouver une explication aux actions instinctives : ce sont les phénomènes de l'habitude. » Cet autre passage est aussi à relire : « Le caractère d'invaria-bilité qui est attribué aux actions nécessaires ne doit cependant pas être pris dans un sens tout à fait absolu... On conçoit que l'impression fréquente de l'intelligence *ou de toute autre cause* sur l'activité ou plutôt sur l'organe qui en est le siège, doit s'appro-fondir par l'influence répétée de l'une et par l'exer-cice de l'autre et finir par devenir ainsi une forme nécessaire d'action. » En effet, un instinct peut évoluer parce que l'intelligence le modifie; dans ce cas, la con-naissance du but doit apparaître momentanément chez le sujet; puis, par l'effet de l'habitude, disparaître et laisser la place à l'instinct secondaire, ignorant du but; mais il y a aussi, comme le pensait déjà, sans préciser, Fréd. Cuvier, d'autres causes capables de produire un résultat analogue. Ces causes, plus simples,

---

1. Chose curieuse, ce sont les affirmations fixistes de Fréd. Cuvier qui, seules, ont frappé les évolutionnistes contempo-rains. A bien regarder, Fréd. Cuvier a, dans ce domaine, des opinions très larges pour son temps. Il admet même d'autres influences que l'intelligence pour modifier l'instinct, alors qu'Ed. Perrier, l'un des représentants les plus autorisés du transformisme, a écrit : « Tant que le but à atteindre échappe à l'animal, il n'y a aucune raison pour que l'instinct se modifie. »

ont même une action infiniment plus puissante que l'intelligence. Ce fut le grand mérite de Lamarck et de Darwin d'en indiquer deux : l'action directe du monde extérieur et la sélection naturelle que l'on peut, du reste, considérer comme une conséquence de la première. Pourquoi leur reproche-t-on maintenant de ne pas avoir renoncé à l'idée de ce « sentiment intérieur qu'émeuvent les besoins » comme disait Lamarck[1], puisque les naturalistes de l'école des frères Cuvier avaient reconnu eux-mêmes sa plasticité relative ? C'était là à peu près le seul point de la philosophie zoologique sur lequel l'ancienne et la nouvelle école professaient des opinions voisines !

Certains esprits sont tombés, à propos de l'instinct, dans un piège que tendent les mots abstraits. Si l'on prend ce qu'ils désignent pour des réalités concrètes, on tombe dans l'erreur des anciens réalistes ; mais le péril est aussi grand à ne pas vouloir reconnaître l'existence d'un ensemble de faits parfaitement caractérisés et à nier la parenté qui les unit parce que leur groupement sous une dénomination abstraite n'est qu'une opération de l'esprit. C'est cependant l'erreur singulière que commettent quelques psychologues contemporains quand ils déclarent que l'instinct n'existe pas, *puisqu'il échappe au scalpel et au microscope !*[2] Sans doute, cette propriété de la matière vivante n'est pas plus un rouage matériel, un et stable, que la « chaleur » n'est une substance, comme le vulgaire le croit ; mais il n'y a là aucune raison pour renoncer à l'instinct. Craindre ici une

---

1. Presque tous les évolutionnistes ont admis la notion d'instinct. « Lamarck, écrit G. Bohn, plus conséquent que les autres, l'a laissée de côté, *indiquant seulement que* l'instinct découle de l'habitude. » Comment admettre que Lamarck a nié la légitimité de la notion d'instinct s'il a pris la peine d'établir que l'instinct découle de l'habitude ?

2. Si la science ne reconnaissait plus aucune valeur aux notions abstraites, il faudrait considérer les mathématiques comme « de dangereuses idées métaphysiques » !

confusion est un souci puéril : semble que ceux qui peuvent se tromper sur la valeur abstraite du mot instinct ne méritent pas plus l'attention du philosophe que les ignorants capables de prendre la chaleur pour une substance, ne doivent inquiéter le physicien !

D'autres auteurs, comme Bain et A. Russell-Wallace, ont rejeté l'instinct parce qu'ils supposaient que les animaux apprennent, pendant le cours de leur existence individuelle, tout ce qu'ils doivent savoir sans pouvoir profiter jamais de l'expérience de leur espèce. C'est là une opinion que l'observation courante dément. (Le canard qui court vers l'eau au sortir de l'œuf a-t-il pu apprendre individuellement à exécuter un tel acte?) A. Russell-Wallace a, du reste, renoncé à sa théorie et a reconnu l'existence d'instincts véritables, innés.

Que les phénomènes d'instinct soient, par certains côtés, fort divers, nul n'en doute; mais puisqu'ils ont toujours un côté commun, puisqu'ils offrent ce trait caractéristique d'être des moyens de la nature incompris des êtres vivants qui leur fournissent un théâtre, il est tout indiqué de les réunir sous une même appellation. Voilà pourquoi nous avons conservé cette antique expression : l'instinct, que tout le monde entend et qui est une espèce de nom de famille des phénomènes d'impulsion motrice irraisonnée.

Dire que l'intelligence est son contraire, serait, certes, avoir une vue trop simpliste de la question. Venue tard dans l'histoire des bêtes, celle-ci se manifeste chez quelques espèces supérieures — pour la plupart dénuées d'industries organisées; — elle ne s'y montre jamais de façon continue comme chez l'homme, mais se révèle par des espèces d'éclairs phsychiques. Il y a, entre elle et l'instinct, bien des caractères communs; nous ne reconnaissons pas une différence radicale entre les deux fonctions. Ce sont les mêmes matériaux (si l'on peut dire), les sensations

qui servent à l'une et à l'autre : la forme relativement
rigide des associations de sensations correspond à la
notion d'instinct. Quand cette rigidité tend à s'assouplir
beaucoup, quand les sensations de chaque complexe
peuvent se dissocier rapidement, pour s'associer dans
un nouvel ordre, quand certaines d'entre elles restent
détachées des autres et forment ainsi des abstractions,
l'intelligence, capable de s'adapter immédiatement
aux circonstances éventuelles, apparaît et se développe
désormais à côté de l'instinct. Elle ne le détruit pas,
parce qu'il est lié aux fonctions fondamentales nécessaires à la vie. Bien plus, parmi les actes qu'elle
innove, ceux qui ont le caractère d'une utilité permanente se fixent et deviennent des instincts secondaires.
Toutefois, ne s'exerçant que dans des cas en somme
exceptionnels, son rôle dans la formation de nouveaux
complexes fixés n'a pu être que fort restreint; et nous
n'admettons guère, on le verra, cette thèse facile qui
consiste à dire que les industries les plus compliquées
sont ainsi organisées parce que les animaux en ont
conçu l'idée par une sorte de vue de génie...

§ 2. — Critère objectif de l'Instinct (suite).
Distinction expérimentale
entre les actes d'instinct et les actes intelligents.

L'observation humaine semble avoir discerné de
tout temps deux catégories d'actes chez les animaux.
Elle a rangé, d'un côté, tous ceux qui, à première
vue, donnent l'impression de la régularité mécanique,
de l'ignorance du but vers lequel ils tendent, et qui,
par cela même, nous paraissent revêtus d'un caractère particulièrement mystérieux, et, de l'autre, ceux
qui nous paraissent clairs parce qu'ils ressemblent à
nos actes intelligents, aux démarches de notre propre
nature, et nous semblent fort compréhensibles, sur-

tout parce que nous n'en cherchons pas une explication profonde... Nous appelons les premiers : « instincts » ; et ils éveillent en nous une curiosité spéciale
que n'éveille pas l'intelligence. Mais cette vue superficielle de la question est-elle légitime, et le philosophe a-t-il le droit de s'engager dans une voie que
lui ouvre le simple bon sens ?

Les cartésiens n'ont vu que l'instinct dans le domaine zoologique, les évolutionnistes, au contraire,
ont doté les animaux et même les plus inférieurs, de
la faculté de comprendre, de l'intelligence. Ils se sont
demandé si des phénomènes relativement simples,
ceux de l'absorption de la nourriture, par exemple,
ne laissent pas supposer une certaine notion du but à
atteindre.

En somme, les actes d'un animal qui, par exemple,
absorbe sa nourriture habituelle, s'enchaînent logiquement; mais la question est de savoir si cette logique
est le fait du jugement de l'animal ou de cette harmonie qui règne dans les lois physiques. Quand un animal agit dans un cas où sont réalisées toutes les circonstances ordinaires dans lesquelles ses actes habi-
tuels doivent se produire, nous ne pouvons décider
s'il comprend ce qu'il fait. Il a pu, simplement,
retrouver, sans les avoir cherchées intelligemment,
toutes les conditions extérieures nécessaires au fonctionnement d'actes réflexes.

Mais si, ayant supprimé expérimentalement une ou
plusieurs des conditions extérieures et essentielles
sans lesquelles l'acte ne peut plus être utile, nous
constatons que l'animal agit quand même, nous serons
en droit de proclamer qu'il n'a, certes, aucune idée
du but que doivent atteindre ses actes mêmes et qu'il
agit instinctivement.

Il commettra, dans ce cas, une erreur; il agira à
faux, parce que la reproduction d'une impression
entraîne chez lui la reproduction de toutes les impres-

sions suivantes du même complexe, ainsi que les mouvements qui y sont reliés.

Si nous prenons un Bernard l'Ermite sorti de la coquille de mollusque qu'il habite et le plaçons sur une boule ne présentant aucune cavité, nous lui fournissons des impressions de courbure analogues à celles qu'il aurait ressenties sur une coquille arrondie; mais, la boule étant dépourvue de toute cavité, nous avons supprimé l'utilité des efforts que pourrait faire le Bernard pour introduire son abdomen dans un péristome. Or, on peut constater, que, cependant, ce décapode fait des efforts persistants pour introduire son abdomen dans un orifice... qui n'existe pas.

Il agit donc comme s'il se trouvait sur une coquille arrondie et trouée et montre par là qu'il se laisse guider (du moins dans le cas considéré) par des impressions anciennes étroitement associées, familières à son espèce, et non par la totalité des impressions présentes (tactiles et visuelles). Il est donc parfaitement démontré que les mouvements qu'effectue le Bernard pour introduire son abdomen dans un trou sont des actes d'instinct pur et qu'il ne s'y mêle aucune idée de but à atteindre. En effet, un animal intelligent peut commettre des erreurs par contiguïté d'impressions; mais elles ne sont qu'accidentelles et passagères, l'intelligence les corrige très vite.

Tous les actes des animaux qui, d'après un premier examen, nous paraissent instinctifs, peuvent être soumis au même contrôle.

Il y a donc des actes effectués par des êtres vivants qui n'en comprennent pas le but. Mais ne faut-il pas faire une distinction entre intelligence du but et intelligence du moyen d'arriver au but? Un être vivant ne peut-il avoir, sinon la compréhension du but de ses actes, du moins celle de ses actes mêmes à mesure qu'il les accomplit? L'instinct est-il, comme le voulait

Hartmann, la volonté intelligente du moyen en vue d'un but inconsciemment voulu ?

Que serait donc l'intelligence d'un moyen dont on ne connaîtrait pas le but ? Ignorer à quel résultat un acte conduit n'est pas savoir ce qu'est cet acte en tant que moyen. Il n'y a donc pas de compréhension du moyen sans compréhension du but *immédiat*.

Il ne peut, en effet, s'agir du but profond d'un acte quelconque. Celui-là se recule à mesure que l'intelligence croît et, pour le philosophe, le but final du fait le plus simple se perd dans les brumes de l'inconnu. Dans le langage courant, le but de l'acte de la génération, par exemple, est la conservation de l'espèce, mais, au delà, se pose la question du but de cette conservation, etc... Dans le sens contraire, et au point de vue d'un animal, le but serait la seule satisfaction de son désir individuel.

Cette compréhension du but *immédiat* n'est possible elle-même que s'il y a déjà, chez l'être vivant, la notion de la cause et de l'effet, c'est-à-dire une certaine intelligence. Rien ne s'oppose à ce que l'on croie que, chez les animaux supérieurs comme chez l'homme, il puisse y avoir une notion du but de l'acte instinctif, non pas au moment même où l'acte instinctif s'accomplit, c'est-à-dire où l'être est dominé par l'instinct, mais dans les périodes où cet instinct le laisse en paix. Ce n'est pas l'instinct qui se conçoit lui-même, c'est alors l'intelligence qui l'étudie. C'est pourquoi l'on peut dire que chez l'être purement instinctif, comme chez celui qui possède instinct et intelligence, l'instinct lui-même est toujours ignorant du but vers lequel il tend.

Tous les auteurs, à l'exception de quelques évolutionnistes (qui ont plutôt joué sur les mots instinct et intelligence) admettent l'ignorance du but chez les êtres instinctifs. Ceux-là mêmes qui accordent à l'instinct d'être accompagné de conscience, entendent par

là non la conscience du but, mais celle de représentations mentales, dont la notion de rapport est
absente : « A coup sûr l'instinct, écrit Rabier, est
accompagné de conscience, mais il n'a pas conscience
de sa fin : par là l'acte instinctif se distingue de l'acte
rationnel et réfléchi. Ce n'est pas à dire que l'instinct
n'ait pas de fin, mais cette fin n'est pas vue de l'animal. L'animal ne voit pas, pour ainsi dire, au bout
de son instinct l'effet qui le termine, *il ne voit que
les images qui se déroulent* et les actes qu'il accomplit, à mesure qu'il les accomplit. »

Nous citerons aussi cette excellente définition donnée
par Ed. Perrier : « L'animal agissant sous l'impulsion
de l'instinct, ne prévoit pas ce qu'il a l'air de prévoir,
ne sait pas ce qu'il a l'air de savoir, ignore ce qu'il
fait, n'a aucune idée *du but de ses actions*, les exécute
cependant sans pouvoir échapper à la force qui le
sollicite et ces actions, parfois d'une extraordinaire
complication, sont merveilleusement adaptées à un
but ultime qui est, d'ordinaire, la conservation de
l'espèce au détriment même de l'individu. » (Ed. Perrier. Préface de l'*Intelligence des animaux*, de Romanes.)

Admettre que l'instinct est ignorant du but auquel
il conduit, c'est établir une distinction entre l'intelligence et l'instinct.

Les transformistes, toujours obsédés par la préoccupation de trouver des stades d'évolution, ont cherché
à représenter l'intelligence comme « réductible » à
l'instinct. Ce procédé commode n'est pas défendable ;
il conduit à l'absurde. Qu'un insecte commette une
erreur instinctive, se brûle les ailes au feu d'une
lampe et qu'un singe sache ouvrir une boîte, fermée
par un mécanisme, est-ce la même chose ? L'ingéniosité de l'un est-elle réductible à la stupidité de l'autre ?

L'intelligence doit beaucoup à l'instinct ; cependant
elle n'est pas une extension de tous ses caractères :

elle lui doit tous ses matériaux : les sensations ; mais sa souplesse exclut la rigidité de l'instinct.

Pour résumer ce paragraphe, nous proposerons d'employer pratiquement ce critère objectif de l'instinct : Lorsque l'observateur est en présence d'un ensemble de réactions, il doit se demander si nécessairement elles impliquent la connaissance du but.

Dans les cas où il y a adaptation immédiate à des circonstances nouvelles qui ne peuvent être comprises que par voie d'abstraction, la distinction est facile. En revanche, il faut se garder de confondre « apprendre » et « comprendre » puisque l'animal peut apprendre par simple contiguïté de sensations, tandis que comprendre c'est résoudre mentalement une difficulté matérielle, c'est-à-dire trouver par abstraction le moyen d'appliquer à des faits particuliers nouveaux des notions générales.

A cette objection qu'avec un tel critère ou ne pourrait jamais discerner l'intelligence dans les conditions de la vie habituelle des animaux où, cependant, rien ne prouve qu'elle n'est pas surajoutée, du moins chez les espèces supérieures, on peut répondre que l'expérience est ici possible. Essayons de tromper l'animal en variant légèrement les circonstances extérieures de façon qu'il n'ait pas la possibilité d'agir par les voies ordinaires; accordons-lui, de plus, un temps restreint pour qu'il ne puisse bénéficier d'une rencontre heureuse amenée par des essais successifs[1]. Si le sujet est incapable d'inventer un moyen adapté à ce cas particulier, il montre son ignorance du but qu'il aurait cependant atteint sans la difficulté que nous lui avons créée et qui ne serait d'aucune importance pour un animal intelligent.

On peut ainsi distinguer toujours l'intelligence de l'instinct.

1. Le mode de réaction par « essais » fera l'objet de plusieurs paragraphes de ce livre.

En le faisant, on agit comme le physicien qui distingue les phénomènes enchaînés, quand ils prennent des caractères distincts, tout en restant reliés les uns aux autres. Les lois qui régissent de tels phénomènes peuvent n'être pas les mêmes pour tous; elles peuvent n'être pas réductibles les unes aux autres. On peut, par exemple, étudier la physique de l'eau et ses lois; puis, cette eau étant gelée, étudier sur elle les lois des solides; puis, cette eau étant chauffée, étudier les lois des vapeurs; enfin, cette eau étant décomposée en ses éléments, étudier les lois des gaz. Il s'agit toujours d'hydrogène et d'oxygène, les phénomènes sont placés dans une même chaîne; ne serait-il pas absurde, cependant, de les grouper dans une catégorie unique et de dire que les lois des gaz sont réductibles à celles des solides? Les phénomènes d'intelligence sont évidemment dans la même chaîne que ceux d'instinct; mais ils sont différents. Le montrer, c'est faire œuvre scientifique. Identifier des choses dissemblables, c'est trouver l'unité à bon marché. En un mot, le fait de la continuité ne doit pas nous masquer les différences; et c'est ce que se refusent à comprendre ceux qui trouvent qu'il faut supprimer toute barrière entre l'instinct et l'intelligence.

« Qu'est-ce donc que l'opposition entre l'instinct et l'intelligence?[1] Une barrière que nous cherchons à briser, comme toutes les barrières », a écrit G. Bohn. C'est exactement comme si quelque physicien s'écriait : « Qu'est-ce donc que la différence entre la cohésion des molécules des solides et la répulsion des molécules des gaz? Une barrière que nous cherchons à briser, comme toutes les barrières! » Ce serait faire de la physique anarchique.

1. *La Naissance de l'intelligence.*

§ 3. — Besoins et Instincts. — Les Instincts fondamentaux. — Antithèse idéaliste de la nutrition et de l'amour.

Par suite d'un raisonnement singulier, Fréd. Cuvier, dont les idées sur les instincts des animaux, considérés dans leur état actuel, sont souvent si claires et si profondes, a séparé des instincts les appétits, les besoins naturels, parce que, si ces derniers « poussent irrésistiblement à certaines actions, ils doivent plutôt être considérés comme occasion que comme cause de ces actions » [1]. Cuvier oublie que, si l'on dépouille les actes des animaux de tous les mouvements accessoires, on trouve toujours à leur origine un besoin organique. Les tendances à la nutrition, à la défense, à la reproduction sont les instincts fondamentaux eux-mêmes ; et tous les autres actes que Cuvier nomme instincts ne sont que des complications des besoins primaires, essentiels. Qu'un animal plongé dans un liquide nourricier, lui prenne sa nourriture ou qu'une abeille ouvre ses cellules à miel pour manger, ce sont là deux manifestations de l'instinct, ne différant que par leur degré de complexité.

L'animal monocellulaire ou pluricellulaire est un composé protoplasmique formé d'éléments mobiles et apparaît comme une sorte de système planétaire dont les parties infiniment petites, animées de forces acquises par la nutrition sont entraînées dans un remous perpétuel. Au point de vue psychologique, tout se passe comme si les objets du monde extérieur capables de participer à ces mouvements qui sont la vie, capables d'apporter aux éléments cellulaires une énergie remplaçant celle qui est à chaque instant dépensée par l'animal, *attiraient* celui-ci. Les choses capables d'être ainsi

1. *Dictionnaire des Sciences naturelles*, art. Instinct.

entraînées dans le remous de la vie sont ce qu'on appelle les aliments, les matières assimilables.

Au contraire, tout ce qui est de nature à troubler les réactions du protoplasme (matières chimiquement nocives, chocs, etc.) *repousse* l'être vivant.

A l'idée du tropisme (attraction ou répulsion directes par les « agents » extérieurs), il faut donc opposer l'attraction initiale de ce qui est en harmonie avec le biologique et la répulsion ou discordance de ce qui est opposé à ce « biologique ». C'est là, semble-t-il, une façon plus légitime de délimiter le problème, de le poser, car ce n'est certes pas une explication !

On ne conçoit, au début, qu'une alimentation autotrophe dans laquelle l'animal emprunte au milieu ambiant, composé de matières minérales, les matériaux de son édifice moléculaire. Puis, vient l'alimentation diffusive supposant l'existence de ferments et d'acides qui dissolvent les substances organiques déjà formées et les rendent assimilables.

Un événement considérable, un grand progrès pour un organisme est l'acte d'aller vers le point où le milieu ambiant est plus nourrissant qu'ailleurs; puis de traverser des milieux non nourrissants pour aller vers la substance alimentaire. En somme, la fonction fondamentale, ou plutôt la vie même, la nutrition, est essentiellement un phénomène d'attraction; elle est cela avant d'être toute autre chose; mais, nous le répétons, il n'y a rien là qui rappelle le prétendu tropisme, ou influence des agents extérieurs.

Du bas au haut de l'échelle animale, écrivions nous, il y a quelques années[1], la matière vivante n'entretient sa vie que grâce à des phénomènes d'attraction. Chez les êtres inférieurs, dépourvus d'organes, ils apparaissent avec le caractère bien déterminé d'une attraction invincible, parce qu'ils sont parfaitement

1. *Annales de psychologie zoologique*, avril 1902.

réguliers et simples, presque aussi simples qu'une combinaison chimique ou un phénomène physique, ils peuvent être représentés par une ligne droite ; chez les êtres plus complexes, ils mettent en jeu un système d'appareils sensoriels, nerveux et musculaires : on pourrait les représenter par une ligne courbe ; enfin, chez les êtres intelligents, ils semblent presque cachés par des délibérations et par l'affirmation d'une volonté apparente, mais leurs droits sont *absolus* et si, graphiquement, on est libre de les représenter par une ligne sinueuse, il n'en n'est pas moins vrai que cette ligne est continue.

F. Le Dantec, dans ses belles leçons sur le *Transformisme et la stabilité* montrait naguère que le phénomène d'assimilation est de tous le plus important ou plutôt qu'il est la vie elle-même : « Quand, écrivait-il, malgré l'autorité de Claude Bernard et bravant la réprobation universelle, je me suis efforcé de résumer dans une formule unique les particularités qui différencient chez tous les êtres vivants, quels qu'ils soient, le phénomène de vie du phénomène de mort, j'ai trouvé que la vie peut se définir objectivement par l'assimilation. » Ces vues paraissent l'évidence même et l'assimilation comporte l'attraction de l'animal par la matière assimilable.

En opposition à l'assimilation représentée psychiquement par la *faim*, nous plaçons la répulsion du nocif représentée par la *peur* et nous ne conservons pas l'antithèse de la faim assimilée à l'égoïsme et de l'*amour* assimilé à l'*altruisme*.

On a fait, à notre époque, des tentatives idéalistes appuyées ostensiblement sur les idées transformistes et sur une observation superficielle des animaux inférieurs, pour expliquer l'âme animale au moyen de ces deux principes. Nous les désapprouvons entièrement. Cette antithèse est l'œuvre de philosophes qui, gagnés par les idées fondamentales des évolutionnistes,

9.

s'accommodent mal cependant du joug que leur semble imposer, dans le domaine de la morale, la doctrine de Lamarck et de Darwin. C'est ainsi que pour affranchir l'homme, héritier des animaux, de la tyrannie odieuse de la faim, ces philosophes lui ont opposé le pouvoir de l'amour, de l'altruisme libérateur. Cette interprétation optimiste des phénomènes vitaux est malheureusement en désaccord avec les réalités de la vie animale.

En effet, à la base de la vie, l'amour n'existe pas, il n'y a pas tendance d'un individu vers un autre, puisque les sexes n'existent pas. Les êtres inférieurs que l'on évoque en cherchant à voir l'amour à la base de la vie ne nous montrent que la génération par division. Quand la cellule ne peut plus grossir, pour des raisons de cohésion protoplasmique, elle se divise et donne ainsi naissance à deux cellules qui à leur tour se diviseront.

Le phénomène essentiel de la génération est donc la division cellulaire déterminée par l'excès de nutrition ; et si, chez les animaux sexués, la cellule mâle recherche par des voies plus ou moins compliquées la cellule femelle, ce n'est là qu'un détour secondaire, puisque la fusion une fois opérée, la segmentation cellulaire intervient encore, et constitue l'œuvre de reproduction proprement dite. Le parallélisme imaginé entre les aspirations de l'âme humaine et les phénomènes fondamentaux de la génération ne repose donc sur rien.

L'opposition de la faim et de l'amour est un contre-sens physiologique. Ce qu'il faut mettre en opposition avec la faim, c'est la répulsion pour ce qui n'est pas assimilable et pour tout ce qui pourrait amener la destruction des mouvements de la vie par traumatisme, dilacération, ou action chimique, c'est-à-dire en terme psychologique : la peur.

Après la faim et la peur et 1° *comme subdivisions* de

la fonction faim, se placent : l'instinct de reproduction correspondant à l'excès de nutrition et comprenant la génération par simple division (animaux inférieurs) et — chez les animaux sexués seulement — ce qu'on appelle l'amour dans le langage littéraire; 2° comme subdivisions de la peur, la répulsion ou dégoût, sorte de peur des organes d'assimilation, et la peur de la destruction somatique, ou instinct de conservation proprement dit.

§ 4. — La psychologie cellulaire et organique.

La théorie cellulaire qui, originairement, représentait la différenciation du corps de tout métazoaire comme une division du travail réparti entre les cellules, a sans doute besoin de retouches; les derniers travaux de Y. Delage, A. Giard, Sedgwick, Lœb etc., ont montré qu'elle ne concordait pas dans tous les cas avec les faits d'observation et d'expérience; elle reste cependant debout et ses principes fondamentaux semblent inattaquables. Que l'organe ne provienne pas toujours d'un groupement de cellules, qu'il soit souvent une cellule unique polynucléée et développée, qu'en un mot la différenciation soit celle de parties de cellules ou de cellules entières, que le cloisonnement cellulaire ne se produise pas toujours à la suite de la formation de nouveaux noyaux, l'individualité cellulaire n'en subsiste pas moins, et si une fusion se produit entre plusieurs cellules, il en résulte une individualité cellulaire nouvelle.

E. Solvay a donné une belle définition de la vie en disant que les phénomènes de vie sont parvenus à s'organiser en se créant des services d'entrée et de sortie des matériaux réactionnels. C'est ce que nous avions beaucoup moins bien dit, mais ce que nous

pensions quand nous écrivions, il y a vingt-six ans :
« L'origine de la vie s'explique par une localisation et
une conservation de la force agissante...[1] »

Dans les colonies animales primitives, les différentes
fonctions de la vie sont accomplies par toutes les
cellules, plus tard chaque cellule se spécialise, mais
elles conservent quand même toutes les « facultés »
nécessaires à la vie indépendante ; elles conservent à
l'état atténué celles dont elles n'ont pas fait leur spécia-
lité. Il n'y a donc aucune raison pour cesser de considérer la cellule comme un être doué d'instincts quand
elle est associée à d'autres cellules et adaptée à ce
genre de vie. Dans la généralité des cas, la formation
d'un organe semble être le résultat de l'association
instinctive des cellules. Quand, dans l'embryon, un
organe se forme, les instincts cellulaires qui fonctionnent et déterminent des groupements protoplasmiques sont le souvenir abrégé des lentes adaptations
d'une colonie cellulaire et les associations que l'on
admire chez des êtres différenciés comme les hyménoptères sociables, existent, en somme, dès les premiers stades de la vie polycellulaire ; et combien plus
« merveilleuse » qu'une ruche d'abeilles est cette
société cellulaire, cette « association pour la vision »
que l'anatomiste appelle un œil de mammifère ou
d'oiseau !

Il y a de véritables instincts *internes*. Les aliments
qui pénètrent dans la cavité digestive ont vis-à-vis des
réflexes internes exactement le rôle que les objets du
monde extérieur jouent relativement aux réflexes des
membres : « *C'est l'aliment lui-même*, lorsqu'il atteint
le dernier degré de transformation où le peut mener
un segment du tube digestif *qui provoque les mouvements* destinés à le faire passer dans le segment suivant. Ainsi la bouchée alimentaire, convenablement

1. *Études psychologiques, le Mécanisme de l'entendement*
(1885). A. Ghio, édit.

lubrifiée par la salive, déclanche le mécanisme de la déglutition et de l'ouverture du cardia. Ainsi est commandée l'ouverture du pylore...[1] » Le pylore ne s'ouvre que pour laisser passer les peptones ; il ne s'ouvre pas quand, expérimentalement, on introduit dans l'estomac des morceaux de viande.

Un des plus curieux chapitres de la psychologie histologique, qu'on écrira un jour, sera peut-être celui dans lequel on expliquera l'effet de la vaccination par un état défensif des phagocytes : la pathologie expliquée par la psychologie ! N'y a-t-il pas de quoi faire frémir les « biologistes » incorruptibles ?

Et cependant sans le vouloir, beaucoup d'anatomistes et de pathologistes emploient le langage psychologique, ce qui n'est pas forcément celui de l'idéologie et de l'anthropomorphisme. Ils donnent ainsi l'impression de la continuité des phénomènes psychophysiologiques du bas au haut de l'échelle et jusque dans la profondeur des tissus vivants.

On peut, dans un même individu polycellulaire, établir plusieurs catégories d'instincts caractérisés par le nombre des éléments cellulaires entrant en activité. Quand une fonction est remplie par des cellules isolées, comme les globules du sang, il y a nécessairement instinct purement cellulaire ; quand il s'agit des réactions d'un organe, comme le cœur d'un vertébré par exemple, l'instinct est la somme des réactions des éléments constituant l'organe et aussi de certaines cellules nerveuses, c'est-à-dire qu'il est au total, l'instinct d'une portion de l'être vivant, enfin, quand il y a réaction somatique générale de toute la colonie cellulaire, il y a ce qu'on appelle communément un instinct.

Ce classement n'entraîne aucune indication de hiérarchie ; car, quand il s'agit d'instincts purs, il semble

---

1. *Influence des images sur les sécrétions*, A. MAYER.

que la complexité soit le seul caractère différentiel, tant en ce qui concerne le nombre des cellules en activité qu'en ce qui concerne le nombre des réactions et leur diversité. Et comme le but est partout le même : entretenir la vie, on est amené à se demander si la *supériorité* réside dans la simplicité ou dans la complication des moyens inconscients employés par la matière vivante. Ce qui nous donne l'impression du « merveilleux », c'est-à-dire du complexe, n'a peut-être pas le caractère du « supérieur »...

§ 5. — Le problème des changements d'application de l'énergie somatique.

L'être vivant emprunte de l'énergie au monde extérieur par la nutrition; il l'accumule dans sa masse protoplasmique ou dans ses appareils nerveux; et cette énergie est capable de déclancher trois catégories de réactions reliées aux trois fonctions principales : la *nutrition* et la *reproduction* qui en résulte; et, d'autre part, la répulsion pour tout ce qui entraverait la nutrition et la reproduction ou menacerait l'organisme de la destruction accidentelle, c'est-à-dire ce qu'on entend généralement par l'*instinct de conservation.*

Les excitations extérieures font confluer, vers tels ou tels muscles, telles ou telles glandes, l'énergie somatique, qui, à partir d'un certain degré de l'échelle, est centralisée dans les appareils nerveux. Est-ce une proie, un butin qui apparaît? Tout l'appareil de la nutrition et les muscles qui le servent sont excités. Est-ce un animal de même espèce et de sexe contraire? C'est l'appareil de la génération qui a une tendance à fonctionner. Est-ce un ennemi? Les muscles servant à la défense entrent en action. Par ce déplacement des points d'application de la force

amassée, de l'énergie latente, l'animal fait face aux
divers besoins de sa vie.

Les déplacements brusques des points d'application de l'énergie somatique sont curieux à étudier
chez les araignées (*Epeira diadema*). Le mâle ne
s'approche de la femelle qu'avec les plus grandes
précautions parce que souvent cette dernière (toujours
beaucoup plus forte), au lieu de se prêter à ses « désirs »,
se précipite sur lui et le dévore. Or, on peut obtenir à
volonté que l'énergie somatique de cette dernière reflue
vers les organes de la génération, que, par conséquent, elle désire l'accouplement et qu'elle épargne le
mâle ou bien que cette énergie se porte tout entière
dans les organes combatifs. Il suffit pour cela de nourrir fortement ou de priver la femelle : bien nourrie,
elle accueille le mâle; affamée elle le dévore...

C'est là, en somme, au point de vue de l'instinct,
un phénomène analogue à ce que les psychologues
appellent le processus de compétition des états men-
taux dans les phénomènes d'attention.

Il est des cas où l'expérimentateur peut assister à
des variations brusques de l'application de l'énergie
somatique, soit que le sujet passe rapidement d'une
fonction à une autre, soit qu'il s'agisse seulement
d'actes divers dépendant d'une même fonction.

Par exemple, dès qu'un animal A perçoit, à l'aide
d'un sens quelconque, la présence d'un animal B,
ennemi de son espèce, une certaine énergie est prête
à se répandre dans ses muscles, même si la défense
doit être bien inutile à cause de la disproportion des
forces de A et de B. Or, supposons qu'au moment où
toute l'énergie d'un animal A, moins fort qu'un animal
B, d'une espèce ennemie de la sienne, se porte sur ses
organes défensifs, l'ennemi B qui avait fait son apparition menaçante, soit empêché d'agir par une cause
extérieure ou par un état maladif, une blessure, etc.,
l'énergie développée chez A n'en continue pas moins

d'agir; *et ce qui aurait servi à la défense, ce qui était la défense devient l'attaque.* Le chassé devient chasseur; il y a attaque de B par A. C'est là l'origine de phénomènes jusqu'ici inexpliqués, mais que les chasseurs au Grand-Duc connaissent bien. Ils font comprendre que l'instinct d'attaquer peut être parfois un dérivé de la peur, bien qu'il soit, le plus souvent, un dérivé de la faim.

La nuit, en présence d'un *Grand-Duc*, les oiseaux des bois exécutent des mouvements actifs. Quand ce rapace vient dévaster un nid, manger les jeunes, les parents lui échappent souvent, après avoir fait tout ce qu'ils pouvaient pour le repousser. C'est donc un instinct chez ces petits oiseaux que de faire tête au *Grand-Duc; mais ils n'oseraient jamais l'attaquer, la nuit.*

Or, dans le jour, quand on se sert de l'oiseau de nuit comme appelant, il est incapable d'attaquer et même de se défendre. D'autre part, les petits oiseaux qui l'aperçoivent ou l'entendent, sans être d'abord portés à l'attaquer, exécutent quand même des mouvements réflexes défensifs, mais, ces mouvements n'étant pas contrariés par le rapace, les portent en avant, et ils passent au rôle d'attaquants, non par courage, ni revanche, ni moquerie, comme on l'a dit, mais parce que la seule présence de l'oiseau rapace nocturne déclanche leurs réflexes défensifs[1].

Les geais et les corneilles et, en général, les passereaux, pinsons, mésanges, linots, traquets, rouges-gorges, chardonnerets, bergeronnettes, becfigues, agissent ainsi; et il semble qu'à ce sentiment (que l'on pourrait appeler une « audace peureuse »), s'ajoute une sorte d'hypnose. C'est ainsi que les alouettes attirées par le grand-duc sont à ce point fascinées par lui qu'elles ne s'enfuient pas quand le chasseur a déjà

1. Ce cas est très différent de celui de *la pipée* dans lequel les animaux sont attirés par des cris de souffrance de leurs pareils, ou par des influences sexuelles (cris du mâle ou de la femelle).

tiré sur leur groupe. Elles se laissent tuer quand elles auraient cent fois le temps de s'enfuir.

Un zoologiste a déjà fait remarquer que l'apparition d'un chien étranger dans un champ où se trouve un troupeau de moutons en train de paître, jette d'abord l'alarme parmi eux et leur fait resserrer les rangs. Ils font face au chien et dardent sur lui leurs regards; mais si ce dernier poursuit sa course ou tourne le dos au troupeau, les moutons le suivent et semblent surveiller ses mouvements avec beaucoup d'intérêt et dans une attitude plutôt menaçante.

Cette « attirance » grandit encore chez les vaches et les bœufs qui, non seulement surveillent le chien, mais le suivent à travers la prairie, lorsqu'il bat en retraite après s'être permis de faire une brusque invasion sur leur domaine privé.

Les pièges à canards offrent un exemple analogue; ces oiseaux qui, à l'état de nature, sont souvent pris par des renards, se laissent attirer dans des pièges par un petit chien roux assez semblable à un renard et que l'on a dressé à apparaître et à disparaître derrière des écrans placés au bord de l'eau et à *avoir l'air* de fuir.

Il faudrait rapprocher de ces faits les espèces de fascinations des oiseaux par les serpents, et aussi l'attraction des grenouilles par un héron empaillé. Ce sont là des phénomènes d'oscillation de l'énergie somatique.

§ 6. — Le réflexe comme élément de l'instinct.

On a voulu établir une distinction qualitative entre les actes instinctifs et les mouvements appelés réflexes. Romanes l'a cherchée dans un élément de conscience qui, caractérisant l'instinct, manquerait au réflexe. Piéron et quelques auteurs estiment que le réflexe se produit fatalement chaque fois que certaines conditions sont données, tandis qu'il n'en serait pas de même pour les actes d'instinct.

Ce n'est, à vrai dire, que par un simple artifice de langage que l'auteur de l'*Intelligence des animaux* croit donner une solution à cette question. Il y a même, chez lui, une contradiction véritable; car il affirme, d'une part, que le réflexe n'est pas un instinct parce qu'il n'est pas accompagné de conscience, et, d'autre part, que « la sensation implique la conscience »; on est donc en droit de supposer qu'il admet que le réflexe se passe de la sensation, mais il n'en est rien; et c'est là qu'intervient l'artifice de langage : selon Romanes, ce qui déclanche le réflexe c'est « *tout au plus* une sensation ». Il est bien évident que ceci n'a aucune signification précise.

Ne pouvant trouver un critère objectif de la conscience, qui, pour lui, différencie l'instinct, Romanes l'a remplacé par... la position plus ou moins élevée de l'animal dans la série zoologique : « Max Ready, dit-il, a remarqué que la bouche et l'estomac de la Méduse, pendant comme un battant de cloche, s'inclinent alternativement d'un côté, puis de l'autre de la cloche, de façon à alimenter les larves fixées sur ces côtés... », et Romanes ajoute cette singulière réflexion : « Comme ce cas se produit chez un animal *bas placé dans l'échelle zoologique*, nous ne sommes pas autorisés à conclure à la perception intelligente du processus... » Dès lors, il lui paraît évident qu'il est impossible de classer le fait parmi ceux relevant de l'instinct (qui pour lui est « conscient ») et il croit nécessaire de dire qu'il y a ici un réflexe et non un instinct. Ainsi, c'est simplement sur des considérations vagues relatives à la position du sujet dans la série animale que Romanes le croit capable de réflexes ou d'instincts! Il place on ne peut plus arbitrairement, au bas, le réflexe, au-dessus, l'instinct, « conscient » comportant « l'intelligence du processus ».

II. Piéron estime que ce qui distingue l'instinct du réflexe, c'est que le premier n'est entraîné fatalement par aucun stimulus isolé, tandis que le second est entièrement sous la dépendance d'excitations extérieures déterminées. Voici l'exemple concret que donne H. Piéron pour établir cette distinction : « On coupe le fémur de la patte sauteuse d'un Locustide, un *Platycleis grisea*, par exemple, ce dernier aussitôt autotomise son moignon; on porte sur le nerf de son autre patte sauteuse une irritation électrique et il autotomise sa patte saine. On dit immédiatement que l'autotomie est un réflexe; c'est une réaction déterminée fatalement par une excitation définie, l'irritation du nerf... on peut l'obtenir à n'importe quel moment, dans n'importe quelles circonstances. On voit de suite les différences qui séparent cette réaction de l'instinct tisseur de l'Epeire; nous ne pourrons pas obtenir de tout temps, en toutes circonstances de cette dernière, qu'elle se mette à fabriquer sa toile, et, si nous la prenons et la posons sur des feuilles de lierre, dont la présence avait semblé déclancher l'instinct, elle se contentera de s'enfuir et de se cacher, veillant à ne pas se laisser prendre. »

Il n'y a, selon nous, aucune différence spécifique entre les faits rapportés par Piéron; les uns et les autres sont des mouvements réflexes et les réflexes sont les éléments de l'instinct. L'Epeire, en sortant de notre main, se trouve dans un état psychologique qui, ordinairement, déclanche des réflexes de fuite; nous ne devons donc pas être surpris de voir ces réactions se produire. Pour que l'Epeire tisse sa toile, il faut d'autres conditions complexes, internes et externes, qui, elles, déclanchent fatalement le tissage; il faut, de toute nécessité, qu'elles soient données pour que cet effet se produise; il faut aussi qu'elles ne soient pas « masquées » par d'autres influences qui, plus impérieusement, réclament le jeu d'autres réflexes; car les réflexes peuvent entrer en conflit et celui qui « détermine le sens du courant », est naturellement le plus nécessaire dans le moment considéré.

Tous les actes d'instinct peuvent être entraînés fatalement par des excitations déterminées provenant des organes ou des objets extérieurs — excitations isolées ou excitations associées — mais encore faut-il que ces excitations soient données, ce qui n'était pas réalisé dans l'expérience de H. Piéron.

§ 7. — Sensations internes (affectives) et sensorielles (affectives et représentatives). Recherches expérimentales par la méthode des actes-signaux.

L'effort du penseur ne peut avoir d'autre effet que de reculer les limites de l'inconnu jusqu'à un certain nombre de données simples; et il est évident que, par le fait même de son organisation, l'homme ne pourra jamais concevoir, dans le domaine subjectif, rien de plus simple que la sensation... Or, on n'explique qu'en comparant l'inconnu au connu; et que signifierait la comparaison de ce qui se passe chez un animal avec une notion plus simple que celle de la sensation? Elle n'aurait aucun sens pour nous. La sensation ne peut pas être décomposée. Quant à l'expliquer *objectivement*, ce n'est qu'un beau rêve scientifique. Sans doute, à chaque instant, on constate qu'elle est liée à des manifestations de l'énergie; mais avant d'être en droit de proclamer qu'elle consiste en telle ou telle action physico-chimique, par exemple en une suroxydation du carbone, il faudrait qu'un homme eût trouvé le moyen de penser et, au même moment, d'examiner *objectivement*, sous le microscope ou dans l'éprouvette, le *substratum* matériel de sa pensée; ce n'est qu'à ce prix que l'identité entre un phénomène physique et la sensation pourrait être établie!

Nous savons fort bien ce que nous éprouvons quand nous avons une sensation affective ou représentative et cela dispense jusqu'à un certain point de chercher en quoi consiste en réalité ce phénomène... Et pourquoi nous refuserions-nous à croire que les animaux ne sentent pas? Aucune raison scientifique ne nous y oblige, bien au contraire.

A. — SENSATIONS AFFECTIVES. — « Il serait bien étrange, écrit Rabier, que le cri de l'enfant signifiant la douleur, le cri du chien, dans les mêmes circonstances, ne signifiât point aussi la douleur... ».

Sans doute, nous ne sentons que notre propre douleur ou notre propre plaisir; mais nous constatons objectivement que l'un et l'autre 'sont liés à certaines conditions et entraînent certains signes extérieurs auxquels nous les reconnaissons chez nos semblables; ce raisonnement a été admis par tous les philosophes; et, dès lors, on ne voit pas les raisons scientifiques qui nous empêcheraient de le généraliser aux animaux.

Quand il s'agit d'organismes supérieurs, les analogies avec l'humanité sont telles que le bon sens nous force à reconnaître que les êtres vivants *sentent;* mais il n'est pas impossible de trouver également, en ce qui concerne les animaux inférieurs, sinon une démonstration rigoureuse de l'existence de leurs sensations, du moins des indications assez nettes.

Voici deux arthropodes ayant les mêmes instincts, vivant côte à côte, dans le même milieu obscur, bien qu'appartenant à des classes différentes : le cloporte et la scolopendre. Enlevez le champ oculaire droit de la scolopendre et supprimez également la vue chez le cloporte, du même côté. Ces deux animaux, abandonnés à eux-mêmes, vont agir différemment. Le cloporte agit comme s'il fuyait le point douloureux; il décrit un mouvement de manège vers la gauche, tandis que la scolopendre, bien que gênée et déviant quelque peu de la ligne droite, se dirige pourtant vers sa droite. On peut penser que ces arthropodes sont soumis chacun à deux impulsions, 1° celle que leur donne l'habitude de se réfugier du côté obscur et qui tendrait à les faire aller vers la droite (direction dans laquelle la nuit est pour eux complète puisqu'ils n'ont plus, de ce côté, d'organes visuels), 2° celle qui les pousse à fuir le côté ou se trouve leur blessure, c'est-à-dire le point douloureux.

Par conséquent, on est amené à conclure que, chez le crustacé, c'est la douleur qui domine tandis que chez le myriapode, c'est l'impulsion vers l'ombre. Il est donc probable que ces animaux, dont les habitudes en temps ordinaire sont identiques, opérés de la même façon, agissent différemment pour cette seule raison que leur sensibilité diffère en degré. Et cela prouve *a fortiori* qu'ils ont des sensations. C'est là l'un des critères objectifs de la sensation chez les animaux inférieurs, qui nous ont le mieux satisfait.

Tout prouve ici que la *douleur* intervient et que le cloporte est plus sensible que la scolopendre, puisque, au bout de quelques jours, la blessure s'étant refermée, mais l'animal restant aveuglé d'un côté, il agit désormais absolument comme la scolopendre et tend à se diriger du côté qui pour lui est obscur. D'autre part, on obtient tout de suite ce résultat si, au lieu d'opérer l'ablation de l'organe, on le recouvre d'un enduit opaque qui ne cause aucune douleur.

Nous croyons donc que Lœb se trompe quand il écrit : « On fait une hypothèse inutile quand, à propos des animaux inférieurs, on insère des sensations, comme intermédiaires nécessaires entre une excitation externe et ses effets ». Les animaux inférieurs éprouvent certainement des douleurs et des plaisirs. On ne peut pas croire, toutefois, que tous les rapportent à eux-mêmes, parce que beaucoup d'entre eux montrent qu'ils n'ont pas la notion de leur individualité phy-

sique, qu'ils ne se séparent pas mentalement du
monde enveloppant. Les sensations sont en eux non
pas sans qu'ils les sentent, ce que semble penser
Romanes quand il parle d'ébranlements qui sont *tout
au plus* des sensations, elles y sont *sans qu'ils* le
sachent. Ainsi se comporte un homme endormi, jetant
des cris de douleur qui l'éveillent et dont la douleur persiste après le réveil, sans qu'il y ait eu rêve,
sans qu'il y ait eu conscience. La douleur de cet
homme était réelle et sentie, mais il n'en avait pas
conscience pendant le sommeil.

Les sensations affectives internes des animaux sont
liées à ce qu'on appelle leurs états physiologiques,
appellation assez neuve, mais idée très ancienne.
Claparède le faisait remarquer en disant que cette
notion ne diffère pas de celle de base physique de
l'intérêt momentané : « C'est ainsi que les mêmes
stimuli ne reproduisent pas les mêmes réactions,
suivant que l'animal est à jeun ou est rassasié, est
reposé ou est épuisé, est jeune ou est vieux, etc...
Cette variation dans l'action des mêmes stimuli
paraît cependant avoir beaucoup étonné ceux qui,
à force de considérer les petites bêtes sous leur
microscope ou dans les éprouvettes de leur laboratoire,
avaient fini, sous l'influence des idées de Lœb, et de
la théorie des tropismes, par oublier complètement
qu'il s'agissait d'êtres vivants, et qui, en conséquence,
n'ont pu être que stupéfaits de trouver dans ces amas
de matière, des signes de spontanéité et d'instinct de
conservation. Même Bohn, ce savant pondéré qui a si
bien su éviter les exagérations ultra-physiologiques,
semble s'étonner qu'une hydre soit gloutonne quand
elle est affamée et refuse la nourriture quand elle est
rassasiée; en tout cas, il taxe ces faits de « très intéressants ». Remarquons en passant combien des choses
dites en langage physiologique paraissent surprenantes,
parce qu'elles n'évoquent aucune image immédia-

tement claire (« les tropismes varient suivant les états physiologiques »), tandis qu'elles ne sont, formulées en langage psychologique, que de vulgaires banalités (les actes d'un animal varient suivant ses besoins[1]). »

« État physiologique » est une expression imprécise. En effet, à quelque moment que l'on considère un animal, il est toujours dans un état physiologique, la vie est un état physiologique qui ne cesse qu'à la mort; dire qu'une portion de matière est dans un état physiologique, c'est dire qu'elle est vivante. Mais si l'on veut exprimer que cette matière vivante a faim, ou a besoin de se reproduire, il faut le spécifier.

Les besoins de nutrition, de reproduction et de défense somatique sont liés à des sensations affectives profondes; mais il est aussi des sensations affectives provenant d'excitations extérieures ayant passé par les appareils des sens. On démontre en psychologie humaine que, dans ce cas, la sensation représentative et l'état affectif sont bien distincts quoique liés l'un à l'autre « : Regardez le soleil en plein midi : la douleur (élément affectif) sera vive; mais l'idée même du soleil (élément représentatif) sera bien peu nette[2] ».

Il est intéressant d'étudier les sensations affectives au point de vue de leur *intensité;* mais comme cette intensité est un facteur d'évolution qui souvent *modifie* profondément l'état statique, nous l'étudierons en même temps que les lois de l'habitude et de l'inhibition.

B. — SENSATIONS REPRÉSENTATIVES. — Jusqu'à ces dernières années, les études sur les sensations représentatives des animaux ont été rares et incertaines, faute de procédés pratiques d'investigation. La méthode la plus usitée dans ce domaine fut longtemps purement anatomique : « Trouvons l'organe, disait-on, nous

---

1. CLAPARÈDE. *Les tropismes devant la psychologie.* Ambrosius Barth. Leipzig, 1908.
2. WORMS. *Précis de philosophie*, p. 39.

déduirons de cette découverte l'existence d'une fonction correspondante ». Ce moyen d'investigation n'était pas sûr ; car les fonctions ne sont nullement liées à des formes organiques invariables. Une autre méthode est celle de l'excitation simple : « Provoquons chez le sujet, disaient ses adeptes, au moyen d'un agent extérieur (chaleur, lumière, etc.) une stimulation ; s'il se produit une réaction, nous en conclurons que la stimulation a été sentie ». Ce fut la méthode des anciens naturalistes, comme Réaumur et des modernes tels que Plateau, Lubbock, Forel et d'autres encore. Elle a rendu des services ; mais elle manque de précision. En effet, dans le cas de résultat négatif, c'est-à-dire quand le sujet ne réagit pas, rien ne prouve qu'il n'a perçu aucune sensation ; car toute sensation n'est pas dynamogénique, et l'on n'a rien fait pour relier éventuellement un mouvement à la sensation supposée. D'autre part, dans le cas de résultats positifs, c'est-à-dire quand l'animal se meut à la suite de l'excitation simple, il peut y avoir des coïncidences qui perturbent complètement l'expérience.

On était donc bien loin, avec un tel procédé, de pouvoir déterminer sûrement l'existence d'un sens chez un animal et surtout d'avoir les moyens d'en mesurer l'étendue. Aussi, dès 1901, cherchait-on, à l'Institut de psychologie zoologique, à modifier la méthode ordinaire de mensuration des sens chez l'homme pour l'adapter aux animaux, de façon à pouvoir se passer complètement de leur « bonne volonté ». Le moyen expérimental qui permit d'arriver à ce résultat fut d'ailleurs trouvé assez rapidement, grâce à la connaissance du dressage pratique.

Supposons qu'un animal ait été dressé à exécuter une réaction à la suite d'une impression affective. Si nous voulons mettre en évidence sa sensibilité à des excitations auditives, olfactives, visuelles, etc., nous n'aurons qu'à provoquer à de nombreuses reprises les excitations, dont l'effet est à démontrer, *avant* de produire l'impression affective qui est nécessairement suivie de la réaction. Quand, à un moment donné, les excitations sensorielles qui, d'abord employées seules, ne produisaient pas la réaction, finissent par la déclancher sans emploi de l'impression affective, il est prouvé qu'un lien psychique s'est formé entre l'impulsion motrice, d'une part, *et une sensation*, provoquée évidemment par les excitations dont on voulait connaître l'effet. Si, au contraire, le sujet reste inerte, il est prouvé qu'il n'y a pas eu de sensation représentative perçue; car, nous le verrons dans un prochain chapitre, toutes les impressions en série, répétées un grand nombre de fois, s'unissent, et si l'une d'elles est liée à une réaction, les autres deviennent à leur tour dynamogéniques.

L'existence d'une *faculté* sensorielle étant établie, pour en déterminer *l'acuité*, l'expérimentateur n'aura qu'à répéter ses essais sur ce sens en diminuant l'intensité de l'excitant, à chaque épreuve. Le degré minimum d'intensité nécessaire à la réaction marquera le seuil de la sensation.

Les avantages de cette méthode ressortent clairement quand on l'oppose à celle de l'excitation simple dont nous avons rappelé les grandes lignes.

Ici la réaction est choisie, spéciale, c'est un acte-signal qui ne peut être confondu avec un mouvement naturel. Toute confusion devient ainsi impossible.

Les espèces chez lesquelles ces recherches sont le plus faciles appartiennent évidemment à l'embranchement des vertébrés; mais, à l'exception des êtres microscopiques, tous les animaux s'y prêtent plus ou moins parce que tous sont capables d'apprendre. Toutefois, les expériences de ce genre sont extrêmement longues et difficiles à pratiquer sur les espèces inférieures. L'*acte-signal* est le procédé particulièrement indiqué quand il s'agit d'étudier les

hôtes des jardins zoologiques, c'est-à-dire les mammifères, les oiseaux, les reptiles, quelques batraciens
et poissons.

Il nous a paru nécessaire de nous arrêter un instant
à la description de ce mode expérimental entièrement
nouveau; à l'aide duquel le psycho-physiologiste
pourra désormais explorer les sensations représentatives des animaux, c'est-à-dire les éléments ultimes
de leurs instincts. Déjà les premiers résultats obtenus
dans ce domaine ont révélé chez les espèces les plus
diverses une merveilleuse sensibilité, dépassant, dans
bien des cas, la sphère où l'organisation humaine est
emprisonnée [1].

§ 8. — Discussion sur la conscience.

Le principe du parallélisme. — Quelques psychologues ont trouvé commode de considérer les processus psychiques comme ayant lieu parallèlement
aux processus physiologiques ou cérébraux et n'inter-
venant pas dans leur déterminisme. Cette « hypothèse de travail » permet surtout de ne pas s'occuper
d'un point difficile à éclaircir et c'est une négation que
rien ne justifie.

Le Dr Sollier a très bien montré, dans une conférence donnée à l'Institut psychologique, combien le
principe du parallélisme est discutable : « On a
dit : Si les phénomènes psychologiques sont toujours parallèles aux phénomènes physiologiques, n'en
demandons pas davantage et bornons-nous à constater
ce parallélisme...

Je crois qu'il faut aller plus loin [2]... » Par un tout
autre chemin, Ch. Sedgwich-Minot est arrivé à la même

1. Voir *Les Actes-signaux et la physiologie du système nerveux*, par P. Hachet-Souplet.
2. Dr SOLLIER, *Énergie et Pensée.*

conclusion : « Il m'apparaît de plus en plus qu'il n'y a aucune idée sous l'hypothèse de la conscience épiphénomène, qui n'est qu'une phrase vide, un subterfuge se résumant en réalité à ceci : nous pouvons expliquer la conscience très aisément en admettant tout simplement qu'elle n'a pas besoin d'être expliquée du tout. »

Dans le système du parallélisme, les processus psychiques *humains* sont supposés accompagner les phénomènes physiologiques, mais les partisans de ce système se refusent à admettre que, quand on passe aux animaux, ces derniers phénomènes puissent jamais servir à démontrer l'existence de phénomènes psychiques également concomitants. Le savant ne pourrait donc étudier que les seuls phénomènes physiologiques chez les bêtes.

C'est là une règle infiniment plus draconienne que ne l'a avoué Claparède dans une brochure qui eut beaucoup d'influence sur les biologistes français : *Les animaux sont-ils conscients?* En effet, le parallélisme ne nous livrant, en ce qui concerne les animaux, que le domaine « physiologique », le projet d'y faire tenir, selon l'expression de H. Piéron, l'étude de ce qu'implique « la définition tout objective de l'intelligence »[1] est une illusion; car, physiologiquement, on ne peut établir entre les différents actes des animaux que des distinctions quantitatives relatives aux tensions musculaires et aux manifestations de l'énergie nerveuse; et ces distinctions n'ont aucun sens au point de vue de l'intelligence. Ce n'est donc pas seulement la *conscience* (au sens classique) que le parallélisme nous défend d'étudier chez les bêtes; c'est aussi l'*intelligence*, considérée objectivement, puisqu'elle ne peut être notée en termes physiologiques. Pour obéir à cette règle, on ne pourrait s'occuper que des réactions

---

1. *Revue philosophique.* (Oct. 1908.)

purement réflexes ; cela seulement est purement physiologique.

Le postulat du parallélisme est donc extrêmement gênant, et nous l'avons toujours repoussé[1]. Nous estimons qu'il est parfaitement légitime d'étudier l'*intelligence* et la *conscience* chez les animaux. Y a-t-il là, du reste, une dualité ?

Définition de la conscience. — Pour Hamilton, pour H. Spencer, pour Renouvier, la conscience est le sentiment d'une relation ; elle implique sujet et objet ; si l'un de ces termes manque, elle disparaît[2] ; mais la philosophie classique imagine, avant cette conscience proprement dite, une conscience primitive, qui, à vrai dire, n'est plus la conscience, mais la simple sensibilité. Elle reprend la pensée de Condillac : « Primitivement, la statue animée est tout entière la sensation qu'elle sent... elle n'est rien de plus... elle est d'une simplicité absolue. »

Nous nous rallions entièrement aux idées de Hamilton, de Spencer et de Renouvier. Pour nous, la sensation isolée de Condillac n'est pas un état de conscience mais un état de sensibilité. Une sensation que le sujet ne situe pas en lui-même ne peut être consciente ; le sujet ne saurait pas qu'il l'éprouve, ne la distinguerait pas du monde ambiant ; elle serait bien une sensation, mais une sensation isolée et inconsciente. Pour être consciente, il faudrait qu'elle fût ce qu'elle est et aussi ce que, par définition, elle n'est pas : 1° une sensation, et... 2° une collection de souvenirs sur le moi physique du sujet, le situant dans l'espace et le temps.

Pour Rabier, la notion de la localisation de la sen-

---

1. *Bull. de l'Institut de psychologie zoologique* de janvier 1902.
2. G. Bohn a cru que cette définition de la conscience était de notre invention ; et, dans sa *Revue des travaux de psychologie,* il nous impute les défauts qu'il y trouve !...

sation est purement illusoire : « La sensation et la localisation nous paraissent des données également immédiates de la conscience et, comme telles, également certaines. Or, en réalité, la sensation seule est une donnée immédiate de la conscience... La localisation est absolument illusoire. » Sans doute, la localisation n'est pas une donnée immédiate (aussi, pour nous, la conscience suppose-t-elle nécessairement des souvenirs, une expérience passée) ; d'autre part, il est évident que la localisation n'est qu'un « à peu près ». La seule chose importante est que le moi ne rapporte pas au monde sa propre sensation, qu'il sache que la sensation est en lui. Toute la science des anatomistes et des physiologistes n'est pas encore parvenue à déterminer de façon sûre le centre où s'éveille une sensation déterminée ; dès lors, il n'est pas surprenant que le premier venu se trompe sur ce point ; mais le premier venu *sait que ce qu'il sent ce n'est pas l'arbre qui est devant lui, ou le rocher, qui le sent ; et c'est là la seule localisation nécessaire.*

Sedgwick-Minot, qui a essayé de définir scientifiquement la *conscience* dans son beau discours présidentiel au congrès de l'Association américaine pour l'avancement des sciences à Pittsbourg, en 1902 (*La Conscience au point de vue biologique*), en est arrivé à cette déclaration : « Le problème de la conscience est à la fois le plus vieux problème de philosophie et l'un des plus nouveaux problèmes de la science. Le temps n'est pas encore venu de donner une définition satisfaisante de cette faculté et il nous faut nous contenter de la décision des métaphysiciens qui font du fameux *cogito, ergo sum*, le pivot de leur système. C'est en vain que je me suis efforcé de découvrir, soit en lisant, soit en questionnant les philosophes et les psychologues que je connais, une analyse plus fouillée de la conscience. »

On ne saurait mieux dire. Or, le *cogito ergo sum*

suppose beaucoup plus que la sensation simple, il implique précisément les éléments de connaissance que nous estimons inséparables de la notion de conscience, à savoir : la sensation, l'idée de personnalité et l'idée que la sensation est en soi et non dans le monde extérieur.

Uexküll a cherché à montrer que si la psychologie humaine est possible, grâce au langage qui nous permet de « pénétrer dans le for intérieur d'autrui », rien de pareil n'est possible avec les animaux. Claparède a répondu : « Pris en lui-même, le langage n'est qu'un ensemble de manifestations objectives ; et pourquoi faudrait-il tout à coup supposer que ces réactions motrices du larynx et de la langue sont le symbole d'états de conscience, tandis qu'on refuse à d'autres réactions motrices le bénéfice d'une telle symbolisation ? » (*La Psychologie comparée est-elle légitime ?* par Ed. Claparède, 1905.) C'est, en d'autres termes, ce que nous avions écrit en 1902 : « Sans doute, le langage est, de toutes les actions de l'homme, celle dans laquelle il donne le plus rapidement des signes d'un très grand nombre de pensées. C'est pourquoi Descartes et d'autres philosophes ont cru pouvoir en faire la marque liée à la raison. Toutefois, le langage n'est pas le seul « acte » dans lequel l'homme révèle ses états conscients... »[1] et encore : « C'est, il convient d'insister sur ce point, une nécessité de méthode philosophique d'admettre que certains faits matériels correspondent à certains faits moraux et si le philosophe ne l'admettait pas, il devrait se borner à l'étude du moi. J'ai bien la notion directe de ma conscience, mais quelles sont les raisons qui me forcent à croire que les autres hommes sont conscients ? C'est, dit-on, que ces hommes parlent et que, dans leur langage, nous trouvons la marque de la raison. Or, qu'est-ce

---

[1]. *Bull. de l'Institut de psychologie zoologique*, 1er trim. 1902.

donc que le langage sinon une série d'actes matériels et de faits matériels ? Ces actes correspondent, pour nous, si sûrement à des pensées, que nous admettons sans démonstration qu'ils sont conscients ; c'est bien,. mais il convient de remarquer qu'en le faisant, nous établissons l'existence de la conscience chez les autres hommes au moyen d'un critérium *objectif !* Un tel critérium n'est pas à l'abri de tout reproche ; cependant, si le philosophe l'admet (et il est bien obligé de l'admettre s'il ne veut pas se borner à l'introspection), il n'a aucune raison de ne pas appliquer aussi un critérium objectif à la conscience animale ».

Une inférence légitime peut remplacer un critère rigoureux. Aussi, à cette question posée par Claparède : « La psychologie comparée est-elle légitime ? » Nous répondons : « Oui, autant que la psychologie humaine. » La conscience, inséparable de la notion du moi physique, est l'aspect subjectif de l'intelligence ; elle se développe avec elle. Par conséquent, tous les faits d'intelligence sont des critères objectifs de la conscience.

C'est bien ainsi que les évolutionnistes ont compris la question. Ils ont maintes fois proclamé que l'intelligence *proprement dite* (par opposition à l'instinct, faculté inférieure) est inséparable de la conscience. « L'intelligence proprement dite, écrivait Ed. Perrier, croît en même temps que la conscience » et « nous admettons que, par l'addition d'un rudiment de conscience, les actes instinctifs deviennent intelligents... » Et Er. Haeckel : « On peut distinguer deux domaines principaux dans la conscience : la conscience objective et la subjective, la conscience de l'univers et la conscience du moi. » Y. Delage s'est nettement prononcé dans le même sens : « Il n'est pas scientifique de dire qu'au-dessous des fonctions psychiques de l'homme il n'y a rien... Il n'est pas prouvé qu'il soit impossible de reconnaître l'existence d'*états de conscience* chez les animaux par l'étude approfondie de leurs réactions motrices. »

Le psychologue qui a constaté l'existence de la sensibilité chez les animaux inférieurs est donc en droit de rechercher, à un degré plus élevé, des traces de conscience. Et cette recherche n'est autre, en somme, que celle de la première lueur d'intelligence, permettant chez l'animal une ébauche de distinction entre le monde objet et le moi qui le perçoit, — c'est-à-dire une tendance à l'affranchissement de l'instinct pur.

LIVRE III

RECHERCHES ANALYTIQUES ET EXPÉRIMENTALES SUR LES FACTEURS DE L'ÉVOLUTION DES INSTINCTS

Nous avons exposé, dans le livre précédent, notre théorie des instincts, au point de vue statique, en nous appuyant constamment sur la méthode expérimentale; nous allons lui demander de nous guider encore dans la recherche des facteurs de l'évolution de ces mêmes instincts.

Après avoir consacré un chapitre aux rapports de l'organe et de la fonction, nous étudierons la *formation* des habitudes, leurs *effets* sur l'organisme, et les lois de leur *conservation*, c'est-à-dire la mémoire de l'individu et celle de l'espèce.

CHAPITRE I

ÉVOLUTION DE L'ORGANE ET DE LA FONCTION

___

§ 1. — Discussion du principe de l'automorphose.

Les biologistes ayant montré que, dans toutes les classes des métazoaires, le développement de l'embryon est une sorte de « récapitulation abrégée et accélérée » de celui de l'espèce à travers les âges, et leurs observations éclairant ainsi d'une vive lumière les données de la paléontologie, il est devenu possible de se créer une idée des formes par lesquelles les animaux ont passé pour arriver à leur état actuel. Dans les organes de relation, en contact avec le monde, il faut entendre par forme, la configuration extérieure aussi bien que la composition intime; chez eux la forme immédiatement apparente est toujours en relation plus ou moins étroite avec la fonction qui s'y rattache; elle en porte une marque caractéristique. Dans les organes internes, il n'y a pas toujours, nécessairement, adaptation morphologique immédiatement apparente; mais il faut admettre qu'il y a adaptation de l'organisation intime. Ces réserves faites, la même question de principe se pose pour tous les organes : *La modification organique détermine-t-elle l'instinct nouveau; est-ce au contraire l'instinct qui détermine la modification organique?* Ou bien encore, organe et instinct ne naissent-ils pas et ne se développent-ils pas en même temps? Il est nécessaire de s'entendre sur ce point avant d'aborder l'histoire de l'évolution des instincts ou, du moins, de tenter de déterminer les facteurs de cette évolution.

Pour Lamarck, c'est le besoin qui crée l'organe. Il faut ici le citer textuellement car, Stéphane Leduc, dans son beau livre sur « *La théorie physico-chimique de la vie* », a nié récemment que cette opinion de la préexistence des « usages » eut été exprimée par le créateur du transformisme : « On sait, a écrit Lamarck, que toutes les formes des organes, comparées aux usages de ces mêmes organes, sont toujours parfaitement en rapport. Or, ce qui fait l'erreur commune, à cet égard, c'est qu'on a pensé que les formes des organes en avaient amené l'emploi, tandis qu'il est facile de démontrer par l'observation que *ce sont les usages qui ont donné lieu aux formes* »[1].

Cela revient à adopter ce principe formulé par Geoffroy Saint-Hilaire et qui, pour beaucoup d'évolutionnistes contemporains, domine la philosophie transformiste : « La fonction crée l'organe ».

Darwin a posé de nouveau la question. Il ne l'a pas tranchée : « Nous devons reconnaître, écrivait-il dans l'*Origine des Espèces*, que, dans beaucoup de cas, il nous est impossible de savoir si c'est l'instinct ou la conformation qui a varié le premier ».

Pour Ed. Perrier, ce que Lamarck avait signalé comme une tendance sourde et d'ailleurs mal définie, est devenu une démarche de la « volonté ». Le besoin de fonctionner s'est transformé en une pensée créatrice placée dans l'animal même et, nécessairement, dès l'aurore de la vie. Ce biologiste a mis en première ligne, comme facteur dirigeant les habitudes et déterminant par conséquent l'usage et le défaut d'usage, cette « faculté » psychique qui porte à tant d'interprétations

1. LAMARCK, *Discours d'ouverture*.

et de discussions : « la volonté ». Il a tenté de prouver qu'en dehors de l'action directe des agents physiques et chimiques, les animaux doivent leurs modifications « à des *causes* résidant en eux-mêmes », à leur propre manière d'agir sous la direction de leur volonté, considérée comme un pouvoir très indépendant[1]. Ed. Perrier va jusqu'à écrire à propos des marsupiaux : « C'est plutôt par suite d'un *refus de la lutte* que par suite d'une défaite dans une véritable bataille que les rôles ont été répartis au point de vue de l'alimentation, entre les marsupiaux »[2]. Ainsi, d'après cette théorie, c'est parce que ces animaux, après mûre réflexion, ont compris (en dehors de toute expérience matérielle) qu'ils auraient avantage à agir de telle ou telle façon, qu'ils l'ont fait ; et la conséquence de leur détermination a été leur transformation par voie d'adaptation. Leur « volonté » les dirige et, par conséquent, dirige l'évolution en souveraine.

Nous avons essayé de montrer les dangers de cette manière de voir : « La volonté, disions-nous dans un précédent mémoire[3], devient d'après les vues audacieuses des partisans de l'automorphose, le plus puissant des agents d'évolution ; les modifications des organismes ont, dès lors, pour cause l'intelligence, inséparable de la volonté, et particullèrement une des opérations de l'intelligence, *l'abstraction ;* car ce serait seulement par un travail intellectuel de dissociation de ses connaissances, que l'animal, agissant volontairement, pourrait sortir du cercle de ses habitudes ». La « pensée » prêtée gratui-

---

1. « Certains animaux sont capables de se soustraire à l'action du milieu. » Ed. PERRIER, *les Colonies animales.* Sans doute ils peuvent vivre malgré l'action nocive du milieu, en s'adaptant sur place ou en quittant ce milieu ; mais c'est là une façon directe ou indirecte de subir l'action de ce milieu.

2. Préface de *la Vie des animaux illustrée.*

3. *Le principe des automorphoses,* SCHLEICHER frères.

tement à *tous* les animaux, déterminerait leur activité et, par conséquent, leur évolution. Les animaux ne *subiraient* pas des transformations, ils les *imposeraient* à la matière ; ils arriveraient, au cours des siècles, à se modeler physiquement sur leur propre pensée ; et le règne animal deviendrait ainsi la réalisation du rêve des animaux eux-mêmes. Les Néo-Lamarckiens, qui ne croient point à l'intervention d'une intelligence divine et créatrice, semblent admettre que cette intelligence se trouve chez les êtres vivants et règle leur évolution en orientant leur mode d'existence et l'emploi de leurs organes, ce qui est bien discutable...

Si l'on cherche, par exemple, à comprendre, d'après cette doctrine, comment « la volonté de respirer » (Lamarck aurait écrit « le besoin ») aurait pu faire naître les poumons des vertébrés supérieurs de l'appareil respiratoire des poissons, on est amené à conclure que les vertébrés aquatiques, par le seul fait de leur *volonté*, sont sortis de la mer, des fleuves ou des marais et ont commencé à respirer l'air en nature *avant* d'avoir un organe matériel, si rudimentaire qu'on le suppose, pour respirer cet air en nature... Ce qui est un non-sens. Les Néo-Lamarckiens ne peuvent échapper à cette conclusion, et toute explication des modifications morphologiques par l'axiome « la fonction crée l'organe » aboutit au même écueil.

Il ne pourrait y avoir, disions-nous encore dans notre mémoire sur *Le principe des automorphoses*, le plus petit commencement de fonctionnement, soit instinctif, soit intelligent, d'un organe avant que cet organe existe, au moins d'une façon rudimentaire ; et par conséquent, la fonction ne peut jamais créer l'organe. La fonction ne peut créer l'organe puisqu'elle est l'organe fonctionnant. La cause déterminant non la création mais l'évolution des organes, est le monde extérieur. Toutes les « facultés » des animaux supérieurs se trouvent à l'état rudimentaire dans le protoplasme initial qui, déjà, se nourrit, respire et se reproduit. Les organismes les plus compliqués ne font que se nourrir, respirer, se reproduire, etc., dans des conditions de plus en plus spéciales, de plus en plus complexes. Cette spécialisation est l'œuvre du monde extérieur, qui enveloppe, qui moule les animaux. Si, par exemple, dans un organisme se composant des parties A B C D etc. jusqu'à Z, le monde extérieur fait fonctionner surtout F G I et laisse sans provocation d'activité A B C, les parties agissantes se trouvent renforcées parce qu'elles profitent de la nourriture qui n'est pas utilisée par A B C. Ce que certains Néo-Lamarckiens appellent « automorphoses » n'est donc qu'une sélection physiologique. Et cette sélection explique tout... excepté l'origine de la matière vivante, c'est-à-dire la forme originaire de tous les organes et de toutes les facultés. Le monde extérieur, en imposant des adaptations lentes et dirigées dans différents sens suivant les milieux, réalise la diversité des espèces, c'est-à-dire la diversité des organes et des fonctions en les tirant du protoplasme initial.

L'évolution est donc l'œuvre du monde extérieur et l'histoire de ses provocations. L'usage ne crée ni les organes, ni les instincts; il peut seulement développer ceux qui existent déjà, et l'usage est un effet direct des provocations d'activité du milieu ambiant[1].

Il conviendrait d'étudier les transformations somatiques des animaux en montrant que (contrairement aux idées néo-lamarckiennes) ni l'intervention volontaire, ni l'action instinctive des sujets eux-mêmes, ne précèdent la réalisation des organes, si rudimentaires

---

1. Quand il s'agit d'animaux à organisation complexe, possédant par conséquent un système nerveux, il est bien évident que toute excitation venant du monde extérieur, *traverse* ce système nerveux. L'erreur néo-lamarckienne est de croire, au contraire, que l'impulsion prend *naissance* dans le système nerveux.

qu'on les suppose et que l'instinct commence et évolue
avec la vie.

Jetons, par exemple, un coup d'œil sur l'évolution
des mammifères. Les premiers représentants terrestres
de cette classe furent sans doute omnivores. Ils
avaient tous cinq doigts à chaque membre. Or, le
monde extérieur fournissant des aliments plus ou moins
nourrissants, les animaux les plus faibles, repoussés
par les plus forts, ont dû se contenter du régime le
moins substantiel, c'est-à-dire du régime végétal. De
même que, réunies dans un vase, des portions de
mercure, d'eau et d'huile prennent respectivement
des positions déterminées par leur densité, la plus ou
moins grande vigueur de chaque animal lui assigne un
régime particulier [1], les plus faibles espèces ne pouvant
disposer que des aliments laissés par les plus fortes.
Ceux des vertébrés primitifs qui ne purent s'emparer
que des aliments végétaux durent forcément parcourir
de longs espaces pour échapper à leurs frères mieux
armés et aussi pour gagner les lieux souvent éloignés
les uns des autres, où leurs vastes troupeaux pouvaient
pâturer. Par conséquent, les muscles, les os, tous les
organes qui servent à autre chose que la course, la
recherche, l'absorption et la trituration des herbes,
sont restés chez eux moins actifs que les autres; ils
ont plus ou moins dépéri et la nourriture qui, originairement, leur était distribuée, alla dès lors surtout
aux muscles, aux os et aux autres organes particulièrement actifs, servant à la course et à l'alimentation
végétale. Les nouveaux herbivores se sont donc
modifiés physiquement en même temps que se déve-
loppait un instinct de fuir et un instinct de manger de
nouvelles matières. Les herbivores furent ainsi des
animaux coureurs par excellence, leurs doigts cessèrent
peu à peu d'être mobiles les uns sur les autres,

---

1. Nous sommes loin du « refus de la lutte » !

comme ceux des carnassiers appelés à se saisir de proies vivantes et les sujets possédant des membres rigides, des doigts soudés, prédominèrent peu à peu par sélection. C'est pourquoi nous retrouvons, dans les couches géologiques, de nombreuses formes intermédiaires, qui vont du pied à cinq doigts à celui formé d'un seul. Les herbivores ont une conformation particulière, non pas parce qu'ils ont opté pour le régime végétarien et pour la vie errante, comme le croient les Néo-Lamarckiens, mais parce qu'ils ont subi des influences extérieures, qui ont rendu la vie impossible pour eux, en dehors de ce mode d'existence et ils n'ont commencé à errer, que parce que leurs organes le permettaient déjà. Plus tard, organes de locomotion et instinct nomade se sont perfectionnés parallèlement.

Il y a, pour les animaux faibles, une autre manière d'échapper aux attaques des plus vigoureux et de trouver une nourriture moins disputée : c'est de vivre sur les arbres. Quand, pour la première fois, un petit vertébré primitif, poursuivi de tous côtés par un vertébré plus fort, a trouvé la tranquillité dans une forêt et s'est élancé sur une branche basse, il n'avait cependant pas élaboré un plan de fuite; il trouvait, il est vrai, un refuge; mais il n'avait pas conscience d'agir de façon à se mettre à l'abri. Il obéissait à la poussée des autres animaux qui l'acculaient dans cette forêt. Ses doigts, en serrant la branche, en embrassaient le contour; et l'un deux, qui devait devenir un pouce, tendait à s'opposer aux autres. Il n'aurait, en effet, servi de rien à ce petit vertébré de s'élancer sur une branche, si ses pattes n'avaient pas été déjà des organes pouvant servir, jusqu'à un certain point, à la préhension. Cette faculté, devenue si utile à l'espèce, s'est peu à peu développée parce que la patte devenait de plus en plus active et que les muscles qui permettaient le jeu des doigts étaient de plus en plus exercés.

12

Telle est, en somme, l'origine des quadrumanes à pouce opposable.

Si l'on passait en revue les modifications des animaux, on constaterait que toutes ont été imposées par le milieu et qu'instincts et organes évoluent parallèlement.

En résulte-t-il que tout instinct doit nécessairement correspondre à une adaptation, à une forme organique particulière? Cela ne serait possible que s'il y avait autant d'organes que d'instincts; or, nombre d'organes servent à plusieurs fins et ne peuvent être spécialement adaptés à toutes; mais il faut et il suffit que leur forme permette les divers fonctionnements dans des buts divers. C'est ce qui a fait dire que les instincts sont indépendants, jusqu'à un certain point, de la forme des organes; mais, du moment qu'un organe fonctionne, il faut bien que sa forme permette ce fonctionnement; et, par conséquent, il y a toujours un rapport entre l'organe et la fonction, *ce rapport ne devient moins intime que quand l'organe, servant à deux ou plusieurs fins, ne peut être absolument adapté à chacune;* il en est ainsi pour le bec des oiseaux, qui paraît être un piètre outil de constructeur et est surtout une pince merveilleuse pour prendre le grain ou l'insecte. Si un organe sert à plusieurs fins, l'adaptation matérielle correspondant au premier instinct peut donc empêcher, plus ou moins, la réalisation d'une seconde adaptation correspondant au second instinct; ce dernier ne peut plus alors se perfectionner que par la régularisation, la coordination des mouvements réflexes qui le constituent.

Certains faits paraissent d'abord obscurcir la question; mais il suffit de les étudier un peu pour comprendre que le lien qui rattache l'organe à la fonction ne semble disparaître que dans les périodes transitoires. Un organe qui cesse de fonctionner peut durer quelque temps dans la vie de l'individu et même dans celle de l'espèce, bien qu'il soit condamné à disparaître. Les animaux qui vivent dans l'obscurité depuis un certain temps perdent l'usage de la vue et l'instinct de regarder, mais ne perdent que plus tard l'organe de la vision. Le castor du Rhône qui, dérangé par le voisinage de l'homme, ne construit plus de digues et tend à devenir absolument terrestre, est encore organisé comme le castor américain. Il n'est pas douteux cependant que, si cette espèce n'était pas destinée à une extermination certaine en France, elle finirait fatalement par perdre la queue aplatie, dont le rôle n'est pas bien éclairci, mais qui est évidemment utilisée par l'animal pour nager. Le non-fonctionnement d'un organe *spécial*, c'est-à-dire la disparition de l'instinct qui actionnait cet organe, amène forcément avec le temps, la disparition de ce dernier.

Il est très curieux de constater qu'un instinct peut subsister quelque temps chez certains individus *après* l'ablation de l'organe spécial avec lequel il était en rapport. Cela tient à ce que, chez les vertébrés, les arthropodes, etc., les mouvements sont accomplis par l'intermédiaire des centres nerveux, de sorte que le souvenir de la fonction peut subsister après destruction de l'organe qui doit fonctionner. Les araignées amputées de l'extrémité de leurs pattes essaient cependant de tisser leur toile.

§ 2. — Réalisation des systèmes nerveux.

A mesure que l'animal se développe et que ses organes se spécialisent, des mécanismes sensitivo-moteurs destinés à le mener vers la substance qui nourrit, s'organisent. La sensibilité et la motilité s'interposent entre le monde inerte et le monde qui vit.

Certaines cellules subissent plus spécialement que d'autres « l'imprégnation » de l'énergie fournie par l'assimilation à l'ensemble des cellules associées; elles deviennent des accumulateurs de cette énergie. Désormais, des décharges partielles de *neurine*, sous l'influence des excitations du monde extérieur, deviennent possibles et ces décharges créent des mouvements, des réactions musculaires tendant de nouveau vers la substance qui nourrit ou servant de dérivatif à un surplus de force somatique.

Herbert Spencer a donné, de la formation des systèmes nerveux, une explication imagée, n'ayant, bien entendu, que la valeur d'une hypothèse, mais qui satisfait l'esprit autant, croyons-nous, qu'il peut l'être en ces matières dans l'état actuel de la science. La voici, résumée par Romanes :

« De même que l'eau élargit et rend toujours plus profond le lit dans lequel elle coule, de même les ondes moléculaires tendent toujours plus, en s'écoulant toujours par les mêmes lignes anatomiques, à se créer des lignes de passage fonctionnellement différenciées. Quand une telle ligne de passage s'est complètement développée, elle constitue une fibre nerveuse susceptible d'être reconnue comme telle par l'histologiste; mais avant d'en venir à cette phase ultime, avant de constituer un tissu distinct, M. Spencer l'appelle *ligne de décharge*. »

La théorie de H. Spencer donne une idée de la différenciation des cellules en organes nerveux centraux et périphériques. Toutefois, il n'y est question que de l'excitation extérieure s'animalisant en impression, en sensation dans sa traversée du protoplasme et venant déclancher l'énergie somatique accumulée dans les centres nerveux; l'auteur ne dit rien de l'accumulation même de la force extérieure fournie par l'assimilation. Il y a là une inconnue qui demeurera longtemps encore dans l'équation biologique... On constate le fait de l'imprégnation de la matière vivante par l'énergie nerveuse, on ne l'explique pas.

CHAPITRE II

FORMATION DES HABITUDES QUI DEVIENDRONT DES INSTINCTS

---

§ 1. — La Loi fondamentale de récurrence des associations de sensations et les prévisions apparentes des animaux.

Le principe de l'évolution étant admis, l'état actuel d'un instinct ne peut être considéré que comme un moment de son évolution; et la transformation commencée doit nécessairement se continuer. Pour en connaître les caractères, le psychologue a donc la ressource de se demander comment les animaux apprennent.

Or, l'expérimentateur constate objectivement que, si les côtés essentiels des instincts fondamentaux de nutrition, de défense et de reproduction ne varient guère, leurs côtés accessoires se modifient plus ou moins lentement par l'éducation.

Il semble qu'il y ait chez l'être vivant deux tendances en lutte : 1° celle qui le pousse à continuer d'être ce qu'il est actuellement, et 2° celle qui le pousse à acquérir des souvenirs de faits nouveaux. Ce que l'on prend métaphoriquement pour des « tendances » n'est ici, bien entendu, qu'un ensemble de phénomènes dans lesquels la volonté n'intervient pas et qui dépendent, les premiers, de la loi d'inertie, les seconds, des excitations extérieures. L'une et l'autre de ces tendances apparentes peuvent prédominer successivement.

Le mode de variation le plus fréquemment observable est la mutation lente par voie associative. Dès qu'une association nouvelle de sensations se forme, l'instinct tend à évoluer.

Nous avons indiqué à grands traits les influences extérieures qui agissent sur les animaux et sur leur psychisme; le point d'origine de l'évolution est ainsi fixé dans le milieu environnant l'organisme. Il faut nous demander maintenant comment des sensations correspondant à des excitations extérieures nouvelles, sont associées par la matière sentante aux sensations anciennes et aussi dans quelle mesure elles agissent par leur intensité. Nous envisagerons d'abord la première question en supposant qu'il s'agit seulement de sensations d'intensité moyenne.

*
* *

Les sensations peuvent être concomitantes; elles peuvent aussi se succéder. Les sensations simultanées ne représentent jamais, à elles seules, des « événements », puisqu'un événement se produit dans le temps; elles fournissent seulement des tableaux du monde. Il n'en est pas de même des sensations successives qui, elles, expriment toujours des événements extérieurs. C'est de ces dernières que dépendent surtout les actions des animaux, ce sont elles qui constituent ce que les psychologues ont appelé la « chaîne » associative.

Il est évident que ce n'est là qu'une image, car la succession des sensations qui nous semblent « voisines » *n'est pas dans l'espace, mais dans le temps.* Ce n'est qu'en faisant une transposition de l'espace au temps que l'on emploie l'image de la « chaîne associative ».

Nous prenons la précaution de faire cette distinction, qu'il convient d'avoir présente à l'esprit ; mais, nous étant expliqué sur ce point, nous emploierons, par la suite, l'image de la chaîne, qui a l'avantage d'être très commode ; c'est un de ces à peu près dont il est souvent nécessaire de se contenter.

Les lois des associations sont encore bien peu connues ; j'estime toutefois que, plus qu'aucune autre méthode de recherche, celle du dressage, aidée de l'introspection, est capable d'apporter des éclaircissements dans ce domaine.

Reportons-nous par l'introspection à notre propre expérience. Quand j'apprends un texte par cœur, toutes les sensations correspondant aux sons des mots prononcés ou aux excitations visuelles causées par les mots écrits s'associent dans l'ordre même où le sens des phrases se complète. De même, nous associons dans le sens où un phénomène extérieur s'accomplit les représentations de ses phases, en allant de la cause plus ou moins voilée, au but plus ou moins profond.

Chez les animaux très élevés, très perfectionnés *intellectuellement*, chez les grands singes, par exemple, il en est quelquefois de même. Mais chez l'immense majorité des êtres vivants, les associations se font dans un ordre inverse par rapport à la succession des excitations extérieures ; c'est-à-dire que les chaînes de sensations s'allongent en se rattachant toujours à des chaînons antérieurs.

C'est là le phénomène de récurrence, qui s'est révélé à nous dans des expériences de dressage. Les professionnels en profitent depuis longtemps sans en dégager la signification. Veulent-ils, par exemple, qu'un animal vienne à eux au mot « ici ! » ? Ils commencent par prononcer ce mot, qui, dans le présent, n'a aucun effet sur l'animal. Et, tout de suite après, ils offrent à leur élève une nourriture qui lui est agréable; c'est cet appât qui détermine l'acte de venir, — ce qui n'est qu'une réaction naturelle; mais, plus tard, on peut supprimer l'appât, le mot « ici » *qui a toujours précédé l'offre de l'appât*, déclanche, à son tour, la réaction.

A supposer que le dresseur provoque des sensations représentatives, *après* aussi bien qu'avant la sensation affective dynamogène, seules les excitations provoquées *avant* produiront des sensations qui seront retenues. Plus tard, on peut remarquer que successivement la chaîne des sensations est rattachée à des antécédents psychologiques de plus en plus anciens. C'est ainsi que dans les exhibitions d'animaux dressés, un sujet A, devant « travailler » après un sujet B, finit par ne plus attendre l'ordre du maître et descend de son escabeau, dès que B a terminé son « travail »; plus tard encore, A n'attendra même plus la fin des exercices de B pour venir au maître, qui sera forcé de sévir pour rétablir l'ordre.

En représentant les sensations par les lettres *d, c, b, a,* et la réaction par *r,* le phénomène se présente sous cette forme :

Les flèches indiquent :

1° L'ordre des excitations : ⸻⟶

$$d, c, b, a, = r$$

2° L'ordre des associations : ⟵⸻

3° L'ordre de répétition mnémonique : ⸻⟶

a est ici une sensation affective; *b, c, d,* sont des sensations représentatives. En effet, l'origine de tout complexe semble être, chez les animaux, une sensation affective; celle-ci est, si l'on veut, le *noyau* associatif; elle est naturellement dynamogène[1]. C'est

1. Elle peut être attractive aussi bien que répulsive, soit pour l'animal tout entier, soit pour un ou plusieurs de ses membres.

qu'en dehors de certains jeux, dans lesquels ils touchent un peu à tout ce qu'ils ont devant eux, et en dehors de manifestations intellectuelles, les animaux ne s'intéressent qu'aux objets ayant rapport à la satisfaction de leurs besoins, c'est-à-dire à leur vie affective.

L'animal n'enregistre, en général, qu'un petit nombre de sensations représentatives. Les associations indiquées dans notre schéma se font dans l'ordre alphabétique; mais dans la reproduction mnémonique, la succession des sensations et réflexes composant la chaîne est dirigée dans le sens contraire, dans le sens même des excitations primitives, dont la première seule suffirait désormais à rappeler toute la chaîne. En un mot cette chaîne s'allonge par adjonctions en remontant vers les premières sensations provoquées; et les maillons de la chaîne repassent, dans le sens contraire, dans le champ de la mémoire. C'est là ce que nous avons appelé la *loi de récurrence*.

Plus les espèces sont inférieures et moins longues sont les chaînes de sensations représentatives (établies par récurrence) conduisant à la satisfaction des besoins. Chez l'homme et chez les espèces très supérieures, elles sont extrêmement étendues et ne sont pas toutes dues à la récurrence; elles sont d'ailleurs en un perpétuel remaniement, en adaptations constantes aux contingences extérieures actuelles.

Dans la récurrence, la conduite de l'animal se modèle, au cours d'expériences successives, sur le monde extérieur, dont les phénomènes sont supposés les mêmes à chaque répétition; c'est la fréquence des mêmes excitations qui détermine les nouvelles associations récurrentes; et cette fréquence est donnée par le monde extérieur, qui est par conséquent, dans ce cas encore, le point de départ de l'évolution psychique.

Les associations ne se forment, en général, qu'à la

suite d'un grand nombre de répétitions des excitations.

Dans certains cas cependant, l'*intensité* des sensations *affectives* peut avoir une grande importance et déterminer des associations relativement moins lentes; par exemple, un animal longtemps privé de nourriture et placé en présence d'aliments placés sur un plateau d'une forme et d'une couleur bien distinctes associe plus rapidement la représentation du plateau à l'acte de manger que dans le cas où il n'a pas été affamé au préalable.

Mais, le plus souvent, le rôle des sensations affectives puissantes (douloureuses) apparaît non dans les associations mais dans l'inhibition. Il y a alors destruction d'instincts; nous reviendrons sur ce point.

EXEMPLES EXPÉRIMENTAUX DE PHÉNOMÈNES DE RÉCURRENCE. — Tout l'effort du dresseur de cirque tend à rendre les mouvements de son élève de plus en plus faciles et à le guider de moins en moins, afin de donner au public l'illusion que l'animal « travaille » parce qu'il le veut bien, parce qu'il est « savant ».

La facilité croissante des mouvements dépend de l'exercice musculaire et aussi d'un phénomène sur lequel nous reviendrons dans un chapitre consacré aux lois de l'habitude : la répétition des mêmes excitations permet de diminuer peu à peu leur intensité tout en obtenant les mêmes effets; par conséquent un effet de rêne, un coup d'éperon, un coup de fouet, un attouchement de cravache pourront devenir de moins en moins forts, etc... Cependant tout emploi d'appareils de coercition reste trop visible aux yeux du public et le dresseur qui cache le mieux son action *actuelle* sur la bête qu'il présente est celui qui, d'instinct, a su se conformer à la *loi de récurrence* en rattachant à des signaux vocaux les réactions de l'animal dressé, ou même à des gestes qui, aux yeux des profanes, n'ont pas l'air d'être des ordres. C'est ainsi que l'on peut obtenir, par exemple, qu'un chien marche sur les pattes de devant quand on lui tourne le dos, quand on touche à quelque appareil de la mise en scène, quand l'orchestre commence un nouvel air, quand un servant traverse le fond de la scène, etc., etc...

Les empiriques du cirque ou des chenils de chasse trouvent moyen de profiter de la récurrence des associations; mais, n'en connaissant pas le principe, il leur arrive d'agir à faux; et généralement, ils ignorent nombre de procédés qui transformeraient complètement ' ur métier.

Les rares théoriciens du dressage du chien de chasse ne les ont d'ailleurs pas mis sur la bonne voie. Plusieurs leur ont même reproché avec quelque ironie de commencer par crier « apporte! » à un chien et de le forcer ensuite par la coercition à rapporter. Ils font remarquer qu'il ne sert de rien de dire « apporte! » à un animal avant de lui avoir montré ce que c'est que de rapporter. Il y a cependant là une trouvaille de l'empirisme; car il s'agit ici de résultats pratiques à obtenir et si cet ordre ne peut, avant toute expérience directe, rien signifier pour la bête, il n'en est pas moins vrai que, par récurrence, il est vite associé à l'acte de saisir avec la gueule, et c'est tout ce qu'il faut.

La loi de récurrence se manifeste à chaque instant dans les rapports du dresseur avec les animaux. Il est même singulier qu'on ne l'ait pas dégagée depuis longtemps et que nous-même ne l'ayons trouvée qu'après de longues années de dressage pratique. Tant il est vrai qu'en science comme dans la vie courante, l'homme a une tendance bien marquée à chercher très loin ce qu'il pourrait souvent découvrir sous sa main. On ne cherche pas assez à dégager la significa-

tion des faits simples qui sont à portée de notre observation journalière.

En dehors du dressage proprement dit, nous avons
institué des expériences destinées à faire ressortir,
elles aussi, les effets de la récurrence. L'une d'elles,
par exemple, consiste à produire des excitations mécaniques, lumineuses, calorifiques, électriques, etc...
avant de donner à manger à l'animal-sujet en un
endroit déterminé, toujours le même. Peu à peu, une
association s'établit entre les sensations dynamogènes
liées à la nutrition et celles produites par les excitations sensorielles : la dynamogénie passe alors par
récurrence à celles-ci. Une telle expérience peut être
pratiquée sur n'importe quel animal de ménagerie,
sans qu'il soit utile de pénétrer dans sa cage. Voici
comment on peut opérer quand il s'agit de vertébrés
aquatiques.

On éclaire l'aquarium d'une vive lumière au moyen
d'une lampe ; ensuite, on attire l'animal dans un cylindre, en lui montrant un appât. On procède de la même
façon chaque jour. L'association existera quand le
poisson viendra dans le cylindre aussitôt après l'éclairement et *avant* que la nourriture y ait été déposée.
Cet acte sera le *signal* de l'association effectuée entre
l'impression lumineuse et les impressions rattachées
à la nutrition. Le lien psychologique s'établit plus ou
moins lentement. Sa formation et le temps qu'elle
demande ont une signification importante au point
de vue de la valeur psychologique de l'espèce considérée. La nature des impressions homosensorielles ou
hétérosensorielles qui font partie des complexes doit
faire l'objet de notations précises.

L'observation des animaux qui vivent familièrement
auprès de l'homme peut fournir des exemples nombreux de récurrence. J'extrais celui-ci de mon carnet :
« Un chien terrier irlandais qui, pendant quatorze
ans, a été mon compagnon fidèle, avait pris l'habitude

de se coucher devant un meuble où j'enfermais à clé certains dossiers; en ouvrant la porte de ce meuble, il m'arriva de déranger mon chien par inadvertance et plus brusquement que lui et moi nous n'eussions voulu; or, il prit l'habitude de se lever prestement, dès qu'il me voyait aller vers le meuble, puis dès qu'il m'entendait, assis à mon bureau, sortir mon trousseau de clés. »

La loi de récurrence s'applique à tous les animaux vivant à l'état de nature; et elle explique les « prévisions » purement instinctives qui ont paru raisonnées à certains auteurs.

En effet, par cela même que les associations sont récurrentes, les réactions peuvent, dans certains cas, finir par dépendre d'excitations qui, dans le temps, sont de moins en moins rapprochées des circonstances extérieures dans lesquelles l'acte avait lieu d'abord; les réactions ne laissent pas cependant de se produire immédiatement après ces excitations; et, finalement, l'acte est effectué avant les circonstances extérieures qui lui correspondaient primitivement; ce qui peut être utile ou nuisible à l'animal... Dans le premier cas seulement, ce mécanisme est conservé dans la vie de l'espèce.

Il est permis, par exemple, de supposer que les espèces qui, à l'automne, quittent le Nord pour un climat plus chaud sont d'abord parties seulement à l'époque où la nourriture leur manquait, puis quand la diminution de la chaleur (qui précède et détermine la raréfaction de la pâture) était venue; il est probable aussi qu'elles partent maintenant quand certains signes précurseurs du froid se produisent; par exemple, la diminution de la longueur du jour, la chute des feuilles de certains arbres, etc. Telle serait la raison fort simple pour laquelle les oiseaux migrateurs ont l'air de *prévoir*. Nous reviendrons sur ce point dans le quatrième livre de cet ouvrage.

C'est sans doute aussi par l'emploi de ce mécanisme que les animaux chasseurs se mettent en quête, avant d'être affaiblis par une faim intense, que les oiseaux font un nid avant de pondre, etc... En effet, il y a lieu de considérer, outre la destruction par récurrence du parallélisme des phénomènes extérieurs et des phénomènes psychiques, celle du parallélisme de la série des sensations affectives fournies par les organes du corps et des enchaînements de sensations représentatives.

Ce point de vue sera étudié en particulier à propos des animaux qui font des provisions de bouche *avant* d'avoir faim.

Nous l'écrivions déjà en 1904 dans la *Revue des Idées* (15 août) : « Un des caractères les plus saillants de la plupart des instincts primitifs est que, sans être guidés par la raison, *ils ont l'air de prévoir*. A vrai dire ils nous donnent cette illusion parce que, fonctionnant mécaniquement et parallèlement aux phénomènes du monde extérieur qui ont déterminé leur formation, leur fonctionnement coïncide généralement avec ces phénomènes *ou finit par les devancer* par suite d'abréviations psycho-physiologiques. »

Il y a, dans tous ces actes, une *apparence de prévision raisonnée*. On peut toutefois, en changeant en quelque chose les conditions extérieures, détruire les complexes organisés et faire naître chez le sujet des erreurs (surtout chez les organismes inférieurs) et établir ainsi qu'il n'y a dans ces prévisions aucune démarche de la raison. D'autre part, comme *chez l'homme lui-même*, le phénomène de récurrence se produit parfois, et se manifeste en dehors de la volonté (l'intelligence ne réussit même pas toujours à le détruire), le psychologue est en droit de penser que les mêmes faits psychologiques se produisent chez les animaux les plus intelligents en dehors de tout raisonnement.

On trouve, chez l'homme, des associations par ré-

currence qui demeurent invincibles, même quand la
raison s'efforce de les dominer. Ainsi la peur instinctive de l'obscurité et des cavernes a été acquise par les
ancêtres de l'homme actuel à la suite de rencontres
avec des fauves : un être vivant qui, ayant pénétré
dans une caverne, y a trouvé quelque bête fauve et a
pu échapper à son étreinte, associe par récurrence
son émotion à l'obscurité, puis à l'aspect extérieur de
la caverne. Si bien que, désormais, la fuite est déclanchée ou du moins une appréhension se manifeste chez
lui à la vue d'une caverne. C'est une crainte associée
par récurrence à des sensations représentatives et
contre laquelle la raison ne peut pas grand'chose.
L'hérédité a pu la maintenir dans la vie de l'espèce
parce qu'elle est utile. De même beaucoup de femmes
se détournent d'un dessin représentant un serpent.

Les psychologues qui ont parlé, ces dernières
années, de notre *loi de récurrence* ont bien vu que,
dans certains cas, elle s'applique à l'homme. C'est
l'opinion de R. Petrucci, l'éminent sociologiste de
l'Institut Solvay, de Bruxelles : « Entre le primitif se
déplaçant de ses cantonnements d'hiver à ses cantonnements d'été, ou de sa maison d'hiver à sa maison
d'été, et l'oiseau migrateur, il n'y a pas de différence
essentielle, même quand la série des actes de ce
dernier est régie par *la loi de récurrence*. Elle agit
aussi sur l'homme. Ce qui trouble, au point de vue de
l'analyse psychologique, c'est l'usage qu'il a du langage et l'explication qu'il se donne à lui-même de ses
propres actes... Si l'on cesse de rechercher la psychologie humaine dans des individualités cultivées et
supérieures, qu'on l'observe dans les sociétés primitives et aux degrés les plus bas de nos sociétés
complexes, on pourra, sans grande exagération, dire
de l'homme ce que Hachet-Souplet dit de l'animal »[1].

1. R. Petrucci, *Bull. mens. de l'Institut Solvay*, octobre 1910.

L'observation rigoureuse de la *loi de récurrence*
dans l'instruction des jeunes enfants et des sourds-
muets est appelée, croyons-nous, à rendre des services. Il ne faut pas, en effet, se dissimuler, par une
démarche de faux amour-propre humain que si, à
partir d'un âge déterminé, l'éducation peut développer l'initiative personnelle par l'application de la
méthode socratique, le fond de l'instruction est basé
sur des associations par contiguïté. Avant de dominer
les matières du savoir humain, l'enfant doit nécessairement les retenir dans son esprit. Si, comme l'a
montré Gustave Le Bon, l'éducation est surtout « l'art
de faire passer le conscient dans l'inconscient », on
peut ajouter qu'il y a aussi une éducation applicable
avant l'état de pleine conscience et qui est un véritable dressage. « Pendant les cinq premières années, a
écrit G. Hanotaux, dans son enquête sur l'enseignement secondaire, il faut une grande méthode, de la
clarté, une bonne direction, des notions simples, en un
mot tout ce qui peut donner à l'âme *son pli*... » On
ne saurait mieux dire ; et, que le mot plaise ou non, il
s'agit là d'un véritable dressage ! P. Mendousse, qui
s'est appuyé sur nos expériences de dressage dans sa
très courageuse thèse pour le doctorat « *Du Dressage
à l'Éducation* »[1], a fait ressortir ce parallélisme évident, tout en indiquant le point où il cesse.

§ 2. — Considérations sur l'antériorité des sensations dans la « chaîne » associative.

Lorsqu'on parle, à propos de la *loi de récurrence*,
de « l'ancienneté » des sensations, il faut s'entendre.
Il peut s'agir d'une ancienneté absolue ou d'une
ancienneté relative.

1. Publiée depuis en volume dans la *Bibliothèque de philosophie contemporaine*.

Une sensation est ancienne par rapport à une autre qui a été déterminée après elle, cela est clair. Mais considérons un complexe composé de sensations dont les dernières associées sont plus anciennes, au sens absolu, que les premières associées (ce qui satisfait à la loi de récurrence). Ce complexe, étant ordinairement déclanché par une sensation représentative que nous appellerons M, si, lors d'une des répétitions de la chaîne, puis, ensuite, à toutes les répétitions suivantes, une excitation *nouvelle* est donnée *avant* M, elle s'associera aux autres au bout d'un temps plus ou moins long, pourra devenir dynamogène et déterminer à son tour tout le complexe. Elle sera donc, au sens absolu, postérieure à M, mais, dans toutes les nouvelles répétitions du complexe, elle aura été donnée avant M, et l'association se sera faite par récurrence. Il ne s'agit donc là que d'une ancienneté relative.

Cette explication un peu abstraite a besoin d'être éclaircie par des exemples.

Pour obtenir qu'à une chaîne déjà formée de quelques chaînons s'ajoutent des chaînons répondant à un fait nouveau, il suffit de déterminer ce fait avant les ordres qui sont déjà dynamogènes. Au bout de quelques répétitions, l'association récurrente est obtenue.

Dans la pratique, c'est ainsi que l'on relie *la musique* aux exercices de cirque. C'est ce qui nous faisait écrire dans notre *Dressage des animaux :* [1] « Tous les numéros d'animaux dressés sont présentés avec un accompagnement musical. Cela sert assurément à les faire valoir, mais il y a là, aussi, une question plus sérieuse : celle des points de repère fournis par la musique. *Dans la dernière période du dressage*, un peu avant que la bête soit « finie » ; quand déjà toutes les passes et toutes les reprises du numéro sont arrêtées,

1. *Le dressage des animaux et les combats de bêtes*, par P. HACHET-SOUPLET. Firmin-Didot, édit., 1895.

il faut faire venir le musicien et lui commander une suite d'airs qui accompagnent pas à pas tous les exercices. Une bonne musique est surtout importante dans le travail régulier et tout à fait indispensable dans les airs de danse. Les ours, les chevaux, les éléphants, les chiens danseurs nécessitent une musique particulièrement bien adaptée... »

La récurrence associative agissant sur des sensations produites avant la répétition d'une chaîne déjà organisée explique le fait qui a étonné Baldwin : « Une chose également curieuse, c'est que des éléments accidentels, *survenus bien plus tard*, purent entrer dans cette association... »

Les nouvelles sensations ainsi associées peuvent être hétérosensorielles et fort diverses. J'ai eu, par exemple, un ours brun dressé d'abord, par les moyens ordinaires, à faire la culbute (impressions surtout tactiles); il arriva bientôt à exécuter ce mouvement quand on lui faisait un signe avec la main (impression visuelle); *plus tard*, on prit l'habitude de répandre dans l'atmosphère du laboratoire une odeur de menthe, au moment précis où l'ours allait culbuter (impression olfactive). Le signe de la main devint enfin inutile, et nous obtenions la culbute avec l'excitant menthe, dès que nous pressions un vaporisateur renfermant une dissolution de ce produit végétal.

Voici une autre expérience. Un chien a été dressé à exécuter le saut périlleux en arrière quand je produis un claquement de langue. Lors des premières séances, je produisais ce claquement de langue, puis déterminais des sensations affectives naturellement dynamogènes (sensations tactiles, musculaires et de déséquilibration); elles se sont ensuite associées par récurrence à la sensation représentative auditive. Dans ce phénomène, les associations vont des plus récentes aux plus anciennes, *au sens absolu*. Si, maintenant, je veux que le chien saute quand un

« accessoiriste » traverse le fond du théâtre, je ferai passer le garçon *avant* de claquer de la langue; et, après un certain nombre de répétitions, je n'aurai plus besoin de produire ce bruit; les sensations visuelles déterminées par le passage du garçon (sensations moins anciennes au sens absolu que celles de la chaîne déjà existante) se seront associées par récurrence et seront devenues elles-mêmes dynamogènes. Ici, l'ancienneté de la sensation est relative.

On doit maintenant comprendre l'un des modes au moyen desquels l'animal, tout en étant soumis à la loi de récurrence, acquiert de *nouvelles* connaissances. Si le fait était impossible, on ne comprendrait pas comment les animaux sauvages, libres, pourraient s'adapter à des circonstances extérieures nouvelles se produisant nécessairement *à la suite* des complexes anciens; ils ne pourraient ajouter à une chaîne psychique des maillons correspondant à des nouveautés extérieures et n'enrichiraient leurs connaissances qu'en profitant de souvenirs de plus en plus anciens.

Il faut aussi considérer les formations associatives absolument nouvelles qui réalisent des chaînes indépendantes les unes des autres. Et c'est encore une question de savoir si ces chaînes, d'abord indépendantes, s'associent les unes aux autres. C'est ce que nous nous demanderons en parlant encore des lois des associations dans un autre chapitre.

§ 3. — Comment les auteurs expliquaient jusqu'ici les prévisions apparentes de l'instinct.

De tout temps les psychologues ont compris que la mémoire chez l'homme, comme chez l'animal, permet d'anticiper les expériences prochaines. Mais on ignorait le mécanisme de cette anticipation.

Les idéalistes n'éprouvent, ici, aucun embarras. La

prévision chez les bêtes n'est-elle pas évidemment
l'œuvre de Dieu? Il serait difficile de prouver le contraire; mais cette action divine est-elle directe? La
pensée de Dieu habite-t-elle l'animal? Y a-t-il une
faculté mystérieuse de prévoir, ou bien Dieu a-t-il
laissé les lois naturelles, créées par lui une fois pour
toutes, agir dans le monde et régler tout ce qui s'y
trouve, depuis la chute des corps abandonnés au-
dessus du sol terrestre, jusqu'à la fabrication des nids
avant la ponte, le départ de l'oiseau migrateur *avant*
le froid, etc. Il faudrait renoncer à la science si l'on
admettait la première hypothèse, que combat la
notion de continuité; l'intervention directe de Dieu
est impossible à admettre. Quant à la seconde hypothèse, elle laisse le problème entier, elle le pose et
ne le résout en aucune façon.

Il faut reconnaître que l'opinion idéaliste est, de
beaucoup, la plus répandue. Nombre d'écrivains, et
même de zoologistes, en sont encore, cent ans après
Lamarck, aux idées de Bernardin de Saint-Pierre sur
l'instinct.

Ce qui, dans l'instinct, a le plus frappé Bernardin
de Saint-Pierre, c'est qu'il *prévoit*, aussi l'appelle-t-il
pré-sentiment. Et de ce qu'il *devance* le moment où
la nécessité absolue se fait sentir, Bernardin de Saint-
Pierre conclut qu'il ne peut être le fruit de l'expérience et qu'il est un don céleste fait une fois pour
toutes aux animaux : « L'instinct, écrivait-il dans les
Harmonies de la Nature, renferme les pré-sensations
de l'animal et le pré-sentiment de ses convenances;
c'est par des pré-sensations que les animaux encore
dans le nid maternel s'effraient d'un bruit ou de la
menace d'un coup *dont ils n'ont encore aucune expérience*. C'est par des pré-sensations qu'ils tettent,
qu'ils marchent, qu'ils sautent, qu'ils grimpent, qu'ils
appellent à leur secours... C'est par pré-sentiment
que l'araignée sortant de son œuf, et sans avoir

vu aucun modèle de filet, tisse sa toile transparente,
en croise les fils... »

L'argument de Bernardin de 'Saint-Pierre contre
Locke nous a paru assez solide, tant que nous n'avions
pas élaboré notre loi de récurrence : « C'est donc,
écrivait-il, une grande erreur que cet axiome de
l'école : *Nihil est in intellectu quod non fuerit primo
in sensu*. Nous voyons, au contraire, que l'instinct
enseigne aux animaux les premiers usages de leurs
sens et leur donne des idées qu'ils n'ont point acquises
par l'expérience : Locke a donc erré beaucoup quand
il a prétendu qu'il n'y avait point d'idées innées;
l'étude d'un insecte lui eût prouvé le contraire. Son
traducteur français lui en fit un jour l'objection : elle
le mit de fort mauvaise humeur, car il sentit sans
doute qu'elle renversait de fond en comble son système : il aurait mieux fait de le réformer. » Nous ne
sommes pas de cet avis; mais nous n'avons compris
le mécanisme de la prévision inconsciente que du
jour où le principe de toutes les associations de sensations chez les animaux inférieurs et chez beaucoup
d'autres organismes, nous a été révélé par l'expérience.

L'école matérialiste et les monistes, repoussant
l'idée du miracle, ont adopté l'opinion d'Epicure sur
l'anticipation, en y ajoutant une intervention de l'intelligence, qui vient ici au secours de l'instinct et
l'éclaire. Pour Epicure, l'anticipation, chez l'homme,
est un autre nom de l'expérience acquise, ce n'est que
le phénomène de mémoire, qui, en dehors de la perception directe et actuelle, donne une connaissance
anticipée des objets déjà sentis. Cette définition de la
mémoire peut évidemment contenir celle de la récurrence; mais elle ne la précise pas, puisqu'elle ne
constate pas par quel mécanisme l'organisme, qui
connaît les objets, se décide à précipiter son action
sur eux. C'est précisément ce qu'il s'agit d'expliquer

dans l'anticipation. Les monistes comme Büchner, et
tant d'autres, l'ont bien compris en faisant ici appel
à l'intelligence, qui fournirait à l'animal des *raisons*
pour anticiper. Ce n'est là toutefois qu'une explication
fausse; car si cette voie n'est fermée ni à l'homme ni
aux animaux supérieurs, il est bien évident qu'on ne
peut admettre qu'un polype, ou un crustacé, par
exemple, sache l'utiliser...

Cette théorie, cependant, a été nettement défendue
par les Néo-Lamarckiens. Ed. Perrier professe cette
opinion que le Pagure, maintenant purement instinctif, a eu des ancêtres intelligents. Pour qu'il
sache, comme il le fait, pénétrer dans des coquilles
vides quelconques, quand il ne rencontre pas de
coquilles de Buccin et qu'il ait cette prévoyance de
chercher un abri, il a fallu que ses ancêtres eussent
élaboré une véritable *abstraction* de l'idée de trou.
La pensée ayant créé l'acte, se serait ensuite endormie,
l'habitude intelligente serait devenue un instinct.
« C'est l'histoire de l'instinct, conclut Ed. Perrier, la
conscience n'intervient plus. » Il découle de cette
opinion une conséquence inévitable : elle nous oblige
à supposer, comme cause déterminante de tout acte
nouveau dans la vie des espèces, une manifestation
de la volonté, de l'intelligence.

Envisageons le cas du pagure et l'origine de ses
instincts. Avons-nous le droit de dire qu'ils doivent
quelque chose à l'intelligence ? Au point de vue de la
méthode scientifique, *la loi d'économie* ne nous autorise
à faire intervenir la raison (*Deus ex machina*), que
quand nous sommes impuissants à expliquer un acte
par le simple fonctionnement de l'instinct primaire,
perfectionné ou non par sélection. Or, tout s'explique
très suffisamment dans la conduite de ce décapode
par des mouvements réflexes et des associations de
sensations. On objectera peut-être, qu'en se réfu-
giant dans une coquille, il a l'air de comprendre que

son abdomen étant dépourvu de carapace, de grands
dangers le menacent et qu'il sait y remédier en se blot-
tissant dans une coquille de mollusque ; mais précisément, nous avons vu que *la loi de récurrence* explique
ces espèces de prévisions. Ces instincts nous donnent
cette illusion, parce qu'après s'être produits parallèlement aux phénomènes du monde extérieur qui leur
ont donné naissance, leur fonctionnement a fini par
les devancer par suite d'utiles abréviations psycho-
physiologiques. On conçoit qu'un crustacé garanti par
une carapace, mais subissant des mues périodiques,
ayant été fréquemment poursuivi par des ennemis
appartenant à son espèce ou à d'autres espèces, pourrait prendre, peu à peu, l'habitude de vivre dans une
coquille, ce qui, avec le temps, amènerait la dénu-
dation permanente de son abdomen. (En effet, les
pagures ont un abdomen mou, parce qu'ils le logent
dans des coquilles ; cette habitude a fait disparaître la
carapace désormais sans emploi.) Ce n'est donc pas
la volonté de l'animal qui l'a transformé ; mais bien le
monde extérieur, qui, en lui fournissant des *causes*
(et non pas des *raisons*) de fuite instinctive, a créé
son habitude et modelé son corps. C'est là une lente
adaptation aux conditions extérieures, sans aucune
intervention intellectuelle. (Voir p. 135.)

Dans son très bel ouvrage sur l' « *Equitation actuelle
et ses principes* », le Dᵣ Gustave Le Bon fait, lui aussi,
une large part à l'intelligence proprement dite ; il
a cependant soumis ses préceptes de dressage à des
règles parfaitement en harmonie avec notre loi de
récurrence. Sans doute, il invoque l'intelligence du
cheval partout où nous nous contentons de discerner
un phénomène inconscient[1] ; mais il indique, à chaque
instant, des moyens pratiques de dressage, rigoureusement conformes aux lois de l'association récurrente.

1. Tout en admettant que, *dans d'autres cas*, le cheval peut
donner des preuves d'intelligence réelle.

Nous sommes trop heureux de constater cette rencontre dans l'observation des faits, sinon dans leur interprétation, pour ne pas la signaler : « Le cheval, écrit Gustave Le Bon, *comprend tout ce qu'on lui demande*, mais ce qu'on lui demande est parfois désagréable à exécuter, et il peut être tenté de refuser l'obéissance. Comment arriverons-nous à l'obliger à toujours nous obéir ? »[1] Et, dans l'explication qui suit, on trouve, semble-t-il, tous les éléments nécessaires pour bâtir la théorie de la récurrence, ce qui, selon nous, rend inutile toute intervention de l'intelligence.

Baldwin attribue la prévision chez l'enfant à un « état de complexité extrême des associations », et même à une sorte de « suggestion »; il suppose, en somme, que l'enfant — ou l'animal supérieur — entrevoit intellectuellement l'utilité de la prévision. Cet éminent psychologue s'était cependant arrêté un instant à une explication rationnelle, quand il écrivait : « Ou bien l'organisme possède une tendance innée à anticiper sur les conditions présentes et à se préparer à d'autres conditions...; ou bien les vieilles réactions d'un organisme peuvent être modifiées, et finissent par s'adapter aux conditions nouvelles ». Mais il ajoute aussitôt : « Nous en sommes réduit à la deuxième hypothèse ». La première prêtait à des interprétations conformes à la théorie que nous défendons, si l'on prend soin de spécifier qu'il n'y a pas de « tendance innée à anticiper » en dehors des simples associations, qui, dans l'immense majorité des cas, se font par récurrence. La seconde hypothèse déplace la question; il n'y a pas en effet dans l'anticipation « d'adaptation des vieilles réactions à des conditions nouvelles », puisque, dans ce phénomène, les conditions extérieures *ne sont pas nouvelles; elles restent les mêmes, mais l'organisme réagit dans des cir-*

1. *L'Équitation actuelle et ses principes*, par le Dr GUSTAVE LE BON, p. 131.

constances antérieures à celles dans lesquelles il réagissait d'abord.

H. Piéron a fait, à propos de l'anticipation de l'actinie, l'hypothèse suivante : « J'explique ainsi ce phénomène : si l'actinie se ferme pour éviter la désoxygénation de l'eau, c'est qu'elle rencontre ce phénomène dans la nature, et que tous ses ancêtres l'ont rencontré; *c'est que les actinies qui ont survécu sont celles-là seulement qui se sont adaptées* »[1]. C'est expliquer l'anticipation par la sélection naturelle. Or, chaque fois qu'en biologie, on a recours à ce facteur pour expliquer l'origine d'une forme organique, ou bien d'actes d'instinct, on suppose nécessairement l'existence primordiale de formes organiques imprécises ou d'actes diffus sur lesquels opère la sélection. C'est le bloc informe que sculpte, pour ainsi dire, la sélection ; l'emploi de ce facteur n'explique que les résultats ultimes, les perfectionnements d'une chose qui existait déjà et qui devait sa naissance à un autre facteur ou bien à un concours de circonstances fortuites, au hasard, puisqu'il faut écrire ce mot. Il n'est certes pas impossible que, dans bien des cas, des hasards heureux aient été fixés par la sélection; mais il faut, selon nous, chercher dans une autre direction quand il s'agit d'un phénomène aussi général que celui de l'anticipation.

La sélection naturelle intervient aussi dans notre théorie; mais nous lui demandons seulement de limiter au champ de l'utile la *récurrence* des associations.

L'explication qu'a donnée Lœb des phénomènes de prévision est surprenante, comme toutes les théories *psychologiques* de ce savant : « Souvent, a-t-il écrit, lorsque le développement de la larve n'a pas lieu dans l'organisme maternel ou dans un nid, nous constatons l'existence de mécanismes automatiques, grâce aux-

1. *Bull. de l'Institut général psychologique,* 7e année, n° 1, p. 128-129.

14

quels les œufs sont déposés à des endroits où la
jeune larve, nouvellement éclose, pourra trouver sa
nourriture. — Quelle est la nature de ces mécanismes
automatiques ? La philosophie métaphysique nous
a légué ici les expressions d' « instinct » et de « volonté »... Ainsi, nous considérons comme instinctive
l'action d'une mouche femelle déposant ses œufs sur de
la viande *qui servira de nourriture aux jeunes larves.*
Or, une analyse expérimentale de ces actions amène à
les considérer comme étant les effets d'un mécanisme
qui résulte essentiellement de la structure symétrique
du corps et de la distribution symétrique de l'excitabilité chez les êtres vivants »[1].

Nous savions déjà que cette excitabilité (n'entraînant
pas la sensation), cette propriété primitive de la matière
vivante, cette obéissance au *tropisme* était au fond de
la plupart des réactions biologiques, aux yeux de
Lœb; mais il est intéressant de constater que ce
savant trouve une explication du phénomène de la
prévision (phénomène comportant nécessairement le
souvenir de l'action passée), dans l'action actuelle et
directe, de l'agent extérieur, c'est-à-dire dans le
tropisme !

G. Bohn ne voit, dans l'anticipation, qu'un phénomène
de simplification dépendant du mécanisme des associations. Dans la *Naissance de l'Intelligence*, il a tenté
d'en dégager les lois. Il ne met toutefois en avant, à
ce sujet, aucune expérience, mais seulement de
simples affirmations dogmatiques.

« Soit, dit-il, *a*, *b*, *c*, *d*, les diverses sensations qui
concourent à former, l'association $a + b + c + d$, et
soit *r*, la réaction correspondant à cette association ;
au début, aucun des stimulants *a*, *b*, *c*, *d*, ne peut
isolément, ou même engagé dans un groupement
partiel, déterminer la réaction *r*. Les quatre stimu-

1. Lœb, *La Dynamique des phénomènes de la vie*, p. 9.

lants sont nécessaires ». (P. 258.) Cependant, pourrait-
on objecter, à chaque instant, l'on constate qu'« au
début », une excitation isolée peut déterminer à elle
seule une réaction, qu'un coup de fouet, une excitation calorifique ou chimique, peuvent séparément
déclancher une réaction ; et ce n'est que plus tard que
d'autres excitations, éveillant des sensations représentatives (qui s'associent par récurrence successivement à la première), peuvent déterminer la même
réaction. La dynamogénie passe de l'une à l'autre,
et une seule des sensations peut toujours suffire à
déterminer la réaction.

D'ailleurs, en énonçant sa « loi » des associations,
Bohn oublie de nous dire dans quel ordre se produisent les *excitations;* la sensation d correspond-elle
à la première excitation, ou bien est-ce a? Comme
la sensation d est suivie de la réaction, on pourrait
croire qu'elle a été la première donnée ; mais les
signes $+$ allant de a vers d, indiquent le sens contraire. Quoi qu'il en soit de cet oubli, nous allons voir
que Bohn n'admet, en tout cas, ni que les associations
se font dans l'ordre des excitations, ni qu'elles sont
déterminées dans l'ordre contraire (récurrence) ; il
admet des associations en zigzag, si l'on peut dire.
C'est l'association non déterminée par la contiguïté des
excitations, avec brisures de la chaîne... Voici comment se produirait ce phénomène des plus curieux :
nous avons d'abord $a + b + c + d > r$, toutes ces sensations sont nécessaires ; il faut que les excitations extérieures correspondantes soient données ; puis la dynamogénie passe tout entière aux sensations $a + b + c$
(prises ensemble); puis aux sensations $a + b$ (c est donc
supprimée) ; puis à $a + c$ (b est donc supprimée) puis
à $a + c$ (c reparaît, on ne sait pour quelles raisons).

Bohn ne dit pas quelle est l'influence qui force
l'organisme à sauter ainsi des maillons psychiques,
puis à les reprendre par la suite... Ce serait cependant

sur ce fait que reposerait, selon lui, la « simplification » dans le temps des phénomènes associatifs ; et celle-ci expliquerait l'anticipation.

Ce fonctionnement ne repose, nous l'avons dit, sur *aucune observation ;* nous ajouterons qu'il est inconcevable *a priori.*

§ 4. — Phénomènes de synchronisme.

La tendance à l'anticipation associative existe chez tous les animaux et chez l'homme lui-même ; mais, dans bien des cas, les organismes doués d'intelligence peuvent réagir contre cette tendance ; et l'on trouve chez les espèces inférieures elles-mêmes, en dehors de toute intervention intellectuelle, des cas dans lesquels l'anticipation semble empêchée par des influences extérieures ou intérieures qu'il convient de dégager nettement.

Déjà les savants de l'antiquité avaient été frappés de constater que certains phénomènes de la vie sont synchrones de phénomènes cosmiques ou terrestres, qui semblent tout d'abord n'avoir avec eux aucun rapport direct. (Rythmes du jour et de la nuit, des marées, etc...). D'autre part, la science moderne a constaté de nombreux mouvements synchrones de ceux des marées chez des animaux de nos côtes et correspondant à l'hydratation ou à la déshydratation de leurs tissus.

Prenons comme exemple ces derniers phénomènes. Y verrons-nous un rythme physiologique pur ? N'y a-t-il là rien de psychique ?

Il s'est trouvé des biologistes pour affirmer que l'hydratation des tissus est la seule cause de la mise en mouvement des littorines des côtes ; au flux, elles subiraient une action tonique qui les mettrait en mouvement. Cette action tonique n'est pas niable ; mais il s'y ajoute une mémoire psychique. En effet, ces mollusques, une fois transportés dans un cristallisoir, continuent d'effectuer des mouvements qui restent, pendant quelque temps, synchrones de ceux des marées. Mais si l'animal est longuement gardé dans le laboratoire, l'ancien synchronisme tend à disparaître; la littorine se met en mouvement *avant* l'heure de la marée, elle « anticipe », revenant ainsi à la loi générale des associations. Ce qui montre bien qu'il y a mémoire psychique.

On n'a remarqué que les synchronismes qui frappent vivement l'attention, comme la persistance des mouvements synchrones des marées; mais les faits de ce genre sont innombrables. Ils sont l'effet d'une résistance à la loi de récurrence. Le maintien du parallélisme des phénomènes est déterminé par la présence continue d'excitations extérieures ayant un rythme fixe et entraînant la rythmicité du phénomène psychique. Nous avons vu, en effet, que la récurrence des associations a pour limite le moment où elle deviendrait nocive.

De même que le dressage permet de démontrer la loi de récurrence, il permet d'établir les conditions nécessaires du synchronisme.

On peut constater d'abord que quand des exercices sont, pour ainsi dire, enchevêtrés, — comme les phénomènes physiologiques et psychiques des animaux marins littoraux, — ils restent parfaitement synchrones. Ainsi un chien dressé à faire le huit dans les pieds d'un cheval en marche continue pendant des années dans le même ordre la suite de ses mouvements. Le rythme est maintenu par le pas régulier du cheval. Il en est de même des chiens passant dans des roues en marche. C'est que le moindre écart du chien provoquerait un « accident » et que le chien le « sent » bien.

Une expérience assez curieuse est la suivante :

Nous avons dressé un cheval et un chien danois à marcher au pas espagnol, ensemble, parallèlement, sur une ligne droite, le cheval étant seul guidé à la

14.

cravache. Un tel synchronisme est assez facile à obtenir ; mais pour organiser l'expérience et la rendre expressive, nous prononcions, avant de donner l'ordre de départ, différents mots constituant pour les deux animaux, des excitations que nous appellerons S, R, P et O. Nous avons ensuite établi une cloison dans le manège ; et, le chien se trouvant derrière cette cloison, nous déterminions pour les deux bêtes les mêmes excitations vocales S, R, P et O. Elles commençaient, dès lors, chacune leurs exercices ; or, le cheval, qui était toujours guidé à la cravache, partait seulement à l'excitation O, tandis qu'après un certain laps de temps, le chien partait à l'excitation P, puis à l'excitation O, puis à l'excitation R, etc..., c'est-à-dire qu'il rattachait la chaîne associative de ses sensations dynamogènes à des antécédents de plus en plus anciens ; le synchronisme de ses mouvements n'étant plus maintenu, l'animal subissait, dès lors, la loi de récurrence, tandis que le cheval continuait à obéir à l'influence extérieure de la cravache et gardait des mouvements synchrones des excitations visuelles et tactiles fournies par cet instrument de coercition.

Cette expérience et d'autres analogues, souvent renouvelées avec des animaux d'espèces différentes, montrent bien, croyons-nous, que le maintien du parallélisme des fonctions des animaux marins littoraux et des phénomènes cosmiques ne peut être dû qu'à une influence extérieure constamment renouvelée. D'ailleurs, nous avons vu que quand on met en aquarium des représentants de ces espèces, si le synchronisme persiste chez eux pendant quelques jours, il a une tendance à disparaître, parce que l'animal n'est plus soumis au rythme des marées.

Dans le cas où le synchronisme est maintenu chez un animal marin littoral vivant à l'état de nature, l'effet produit par la rythmicité de la marée agit *sur l'individu*, le sujet aurait à souffrir « en personne » d'une anticipation trop étendue. Mais, dans d'autres cas, c'est seulement à la propagation de l'espèce qu'une anticipation atteignant un certain degré deviendrait funeste. Certains cas sont intéressants à ce point de vue, ce sont ceux où les animaux sont sur la limite extrême de l'extension de la récurrence des associations. Dans cet état, l'effet de la récurrence est conservé s'il offre des avantages ; mais la moindre extension nouvelle romprait l'équilibre. Il y a des observations extrêmement curieuses à faire à ce sujet chez les insectes et les oiseaux. Citons, par exemple, la pérennité de cette sorte « d'impatience » que l'on observe chez certaines libellules. « Le mâle et la femelle de *Lesta sponsa*, écrit Künckel d'Herculais, voltigent réunis, le corps étendu et se posent de temps à autre sur diverses plantes aquatiques, leurs mouvements semblent résulter d'une volonté *unique*. Le plus souvent, le mâle s'abat à l'extrémité d'un jonc, généralement sur un de ceux qui bordent le rivage et émergent entièrement hors de l'eau ; aussitôt qu'il est posé, la femelle recourbe son abdomen en arc de cercle, dirige sa pointe entre ses pattes et enfonce sa tarière en forme de sabre dans l'épiderme du jonc. Elle se trouve en ce moment située à une certaine distance derrière le mâle. Bientôt après, elle descend peu à peu le long de la tige entraînant le mâle à sa suite et répète la même opération avec sa tarière jusqu'à ce qu'elle atteigne la base du jonc... Quelquefois on ne rencontre aucun œuf dans certaines plaies de joncs. *La femelle n'a pas eu le temps d'y pondre;* car le mâle ne montre pas toujours autant de patience qu'elle pour suivre la tige jusqu'en bas et s'envole avant que le chemin n'ait été entièrement parcouru[1]. »

1. Jusqu'à une certaine limite, l'impatience du mâle, en augmentant le nombre de joncs visités, réduit les risques d'anéantissement des œufs.

Il est évident que l'impatience du mâle, qui est, en somme, une obéissance à l'anticipation par récurrence associative, est ici refrénée par la sélection et qu'elle ne pourrait s'accroître indéfiniment sans déterminer la disparition de l'espèce.

§ 5. — Effets de l'intensité des sensations affectives dans les complexes associatifs.

Nous avons vu que, dans tout complexe associatif, la sensation retenue en premier lieu par la mémoire, le noyau associatif, est toujours une sensation affective.

S'il s'agit d'une sensation agréable, utile, elle détermine une attraction de l'animal vers la source d'où elle provient[1] et l'on peut constater que la rapidité des associations est en fonction de l'intensité de la sensation. Toutefois, cette rapidité est relative et reste toujours très inférieure à celle de la conception intellectuelle.

S'il s'agit d'une sensation douloureuse, le mécanisme est plus complexe. Trois cas peuvent se présenter :

A. — Si la sensation affective douloureuse est peu intense, et si les conditions sont telles qu'en agissant, soit en fuyant, soit en écartant ses membres, le sujet échappe totalement ou en partie à la douleur, il en résultera une dynamogénie qui, par récurrence, sera transmise à des sensations représentatives antérieures. C'est ainsi qu'un cheval, un chien, un lion, etc., fuient à *la vue* du fouet, sans attendre qu'on les frappe avec ce fouet ; c'est ainsi qu'un cheval de « haute école » lève les pieds quand le cavalier déplace seulement le poids de son corps alors qu'au début, il ne les levait que sous les coups de cravache.

1. Ou bien l'acte de manger, de se saisir d'un objet, etc...

B. — Si la sensation affective douloureuse est peu intense et si les conditions sont telles qu'en agissant, en courant ou en écartant ses membres, l'animal augmente sa douleur, il en résultera une immobilité plus ou moins complète. Dans l'expérience de dressage, l'immobilité, d'abord obtenue par la seule impression douloureuse, est déterminée finalement (phénomène de récurrence) par des sensations représentatives associées et antérieures.

Les premières défenses du jeune cheval qui n'a jamais été dressé sont, la plupart du temps, très rapidement combattues, dans les cirques, au moyen de véritables procédés de domptage. Presque tous les dresseurs ont préconisé les actions violentes mais peu répétées.

Dans tous ces procédés, l'important est que l'effet plus ou moins douloureux augmente si la révolte de l'animal augmente. On emploie des torsions de naseaux, des pincements d'une oreille, des caveçons plus ou moins compliqués. La bride de Northon Smith est, à ce point de vue, l'appareil le plus simple et de beaucoup le plus ingénieux. Elle est constituée par une cordelette à nœuds coulants et se resserre exactement en raison de la traction que le cheval lui-même opère sur la partie de l'appareil restée dans la main du dresseur.

« Les Gauchos, écrit le Dr Gustave Le Bon, arrivent en quelques minutes à rendre suffisamment dociles les chevaux sauvages qu'ils désirent monter. Attrapé au lasso, roulé par terre, et au besoin un peu étranglé, l'animal terrifié n'ose plus lutter contre un être aussi redoutable et se laisse docilement monter. S'il essaie encore de lutter, on le laisse galoper à toute vitesse et se livrer aux défenses les plus désordonnées en le rouant de coups de lanière sans discontinuer. Au bout d'une demi-heure de ce régime, l'animal le plus féroce est dompté pour toujours »[1].

1. *L'Équitation actuelle et ses principes*, par le Dr GUSTAVE LE BON, p. 134.

On a souvent employé des décharges électriques dans le « domptage » des chevaux. Le commandant Stiegelmann, de l'Institut de psychologie zoologique, a fait, à ce sujet, en 1903, des études intéressantes; il a pu constater que la sensation produite par un courant de courte durée influence le cheval bien plus qu'un courant à effet prolongé. « Le courant électrique hypnotise, pour ainsi dire, le cheval traité et le plie une fois pour toutes, et à tel point à la volonté de l'opérateur que, si celui-ci l'approche et surtout lui parle, même quelques jours après l'avoir corrigé, la bête, loin de revenir à ses anciennes habitudes, est plutôt tremblante devant son maître. »

Dans certains cas on emploie aussi, au cirque, des sensations représentatives fortes et devenant affectives; par exemple celle que produit un coup de pistolet tiré près de l'oreille. On arrête ainsi certains chevaux rebelles au caveçon et ce moyen est très employé pour mater les grands singes, surtout les babouins.

L'anneau passé dans la cloison nasale des ours et des taureaux a le même effet.

Il semble que « les défenses » de l'animal ou ses velléités d'attaque se heurtent à la douleur comme contre un mur et s'y brisent. Ceci explique certains « arrachements psychiques », certaines suppressions d'actes dans la vie des animaux. Nous avons cité déjà[1] l'observation de Mœbius concernant un brochet qui, séparé de petits poissons par une glace, se heurtait à cette paroi invisible chaque fois qu'il voulait les saisir; placé plus tard dans le même compartiment que les petits poissons, il n'essayait plus de les dévorer. C'est là une inhibition par la douleur.

C. — Enfin, si la sensation douloureuse dépasse une certaine limite, il y a paralysie générale. Et plus tard de simples sensations représentatives, antérieures

---

1. Page 39.

à la sensation douloureuse, peuvent (sans que cette dernière soit désormais reproduite) avoir exactement les mêmes effets.

Nous avons longtemps gardé à notre laboratoire un chien qui, brutalisé par un piqueur, tombait sur le côté, *paralysé du train postérieur*, quand on lui montrait un fouet.

M. Dumont, vétérinaire, membre de notre Institut, a pu observer le cas intéressant d'un caniche qui, jeté par un mauvais plaisant dans une cage où se trouvait un serpent, y resta complètement inerte, couché sur le flanc, comme mort. Quelques jours après, de noir qu'il était, il devint gris et presque blanc.

La paralysie momentanée peut avoir une grande utilité à l'état de nature, puisqu'elle permet souvent aux petits animaux d'échapper à l'attention de leurs ennemis; aussi existe-t-il une foule d'insectes et même de mammifères qui s'immobilisent avec la plus grande facilité dès qu'ils éprouvent une crainte quelconque. C'est ce qui a fait croire à une « simulation raisonnée de la mort », alors que le phénomène s'explique, comme on le voit, par la fixation d'un processus associatif utile.

§ 6. — Autres lois des associations.

A. — Y A-T-IL, CHEZ LES ORGANISMES INFÉRIEURS, DES « ASSOCIATIONS INSUFFISANTES » ? — « Chez les Pagures, écrivait G. Bohn dans une note à l'Académie des Sciences, les diverses sensations sont fournies par le même objet (coquille); elles sont associées toujours de la même façon; malgré cela les impressions qui en résultent ne sont *pas suffisamment associées*, intégrées... Le crustacé est induit en erreur par d'autres corps... Certains psychologues (Hachet-Souplet, l'*Examen psychologique des animaux*)[1] ont vu dans ces faits, qui résultent d'une intégration imparfaite des impressions, de l'abstraction ! » Cette note de Bohn contenait des erreurs matérielles et nous attribuait une opinion que nous avions précisément combattue ! Une rectification a été publiée dans les comptes rendus de l'Académie[2]; mais ce n'est pas sur ce point que nous voulons appeler, ici, l'attention. Cette note de Bohn nous intéresse parce qu'elle contient l'idée maîtresse de sa théorie des *associations insuffisantes* chez les animaux inférieurs.

L'imperfection du psychisme chez des organismes placés au bas de l'échelle zoologique proviendrait-elle de ce qu'ils sont incapables d'associer leurs sensations? Serait-ce là une explication de leurs erreurs si nombreuses?

Chez l'homme, comme chez la plupart des métazoaires, les sensations visuelles, tactiles, etc., correspondant à différentes qualités d'un objet existent d'abord, du moins pendant un temps très court, à l'état d'« abstraction sensorielle »[3] par le seul fait que les excitations traversent des appareils sensoriels différents. Il reste à savoir si cet état peut subsister; c'est-à-dire si les sensations arrivées dans les centres nerveux peuvent ne pas se former en faisceaux chez certains animaux : c'est ce qu'affirme Bohn, qui semble ainsi croire à « l'abstraction sensorielle »!

Mais cette théorie de « l'abstraction », chez le Pagure, ne rend pas compte des faits; particulièrement elle n'explique pas l'erreur que commet ce

1. On donnerait une vue très inexacte de l'état des questions traitées dans un livre comme le nôtre si l'on ne faisait pas connaître au lecteur, du moins en partie, les polémiques souvent ardentes que certaines théories ont provoquées.

2. 8 nov. 1909. C. r. Ac. des Sc., *A propos de la psychologie des pagures* (rectification), par P. HACHET-SOUPLET.

3. L'expression est classique. Il convient évidemment de distinguer l'abstraction sensorielle de l'abstraction consciente.

crustacé quand, placé sur une boule pleine, il cherche avec son abdomen mou, un orifice qui n'existe pas. En effet, en agissant ainsi, il montre que l'impression de courbure *rappelle chez lui les sensations muscu- laires et tactiles de pénétration dans le péristome d'une coquille.* Ceci prouve avec la plus notoire évidence que le pagure n'a pas perçu cette qualité de courbure « indépendamment des autres qualités de la coquille », comme le croit G. Bohn. Il est, au contraire, mani- feste que toutes les impressions fournies par la coquille sont chez lui fortement associées. Une fois posé sur une surface courbe non perforée, disions- nous dans une note à l'Institut général psychologique [1], il n'agit pas d'après les circonstances contingentes créées par l'objet qui le supporte et qui est cependant perçu visuellement et tactilement, mais d'après des impressions longuement acquises par l'espèce en explorant des coquilles, impressions étroitement asso- ciées, dont il ne sait rien abstraire et qui sont ici réveillées par la seule sensation de courbure. L'asso- ciation est loin d'être insuffisante : elle est beaucoup trop forte.

Toutes les impressions visuelles, tactiles, muscu- laires, etc., du Bernard (ou Pagure) sont étroitement associées; et les associations se sont faites par récur- rence en partant des sensations affectives de « besoin d'abri » et de pénétration jusqu'aux sensations visuel- les qui permettent maintenant au Bernard de se diriger vers une coquille.

Cette faculté de vision à distance a été niée par Bohn. Cependant, tracez sur le fond d'un aquarium un triangle isocèle : placez à l'angle A de la base un caillou, à l'angle B une coquille de Buccin et, au

1. *Des erreurs chez les animaux,* par P. HACHET-SOUPLET, *Bull. de l'Institut général psychologique,* n° 5, 1904. — Voir aussi *Bull. de l'Institut de psychologie zoologique,* 2e trim. 1904. *Le Bernard-l'Ermite et l'abstraction,* par P. HACHET-SOUPLET.

sommet, un Bernard sorti de sa coquille, vous pourrez
constater que, 90 fois sur 100, le crustacé se dirigera
vers la coquille et négligera le caillou. Dès qu'il
entrera en contact avec cette coquille, il commencera
à l'explorer tactilement. Il y a donc une étroite association entre les impressions visuelles et tactiles; elles
sont rappelées *dans l'ordre* des excitations primitives.
(Ordre opposé à celui d'acquisition des associations.)
C'est ainsi que si vous placez le Bernard sur une surface courbe, la vue n'intervient plus dans son exploration; le sens qui a déjà été exercé à ce rôle agit
seul désormais. Il en résulte que, même dans le cas
où la surface courbe n'est pas perforée, le Bernard
fait des efforts pour introduire son abdomen dans un
trou... qui n'existe pas. G. Bohn a, je crois, observé
seulement cette seconde partie du phénomène.

Des erreurs analogues à celles des pagures et dues,
soit à l'impossibilité, soit à la difficulté d'abstraire,
c'est-à-dire à l'union trop intime des impressions
enregistrées, se rencontrent dans toute la série animale et chez l'homme. En effet, de ce qu'un homme
ou un animal supérieur peut abstraire quelquefois à
propos, il ne résulte pas qu'il puisse abstraire dans
toutes les circonstances où cela serait utile.

B. — Associations par Ressemblance. — Ces associations n'ont un caractère de supériorité relativement
aux associations par contiguïté, que dans le cas où
elles sont accompagnées de manifestations intellectuelles. Autrement, elles ne constituent pas un
phénomène particulier, mais un simple cas de la
contiguïté. Pour qu'il y ait association par ressemblance, il faut que les sensations qui « aiguillent dans
ce sens » la réaction nerveuse appartiennent à deux
ou à plusieurs chaînes. Si un terme H, par exemple,
est commun à une série X et à une série Y, tout ce
qui suit H *dans la répétition mnémonique*, soit dans X,

soit dans Y, pourra également être rappelé par II, chaque fois que II sera reproduit directement par une excitation extérieure, ou mnémoniquement dans un complexe. On retombe donc ainsi dans le mécanisme de la contiguïté.

Le dresseur peut déterminer, chez les animaux les plus divers, des associations par ressemblance. Quand il substitue à une serviette, qu'un cheval sait déjà rapporter, un objet qui ressemble à la serviette, ou qui, seulement, occupe l'emplacement où, d'habitude, on place la serviette, et obtient que le cheval rapporte ce nouvel objet, il y a là une association par ressemblance. L'animal la reproduit par la suite parce qu'on le récompense, mais, au début, son association basée sur l'analogie, lui faisait commettre une espèce d'erreur psychologique : il ne distinguait pas, en somme, le deuxième objet du premier; nous verrons que ce mode associatif peut conduire aux plus singulières erreurs instinctives.

Chez l'homme lui-même, les associations par ressemblance, — quand elles ne sont pas vérifiées par la raison, — conduisent à l'absurdité. Le versificateur ne doit-il pas *choisir* parmi une foule de rapprochements ridicules amenés par la rime, et ne garder que les mots ne détruisant pas le sens général de son œuvre, ou plutôt capables de le compléter?

C. — LES COMPLEXES DE SENSATIONS S'ASSOCIENT-ILS ENTRE EUX ? — Il ne semble pas que les complexes de sensations s'associent entre eux aussi facilement que les sensations entre elles; et cela est très heureux pour les bêtes ; car, si les complexes s'associaient tous entre eux, les représentations psychiques et les réactions musculaires des animaux formeraient des composés si rigides, qu'il en résulterait continuellement des erreurs, par manque de parallélisme entre le rêve de l'instinct et les réalités extérieures. Toutes leurs connaissances se dérouleraient sans cesse comme les différents airs d'une boîte à musique. C'est déjà beaucoup trop, qu'à l'intérieur de chaque complexe, existe une rigidité absolue chez les organismes inférieurs, incapables de raisonner.

La situation dans le champ psychique d'un complexe de sensations associées, est déterminée pour ainsi dire matériellement. Indépendant en naissant, provenant d'un bourgeon associatif particulier, ce complexe pourra rester indépendant; il est probable qu'il le restera toujours; mais il y a des groupements utiles de complexes associatifs, se reproduisant dans des circonstances parfaitement déterminées. Il en est ainsi quand les excitants extérieurs qui commandent ces complexes se trouvent reproduits à la suite les uns des autres, et cela a lieu nécessairement au cours du déroulement des actes instinctifs compliqués. En effet, un nouveau bourgeon associatif durable, est toujours un perfectionnement utile d'un instinct de l'espèce et ce perfectionnement a son application *à un moment donné de l'achèvement d'un travail, ou d'une action quelconque de l'animal;* dès lors, on peut toujours supposer que si le nouveau complexe se reproduit, c'est parce que *l'excitant extérieur* qui le commande est donné précisément par un état d'achèvement caractéristique du travail entrepris. Rien n'autorise donc à dire qu'il y a ici association psychique entre le nouveau et les anciens complexes.

D'ailleurs, nous ne faisons pas ici un raisonnement *a priori;* nous nous basons, au contraire, comme toujours, sur des faits expérimentaux. La méthode zoopédique nous a rendu, dans ce domaine, de grands services.

Quand un animal est dressé à un exercice déterminé et l'exécute à des signaux convenus, on peut, certes, lui apprendre d'autres exercices; mais il ne les exécutera facilement à la suite les uns des autres,

après l'excitation déclanchant le premier, que si le
montreur a soin de déclancher lui-même, par des
signaux successifs, tous les complexes, ou bien encore,
dans le cas où un premier exercice entraine des
modifications matérielles dans le décor extérieur, par
exemple, des déplacements d'appareils. (Ces changements correspondent aux degrés d'achèvement du
travail des animaux industrieux.) Dans ce second cas,
le nouvel arrangement des objets cause des sensations qui déclanchent successivement les différents
complexes.

J'estime qu'il est très difficile d'obtenir qu'un
animal exécute, *après une seule excitation extérieure*,
des mouvements faisant partie de complexes *différents* et ne modifiant pas l'ordonnance des objets, ou
ne conduisant pas le sujet dans un lieu où il ne se
trouvait pas auparavant. Ainsi, un cheval dressé, 1º à
marcher au pas espagnol autour d'une piste, 2º à
danser la polka, pourrait (après un dressage déjà plein
de difficultés) arriver à s'engager dans un couloir et
à exécuter le pas espagnol, jusqu'à une portière qu'il
soulèverait ; et, cette portière dépassée, à danser la
polka ; mais *sans la portière*, qui devient l'excitant
dynamogène du second complexe, il n'exécuterait
jamais sa polka.

Dans une scène compliquée, par exemple comme
celle où l'on voit un chien voler un bifteck, puis aller
chercher un chat, l'apporter sur la table où le bifteck
se trouvait, et, finalement, courir enfiler son collier
au moment où le maître rentre, il y a plusieurs
complexes associatifs et, pendant un certain nombre
de répétitions, ils sont évoqués successivement par
des signaux différents venant du dresseur. Finalement,
les positions des acteurs et des objets (en un mot,
l'état d'achèvement de la scène) remplacent ces signaux.

Il ne sera pas inutile de décrire ici ce dressage.

Ici, comme dans tous les exercices de cirque, on se

borne à créer, chez l'animal, des associations d'impressions par contiguïté. Le chien ne peut avoir aucune idée du sens de sa comédie, *puisqu'on la règle par morceaux*. On commence par lui apprendre à se mettre le collier autour du cou et à le retirer au commandement. Pour ma part, quand je procède à ce dressage, je fais usage d'un cercle large formé d'une bande de fer. Autour de ce cercle, je dispose un filet que je maintiens par un cadre. Cela fait, je prononce : « le collier ! » et je montre au chien un appât placé derrière le cadre, juste en face du trou correspondant au cercle-collier. Le chien choisit, en général du premier coup, le chemin le plus direct : il passe la tête dans le collier. Au bout de trois ou quatre épreuves, je supprime le filet et suspends le collier à une corde. Mon chien va y placer la tête dès que je dispose l'appât derrière l'appareil en criant : « le collier ! » Au bout d'un nombre X de leçons, l'appât devient inutile. L'association entre l'impression auditive produite par les mots : « le collier ! » et l'acte de pénétration est, dès lors, réalisée [1]. Ceci obtenu, je caresse mon élève et l'engage à rester tranquille, le cou dans le collier, en le flattant longuement (*premier complexe associatif*). Plus tard, pour obtenir qu'il se détache, je n'ai qu'à m'éloigner en l'appelant à moi, tout simplement (*second complexe associatif*). Il reste maintenant à dresser mon élève à « rapporter ». Le goût du rapport est inné chez bien des sujets. On peut le développer ou même le faire naître, en lançant à la bête un petit sac de toile forte, bien cousu, dans lequel est enfermé un os. On crie : « apporte ! » Le chien se saisit du sac. On l'appelle, il vient sans lâcher sa proie ; on le récompense ; et, au bout de X répétitions, il va chercher volontiers tous les menus objets placés à

---

1. J'ai employé et décrit d'autres moyens ; mais cette manière de procéder, en utilisant un filet, est la plus rapide.

l'endroit où l'on avait d'abord placé le sac. Il finit par
apporter aussi le chat, ligoté dans une courroie de
couverture de voyage. Voilà encore une chaîne
d'impressions associées par contiguïté : impression
auditive, provoquée par le mot « apporte ! », impression
de saisir le sac, impression d'avoir une récompense,
dès. que l'on s'approche du maître, etc... (*troisième
complexe associatif*). Il s'agit, maintenant, d'obtenir
que ces chaînes se reproduisent à la suite l'une de
l'autre, de façon que l'animal ait l'air de jouer la
comédie. Je m'assieds à la table, qui doit faire partie
de la future mise en scène de cet exercice, après avoir
ordonné au chien d'aller se placer dans le collier. Au
bout d'un instant, je me lève, en restant près de la
table, sur laquelle se trouve un morceau de viande ; et
je prononce « table ! » (ou tout autre mot, mais, une
fois adopté, on ne doit pas le changer), le chien vient
et je le laisse manger ; je lui crie « apporte ! » Il va
chercher le chat. Dès qu'il a sauté sur la table avec
son fardeau, je lui présente un morceau de viande, il
lâche le chat ; je dis alors : « le collier ! » le chien
court à son collier. Par la répétition, on peut obtenir
tous ces mouvements après un seul commandement[1] ;
mais, ici, la vue de l'état d'achèvement de la scène *à
la fin de chaque complexe*, déclanche le suivant.

En effet, si, par extraordinaire, le chat, après avoir
été placé sur la table par le chien, en descend immédiatement, le chien semble désorienté et ne va pas se
mettre dans le collier, le maître doit intervenir de
la coulisse.

On peut donc dire qu'il n'y a pas association entre
les complexes de sensations. C'est la règle ordinaire
chez les animaux dressés ; et il doit en être de même
chez les animaux industrieux ou ayant telles ou telles
habitudes compliquées. Nous estimons, en un mot,

---

1. Et le lancer de la coulisse.

que *sans être impossibles, les associations entre complexes sont rares* dans la nature.

Expérimentalement, nous avons éprouvé une grande difficulté pour en déterminer quelques-unes au cours de plus de vingt années de pratique.

§ 7. — Complexes associatifs « masqués » par de nouveaux complexes.

Nous avons parlé déjà des changements d'application de l'énergie somatique. Nous nous sommes placé, alors, au point de vue de la prédominance momentanée de tel ou tel instinct déjà organisé (point de vue statique). Or, on peut observer des phénomènes du même ordre, mais *nouveaux* pour les animaux considérés et déterminant, par conséquent, une évolution psychique. Les ménageries, dont les hôtes restent longtemps cloîtrés dans des cages étroites, permettent des observations de ce genre. Elles révèlent surtout des *anomalies* singulières, qui seraient fatales à l'espèce, si elles étaient imposées dans des conditions moins exceptionnelles. Mais ces changements d'instincts n'en démontrent pas moins le principe de la variation correspondant à des conditions nouvelles.

Les propriétaires de ménageries ont attribué à des causes diverses l'infanticide chez les grands félins; mais les explications qu'ils en donnent ont toutes rapport à une sorte d'éclipse de l'instinct maternel, *masqué* momentanément par d'autres instincts.

Voici à ce sujet deux intéressantes communications faites à notre *Institut*, la première par M. Dumont, vétérinaire (gendre du dompteur Pezon); la seconde par M. Pianet, ancien directeur d'une ménagerie bien connue.

« Assez fréquemment, écrit M. Dumont, non seulement les lionnes, mais les Panthères et les Hyènes, ainsi que j'ai pu m'en rendre compte, il n'y a pas bien longtemps, étranglent leurs petits. Je pense que ce qui amène certaines femelles à agir ainsi, c'est la douleur vive que provoquent les petits lorsqu'ils saisissent pour la succion un mamelon gercé ou crevassé. Cet acte me paraît être la conséquence d'une manifestation de l'instinct défensif plutôt qu'un instinct de destruction proprement dit. Et de fait, si l'on veut se donner la peine d'observer, c'est au moment où le petit saisit le mamelon que la mère lui donne un coup de mâchoire. Alors la souffrance lui fait voir rouge et c'est dans cette fureur qu'elle extermine sa portée [1]. »

M. Pianet m'écrivait en 1908 : « J'ai vu très souvent des lionnes porter leurs petits dans la gueule, et les petits criaient parfois de douleur; mais j'attribuais ces brutalités (tout à fait involontaires) de la mère à des mouvements saccadés, nerveux et de colère provoqués par la vue des spectateurs; la lionne qui porte ainsi ses petits tente de les dérober à un danger qui lui paraît les menacer; si quelque recoin était à sa portée, elle s'empresserait d'aller y déposer successivement chacun de ses petits. Les autres félins agissent de même; cependant un certain nombre de mères dévorent leurs petits surtout la première portée, sans cause visible; cela se produit fréquemment chez les panthères et les tigresses. J'ai possédé une femelle de prochile lippu (*Ursus labiatus*) qui mangea également ses petits. [2] »

Dans bien des cas, c'est donc la crainte inspirée par les visiteurs des ménageries, qui détermine ces infanticides. Il semble que les mères dépensent, en tuant leurs petits, l'énergie qui était toute prête à les défendre contre des ennemis supposés. L'instinct défensif masque l'instinct maternel.

1. H. Dumont, communication à l'Institut de psychologie zoologique.
2. Pianet, communication à l'Institut de psychologie zoologique.

L'apprivoisement des bêtes sauvages, quand il n'est pas confirmé pendant plusieurs générations, consiste seulement en ce que les instincts naturels sont *masqués*. Leur brusque réapparition en maintes circonstances le prouve clairement.

Il suffit de créer une habitude nouvelle chez un animal pour masquer un instinct ancien; mais il faut que l'habitude ait été fortement *imprimée*, si l'on peut dire. Si deux coqs se battent journellement, une entrave aux pattes, les empêchant de *courir*, les maîtrise complètement; et l'on peut, au bout d'un certain temps, supprimer l'entrave, sans que les batailles recommencent.

L'influence entravante d'excitants *nouveaux* (quelconques) éveillant des sensations affectives ou seulement représentatives que l'on fait agir au moment où un complexe de sensations et de réactions est éveillé chez un animal, est depuis longtemps connue pratiquement, dans les écoles de dressage, et a été signalée au point de vue psychologique bien avant les travaux de l'École russe des élèves de Pawlow. Nous insistions déjà dans notre *Dressage des Animaux* sur la nécessité d'employer toujours les *mêmes* gestes, les *mêmes* intonations pour obtenir les mêmes effets.

Dans des cas spéciaux, il peut devenir utile de se servir de l'influence inhibitrice des stimulants surajoutés. Ils permettent « d'orienter » dans un sens nouveau les réactions et d'arrêter celles que l'on ne veut pas voir se produire. C'est ainsi qu'il est possible de détruire les résistances d'un cheval en décontractant sa mâchoire à l'aide du mors. « On serait maître d'un cheval emporté, écrivait le Dr Gustave Le Bon, si on réussissait à donner à sa tête une position exactement inverse de celle qu'il avait au moment où il s'est emporté. » On changerait ainsi le cours de ses représentations et réactions motrices.

« Le cheval, écrivait d'autre part le général Faverot

de Kérbrech, président de la section de dressage pratique de notre Institut, ne peut contracter une de ses parties pour opposer une résistance quelconque aux exigences de l'homme sans contracter en même temps sa mâchoire. En obtenant la légèreté[1], on fait donc disparaître *ipso facto* les résistances existantes et ce résultat favorable subsiste tant que persiste la légèreté. » Les réactions reliées à l'état de décontracture de la mâchoire remplacent ici les réactions liées à la contracture, ou plutôt *les masquent.*

§ 8. — De l'Imitation instinctive.

Plus d'un auteur a cru voir de l'imitation *raisonnée* chez des mammifères et des oiseaux et même dans toutes les classes du règne animal. Nous sommes au contraire persuadé que la plupart des espèces ne mêlent aucune idée proprement dite à leurs imitations, sans pour cela nier qu'à partir d'un certain degré de l'échelle, elles puissent régler consciemment leur conduite d'après un modèle.

Il importe de remarquer qu'il n'y a pas d'*instinct spécial de l'imitation.* Les imitations s'expliquent par les principes de l'association; et il ne faut, certes, avoir recours, *en aucun cas,* à une *faculté particulière* pour en rendre compte. Le mécanisme même de l'instinct, tel que nous l'avons décrit, doit nécessairement conduire l'animal, placé dans des conditions déterminées, à imiter son semblable et même des êtres assez différents de ceux de son espèce.

L'explication de l'imitation entre sujets de même espèce ne diffère pas de celle des associations par ressemblance.

Des sensations représentatives correspondant à des

1. La « légèreté », terme de manège, signifie un état dont le signe le plus apparent est la décontracture de la mâchoire.

positions d'un sujet A sont nécessairement rappelées chez lui par des positions analogues ou semblables chez un sujet B de même espèce, et si ces sensations sont dynamogènes, il en résulte *une imitation*. En un mot, un sujet placé à côté d'un autre, *de même espèce*, a une tendance à agir comme son voisin, parce que la perception visuelle des positions et des actions du corps de celui-ci lui causent des impressions liées aux mêmes positions de son propre corps. C'est ainsi qu'un *Paon*, à la patte duquel j'aurai attaché plusieurs fois un ruban, retirera ce ruban, placé à la patte d'un de ses congénères, absolument comme à la sienne propre. (Ces réflexions projettent quelque éclaircissement sur les soins instinctifs que peuvent se donner certains animaux entre eux.) C'est ainsi également que des *Pigeons* placés dans une cage, sans nourriture, séparée d'une autre cage par un simple grillage, se mettent à donner des coups de bec sur le plancher, quand d'autres pigeons, placés dans la cage voisine, mangent du grain[1].

Le caractère irraisonné des imitations se révèle dans de nombreux cas. Quand une abeille (ou une guêpe) étrangère pénètre dans une colonie et y dévore les larves, l'instinct d'imitation est si puissant que les abeilles ouvrières de cette colonie passent immédiatement des soins les plus assidus à la férocité la plus étrange et se mettent elles-mêmes à dévorer les larves qu'elles nourrissaient ! (Büchner, Siebold et Künckel.)

Les parents, chez les oiseaux, n'instruisent pas volontairement les jeunes ; ils ne leur donnent pas de leçons. Ils se contentent de vivre, d'agir ; leurs petits les voient agir et les imitent. Il en résulte une plus grande rapidité dans l'acquisition des réflexes spéci-

1. Congrès de Rome 1903, communication de P. HACHET-SOUPLET.

tiques; mais les petits. les auraient quand même
acquis par le simple épanouissement des impulsions
héréditaires.

II. Spencer a donné une bonne explication des imitations des animaux vivant en troupe. Comme ils ressentent fréquemment en même temps les mêmes
impressions, il s'établit chez eux une association entre
l'impression directe qu'ils ressentent et les signes de
la même impression chez leurs semblables. Si bien
que, par la suite, il suffit qu'un seul de ces animaux
s'aperçoive, par exemple, d'un danger, pour que tous
les autres ressentent une impression de peur. Ceci
explique les paniques que l'on a souvent constatées
chez les ruminants, chez les chevaux, etc...

On a quelquefois écrit que l'imitation détermine la
sympathie et qu'elle est capable de créer des associations sociales; ce serait parce qu'ils s'imitent que
certains animaux se réuniraient; nous nous expique-
rons sur ce point en parlant, dans notre quatrième
livre, des sociétés animales. Nous croyons plutôt que
l'imitation agit surtout après l'association. Elle peut,
du reste, être très utile aux animaux pour généraliser
l'emploi de quelque action utile; et c'est ce qu'a
fort bien exprimé Ed. Perrier, en disant qu'un individu qui a réalisé quelque progrès «attire, pour ainsi
dire, les autres par imitation» et que c'est cette imitation «qui finit par élever la moyenne de la race».

L'origine des imitations instinctives, entre animaux
d'espèces différentes, s'explique aussi par des associations de sensations.

Quand des représentants de plusieurs espèces différentes subissent en même temps des influences extérieures ou intérieures qui les font agir de façon analogue, les uns et les autres, il en résulte pour A une
tendance à associer ses propres sensations à celles
que lui cause la vue des actes de B, sans que la forme
des membres de B y soit pour quelque chose (comme

dans les cas précédents). De sorte que, quand les circonstances extérieures ou intérieures, qui agissaient d'abord sur tous les sujets, n'agiront plus sur le sujet A, tout en agissant sur B, A aura une tendance à imiter B : « La représentation d'un mouvement, dit Th. Ribot, est un mouvement qui commence, un mouvement à l'état naissant. Que cette représentation mentale soit présente (perception directe) ou qu'elle ne soit qu'une représentation souvenir, le centre bulbaire est excité et le mouvement se produit ». (*Psychologie des sentiments*, p. 29.) La contagion du bâillement, *entre espèces différentes*, s'explique par le principe que nous venons d'indiquer.

Les chiens imitent quelquefois certains actes propres aux chats. Romanes dit que l'habitude qu'ont ces derniers, même dans leur première jeunesse, de se laver la figure et de passer la patte au-dessus de l'oreille, peut être acquise par le chien, s'il a été élevé par une chatte. Cette observation est très exacte, et les photographies que nous avons pu prendre d'un terrier qui vit constamment avec des chats sont tout à fait probantes à ce sujet ; Darwin, lui-même, a rapporté des faits analogues.

Un point important à noter est que plus l'intelligence est développée chez une espèce et moins le pouvoir imitatif y a d'empire.

L'enfant est un grand imitateur précisément à l'époque où il est le moins intelli... L'idolâtrie des parents leur fait voir des manifestations géniales, là où, bien souvent, il n'y a que des mouvements machinaux ; « Le bébé, écrit Prosper Lucas, rit et pleure par contagion, il imite les mouvements, et, à l'exemple du perroquet et de l'idiot, répète les sons et les paroles qu'il entend. Chez certains enfants la puissance d'imitation est très intense. On a vu un enfant de huit ans étrangler son jeune frère, pour faire dit-il, comme le diable, qui étranglait Polichi-

nelle. Les mêmes faits s'observent chez certains
idiots. Un d'eux tua une personne : quelques jours
avant, il avait vu occire un porc ».

Il est certain qu'il y a de l'atavisme dans beaucoup
d'actes exécutés par l'enfant et que l'exemple des personnes qui l'entourent ne fait qu'éveiller des réflexes
qui se manifesteraient finalement, même en l'absence
de toute imitation ; mais l'enfant peut aussi imiter instinctivement des actes particuliers et qui, par conséquent, ne relèvent pas de l'atavisme.

Il y a quelques jolies expériences à faire sur l'imitation dans le dressage. Sous la cravache, deux singes
ne s'imitent guère et, bien souvent, il est impossible
d'obtenir d'eux, en même temps, les mêmes mouvements, tandis que des animaux beaucoup moins intelligents s'imitent constamment.

Si vous possédez deux oies dressées à se coucher à
un endroit déterminé de la piste, une troisième oie
non dressée, placée entre elles, les imitera au moment
où elles se coucheront.

J. Romanes dans l'*Évolution mentale chez les animaux*, reconnaît volontiers que le développement de
l'imitation est la marque d'une intelligence inférieure
chez les hommes, mais il admet qu'elle devient, au
contraire, le signe d'une intelligence supérieure chez
les animaux. Il y a là une contradiction surprenante
chez cet auteur qui restera l'un des maîtres de la psychologie animale. Elle semble provenir d'une interprétation superficielle de la psychologie des singes.

Si l'on excepte le bel ouvrage de Groos *Sur les
Jeux des animaux*, la question du talent imitatif chez
les singes a été traitée avec bien peu de sens critique.
La plupart des naturalistes modernes se sont con-
tentés de rapporter à ce sujet les anecdotes les plus
singulières.

Les singes imitent quelquefois, comme *tous* les animaux, mais ils *paraissent* imiter constamment l'homme

parce qu'ils sont faits comme lui. Ce n'est là qu'une apparence d'imitation, la plupart du temps. Parce qu'un chimpanzé boit dans un verre qu'on a mis sous sa main et dans lequel on a versé sa boisson, cela ne prouve nullement l'existence d'un sens particulier d'imitation ; il agit comme nous, mais rien ne dit qu'en le faisant il pense à nous ; il peut très bien avoir reconnu qu'il était commode pour boire de soulever le verre mis à sa disposition.

Placez-vous devant un singe et exécutez des gestes quelconques : il est fort rare que l'animal les répète.

Pendant la rédaction de cet ouvrage, nous recevons communication d'un intéressant mémoire de J.-B. Watson sur l'imitation chez les Singes. Ce savant a expérimenté sur des cynocéphales, cébus et macaques, et ses travaux confirment absolument notre opinion ; ces animaux ne semblent s'imiter les uns les autres que d'une façon très discontinue.

§ 9. — Les Erreurs utiles.

En étudiant les idées de Lœb, nous avons été amené à parler de certaines erreurs de l'instinct, erreurs généralement nocives. C'est la rigidité des complexes associatifs, l'étroite intégration des sensations qui les déterminent. Il semble d'abord qu'une erreur ne peut être que nuisible à l'individu qui la commet. Il n'en est rien pourtant ; et l'on peut constater qu'il y a trois espèces d'erreurs instinctives : celles qui sont en effet nuisibles, — ce sont les plus fréquentes, — celles qui sont accidentellement utiles et celles qui ne paraissent avoir aucune conséquence, bonne ou mauvaise, pour le sujet.

Il y a des degrés à considérer dans la nocivité des erreurs. Certaines déviations instinctives ne peuvent tout au plus provoquer qu'un retard dans l'accom-

plissement d'une fonction, d'autres exposent le sujet
à de grands dangers et d'autres encore déterminent
sa mort ou l'empêchent d'avoir des descendants.

Qu'une *Perche* saisisse entre ses mâchoires à peu
près tous les objets brillants : c'est un fait qui ne
peut que retarder la prise d'un petit poisson également brillant. Qu'un singe *Bonnet-Chinois*, enfermé
dans une cage solide, et fort en colère contre un voisin
de captivité qu'il ne peut saisir, en arrive à mordre
ses propres bras ; il ne peut en résulter grand mal
pour lui. Qu'un *Taureau* passant dans une cour de
ferme, voie et sente le sang d'un autre taureau qui
vient d'être abattu, s'immobilise un instant, puis, mis
en fureur par les impressions qu'il reçoit, et qui,
d'ordinaire accompagnent un combat, se mette à
labourer la terre à coups de cornes : ses actes ne
constituent un danger ni pour lui ni pour son espèce ;
ils ne peuvent que déterminer une inutile fatigue.
Mais il est des erreurs (par contiguïté d'impressions)
infiniment plus graves. Nous en avons vu des exemples
en parlant des tropismes et nous n'y reviendrons pas.

Les plus curieuses erreurs sont celles qui ont une
conséquence fortuitement utile. Elles ont même fait
croire à l'existence, chez les animaux qui en donnent
le spectacle, de facultés psychiques supérieures,
comme celles d'abstraire et de juger.

Le dressage par coercition tel qu'on le pratique
dans les cirques, c'est-à-dire en créant des associations d'impressions par contiguïté, permet de constater qu'il équivaut souvent à créer des erreurs chez
les animaux : elles leur sont, en un sens, utiles
puisque le montreur ne leur laisse la paix que quand
ils les commettent. Il faut, ici, quelques explications.

Par exemple, un pigeon habitué à venir se placer
sur une colonne pour y manger (coercition de la faim)
associera bientôt si intimement ses impressions de
manger à celles que lui procure l'aspect de la colonne,

qu'il viendra se percher sur celle-ci, même quand on n'y aura pas mis de grains, — ce qui, aux yeux du public bénévole, constituera une preuve d'obéissance et ne sera, à vrai dire, qu'une erreur de l'instinct. (Résultat, en somme, *utile* puisque, si l'oiseau allait se poser ailleurs, le dresseur le chasserait aussitôt.)

Autres exemples : au début, des chiens qui vont chercher un objet ou se placer dans un collier ne le font qu'attirés par un appât ; plus tard, l'habitude de ces mouvements étant prise et des associations les reliant désormais à des ordres verbaux du maître, *on peut supprimer l'appât :* l'animal agit quand même. En somme, il y a là une erreur de l'instinct. Elle est *utile* au sujet ; grâce à elle il échappe à une correction, puisqu'il exécute ce que le maître a voulu, et, s'il jeûne un instant, il mangera tout à l'heure : ce sera sa récompense. Il y a donc là pour lui une façon détournée d'agir pour son bien, tout en commettant une erreur.

Les erreurs des animaux vivant à l'état de nature ne sont évidemment pas toujours « récompensées ». Il arrive, certes, aux êtres les plus divers de séjourner longtemps et sans profit en un lieu où ils avaient trouvé précédemment de la nourriture. Ils peuvent soit y pâtir, soit y trouver quelque avantage imprévu, soit être stimulés dans une autre direction par des influences extérieures.

Le second cas peut se présenter assez souvent ; et l'on est autorisé à admettre que quand, à l'état de nature, un animal a commis, par suite d'associations trop étroites des impressions, une erreur fortuitement utile, il la répétera volontiers dans les mêmes circonstances ; elle deviendra, chez lui, une habitude invétérée, et la sélection naturelle ne pourra que donner une importance de plus en plus grande à ce qui, au début, n'a été qu'une erreur, une marque d'imperfection de l'instinct. On peut donc proclamer que les erreurs utiles sont fécondes et deviennent des facteurs d'évolution.

On montre en Suisse, au Musée d'histoire naturelle de Soleure, un nid d'oiseau construit en acier. Soleure est un centre d'horlogerie, et l'on trouve, aux environs des fabriques, quantité de débris de ressorts de montres ou d'horloges. Or, un couple de lavandières a bâti un nid *fort solide* entièrement avec des ressorts de montres !

Un idéaliste ne manquerait pas de dire que ces oiseaux ont fait une abstraction ; qu'ils ont conçu l'idée abstraite d'un lien pouvant leur rendre les mêmes services que les brindilles ordinairement utilisées par l'espèce ; et qu'ils ont choisi ces ressorts comme étant plus solides. Mais la loi d'économie, qui nous oblige à chercher toujours l'explication satisfaisante la plus simple et à la tenir pour bonne, ne nous permet pas d'admettre cette hypothèse. On peut dire, en effet, que les lavandières n'ont fait aucune différence entre des rubans d'acier et des brindilles de bois tendre parce que, dans les unes comme dans les autres, elles retrouvaient les mêmes qualités de souplesse et la même forme allongée. On a admiré aussi de confiance que certains oiseaux, à la place de crin, prennent du fil pour bâtir leur nid, ou des rubans de ce papier qui sert à imprimer les dépêches télégraphiques. Il n'y a pourtant, ici, aucune preuve de jugement, et la loi d'économie nous force, encore une fois, à proclamer que cette innovation s'explique par une erreur de l'instinct, une erreur utile.

§ 10. — De la décharge diffuse de l'énergie somatique comme facteur d'évolution.

A. — ÉTUDE DE LA DÉCHARGE DIFFUSE DANS LE DRESSAGE. — C'est à Jennings, l'éminent biologiste de Balti-

more, que revient le mérite d'avoir montré l'importance des *essais* chez les animaux. Le célèbre auteur de
The Behavior of Lower Organisms (1906) a bien voulu
écrire pour notre *Genèse des Instincts* un fort intéressant résumé de ses idées : on le lira plus loin. Nous
essaierons de montrer d'abord comment, depuis de
longues années, nous avions pressenti l'existence
d'*essais* chez les animaux, grâce à des expériences de
dressage, qui se sont éclairées à nos propres yeux
d'un jour nouveau, quand Jennings eut publié ses
mémoires sur les éliminations d'actes.

On peut dire d'une façon générale que, de même
qu'un statuaire a deux moyens matériels pour réaliser
son œuvre : *ajouter* des parcelles de cire à des parcelles de cire, ou bien prendre un bloc de matière et
en *enlever* des parcelles jusqu'à ce qu'il ait obtenu la
forme souhaitée, le dresseur a, lui aussi, deux procédés
à sa disposition : il peut *ajouter* des mouvements
déterminés aux mouvements naturels de ses élèves,
ou bien encore provoquer, soit par la joie, soit par la
peur (ne dépassant pas une limite au delà de laquelle
il y a inhibition), des mouvements nombreux et diffus,
parmi lesquels *il choisira* ceux qui lui paraîtront intéressants ; il les fixera finalement en les associant seuls
à des impressions agréables et à des sensations représentatives constituant des signaux-ordres, — ce qui
revient à *supprimer* tous les autres mouvements [1].

Ce ne sont pas là des cas de jeu proprement dit,
même quand l'élément plaisir est manifeste. Le jeu,
en effet, est le résultat de l'extériorisation de l'énergie
en trop fournie par la nutrition, tandis que, dans la
décharge diffuse, on ne trouve qu'une application de
l'énergie somatique ordinaire et pouvant même se

---

1. Il importe de ne pas confondre cette sélection d'actes se
produisant *dans la vie de l'individu* avec la *sélection naturelle*,
au sens de Darwin, qui comporte des éliminations d'individus
mésadaptés, au cours de l'existence de l'espèce.

produire aussi bien dans un état de dépression que dans la plénitude vitale.

Remarquons qu'il n'y a pas un mode particulier d'association des sensations qui accompagnent la décharge diffuse. Dans ce cas encore, les sensations affectives (provoquées par le dresseur ou par le milieu ambiant chez les animaux à l'état de nature) forment des noyaux qui s'associent par récurrence aux sensations représentatives qui les ont précédées.

Constatons aussi que, malgré les apparences superficielles, c'est le monde extérieur qui détermine ici encore les réactions.

En effet : 1° la réserve d'énergie qui a permis une décharge diffuse est un dépôt venant du monde extérieur et acquis par la nutrition ;

2° C'est une excitation du monde extérieur qui provoque la décharge diffuse ;

3° La décharge, une fois produite, n'est-ce pas encore ce même monde extérieur qui donnera leur *forme* aux associations de sensations qui dureront ? En effet, dans ses ébats, l'animal marche au-devant de sensations qu'il gardera ou qui n'auront pas d'effet durable sur lui, et cette sélection dépendra des excitations que lui aura fournies le monde extérieur.

Le premier cas à considérer est la fixation d'actes entraînant des sensations agréables et l'élimination des actes qui n'ont pas les mêmes effets.

Voici un chien qui, de temps à autre, lève spontanément soit la patte droite de devant, soit la gauche. Si nous désirons qu'il ait une tendance très accentuée à tenir la droite levée, *même en marchant*, nous pourrons obtenir ce résultat en lui donnant un morceau de sucre chaque fois qu'il a levé cette patte droite.

De même, dans une fuite désordonnée, devant la cravache du maître, fuite qui se répète plusieurs fois dans les mêmes conditions, des actes peuvent se fixer et d'autres disparaître. Dans une cage étroite, un

fauve poursuivi ayant pris l'habitude de faire un tour
ou deux tours, ou trois tours sur lui-même, dans un
angle, de bondir au plafond et à la grille, cessera peu
à peu, après de nombreuses répétitions, d'accomplir
les actes qui ne lui servent à rien, et ne refera plus,
lors des poursuites suivantes, que *celui de ses mouvements* qui lui procure l'avantage momentané d'échapper
pendant un instant au fouet du dompteur. Si celui-ci
juge que ce mouvement *fait bien*, doit produire de
l'effet sur le public, il n'a qu'à ménager l'animal pendant qu'il l'exécute ; l'acte finira, après un petit nombre
de répétitions, par subsister seul.

Un autre cas intéressant à étudier dans le dressage
est celui des éliminations par suite d'impressions
douloureuses ou seulement désagréables parce qu'elles
correspondent à une fatigue inutile. Les sujets déjà
exercés depuis quelque temps continuent souvent à
exécuter des écarts parce qu'ils ont pris cette habitude en se trompant, au début ; *ils finissent pourtant
par les éliminer*, simplement parce qu'on les corrige
quand ils les répètent.

B. — VÉRIFICATION PAR UNE AUTRE MÉTHODE QUE CELLE
DU DRESSAGE. — Nous avons cherché à comparer *la
durée* de l'élimination des actes inutiles chez de
nombreux animaux au cours de leurs essais successifs,
pour obtenir la mise en liberté par leurs propres
moyens, après avoir été enfermés dans des cages spéciales ou dans des labyrinthes.

Il convenait nécessairement de tenir compte du
facteur physique. Un animal conformé autrement
qu'un autre peut ne devoir qu'à sa constitution physique un retard dans son évasion et il faut se garder
de croire, dans ce cas, à une cause psychologique.
C'est là évidemment une difficulté sérieuse ; et nous
avons été amené à imaginer des expériences dans
lesquelles nous faisions intervenir l'idée de temps,

mais en demandant aux animaux un simple mouvement de sortie d'un local ou d'une boîte dont ils
devaient trouver la porte et simplement la pousser.
Dans ce cas, la forme des membres importait peu;
mais il restait à éliminer une question de *vitesse* physique; on peut arriver à ce résultat en tenant compte
du coefficient respiratoire de chaque espèce, qui est en
rapport direct avec l'activité physique.

Pour expérimenter sur les petits animaux, nous
avions eu l'idée de placer au centre de nos appareils,
mais enfermé dans une petite cage grillagée, un
ennemi de l'espèce à étudier. Voulions-nous savoir
combien de temps un rat mettrait à sortir du labyrinthe pour la première fois et comparer ensuite cette
mesure à celles des épreuves suivantes, ou aux
mesures prises sur d'autres espèces? Nous mettions
un chat dans la cage centrale, etc. (1895).

Ce sont des épreuves analogues qu'entreprit Yerkes
sur des *tortues* (1901). Il partagea une caisse en com-
partiments, au moyen de deux cloisons parallèles et
d'une troisième oblique. Entre chaque compartiment,
un orifice suffisant pour donner passage à l'animal,
fut ménagé : il se trouvait en des points différents de
chaque cloison. Il fallait que l'animal, placé à un bout
du compartiment latéral de gauche, parcourût un
chemin affectant la forme d'un W, à peu près, pour
arriver à son nid placé à l'extrémité opposée du compartiment latéral de droite. Mais, au lieu de créer pour
ces animaux un motif de fuite, Yerkes les attirait vers
un nid d'ombre; ce stimulant affectif était évidemment
moins puissant.

Dans d'autres expériences pratiquées à notre
Institut, le sujet est placé dans une cage (ou un aquarium) assez vaste; on le nourrit très régulièrement;
et, chaque fois qu'il exécute spontanément un mouvement déterminé, choisi d'avance par l'expérimentateur, comme acte à fixer, ou seulement, chaque

fois qu'il va se placer en un certain point de sa cage ou de son aquarium, on lui donne à manger une ration supplémentaire. Il se trouve ainsi dans le cas d'un animal libre qui, ayant fortuitement accompli un acte qui lui a été avantageux, finirait à la longue par l'accomplir très souvent et par éliminer les actes accessoires. Ici l'association s'établit par simple contiguïté, non seulement sans que les animaux considérés semblent y apporter le moindre raisonnement, mais encore sans qu'ils aient un intérêt de premier ordre à la former. Mais l'épreuve peut être disposée de façon à montrer combien l'état physiologique a d'influence sur l'état psychologique. Si, après avoir constaté qu'un animal A a mis un temps N à former une association d'impressions, au cours de la dernière expérience, nous prenons un animal B *de la même espèce*, et procédons avec lui exactement comme avec A, mais en ne lui donnant de la nourriture que quand il accomplit l'acte à fixer, nous constaterons que l'élimination des actes inutiles est infiniment plus rapide.

Pour organiser l'expérience, nous laissons passer l'heure du repas. L'animal s'agite, fait des recherches inutiles; nous l'observons, et parmi les mouvements qu'il effectue, nous en choisissons un comme mouvement à fixer. Aussitôt que le sujet accomplit ce mouvement, nous nous empressons de lui donner à manger. Supposons, par exemple, qu'il s'agisse d'un rat et que le mouvement à fixer consiste pour lui à sauter sur un petit rayon placé dans sa cage; après des épreuves successives, nous constatons que l'animal exécute un nombre toujours plus petit de mouvements inutiles, et, finalement, dès qu'on l'enferme, après l'avoir laissé jeûner, il saute sur son rayon.

Ces faits permettent de constater que, sous l'empire de la faim, *un phénomène d'auto-stimulation se produit;* il y a là, non une manifestation de l'intelligence (puisque l'acte qu'on demande à l'animal ne semble avoir aucun rapport avec les moyens raisonnables qui lui procureraient de la nourriture s'il était libre, et puisqu'il y a chez lui des tàtonnements matériels, incompatibles avec un raisonnement véritable); mais une sorte d'effort vers un instinct supérieur [1].

Les animaux inférieurs font, eux aussi, des essais, procèdent également par tàtonnements.

Nous avons enfermé des taupins (*Agriotes lineatus*) dans de petites boites de carton vitrées et percées seulement d'un trou pouvant laisser passer le coléoptère. Une première fois, le premier taupin a tàtonné pendant 8 minutes; au bout de ce temps, il a trouvé la porte. Lors des expériences suivantes, il est arrivé à sortir successivement en 6, 5, 8, 5 1/2, 2 minutes puis en 25, 10, 8 secondes. La boite était remplacée pour chaque épreuve afin d'éliminer les indications qu'aurait pu fournir la formation d'une piste odorante.

Thorndike, dans ses belles expériences, a considéré, lui aussi, une sorte de sélection des mouvements inutiles. Les travaux de ce savant, publiés en 1898, tendent à dégager précisément la faculté d'élimination qui nous occupe dans ce paragraphe [2].

L'observation directe des animaux à l'état de nature peut fournir, dans ce domaine, quelques indications montrant l'emploi fréquent des essais. Chaque fois qu'un animal, vivant libre, cesse d'être en communication sensorielle directe avec son nid et qu'il ne trouve aucun point de repère permettant des souvenirs associés, il a recours aux essais. C'est aussi le cas des pigeons voyageurs qui décrivent de grands cercles dits d'orientation.

Enfin, l'homme, en s'observant lui-même *objecti-*

---

1. C'est cette idée que Bohn a critiquée à la p. 229 de *la Naissance de l'intelligence.*

2. Nous étudierons les expériences de Thorndike dans un ouvrage, en préparation, sur l'*Intelligence animale.*

vement (c'est-à-dire en considérant ses propres réactions musculaires sans user de l'introspection), peut constater qu'il se sert, à chaque instant, de la méthode des tâtonnements, c'est-à-dire de la décharge diffuse de l'énergie, de ce que Jennings a appelé la méthode *des essais*.

Nous confondons les adaptations par tâtonnements matériels avec des adaptations intelligentes, chaque fois que la *raison* des mouvements que nous effectuons nous apparaît clairement *après* qu'ils ont été effectués ; mais il est des cas dans lesquels cette *raison*, *ne pouvant nous apparaître* que très difficilement *après* des actes cependant parfaitement adaptés et ne devant, d'autre part, absolument rien aux instincts primaires déjà organisés, il faut bien en conclure que nous avons tâtonné matériellement pour les régler. Et si nous inscrivons la courbe de nos insuccès de début, nous constatons que nous avons peu à peu éliminé les mouvements inutiles, sans cependant les avoir abandonnés volontairement.

Ayant très longuement pratiqué l'art de la jonglerie pour notre amusement personnel, ainsi que les équilibres sur le fil de fer, nous avons pu noter de nombreuses régulations de mouvements par éliminations successives. Il est admissible, à la rigueur, que jusqu'à quatre boules, l'homme qui applique sa pensée à *comprendre* le croisement de ces objets dans l'espace puisse apprendre intelligemment à jongler. (A vrai dire, cela n'arrive presque jamais dans la pratique). Mais quand on emploie cinq boules et que l'on exécute un *temps croisé* [1], il devient impossible, même à l'homme qui fait tous ses efforts pour comprendre ce qui se passe, de se rendre compte de leur croisement, *avant* de l'avoir réalisé maintes fois, de

---

1. Il y a des « temps à cinq » plus simples, « la cascade », par exemple, dont le mécanisme se comprend facilement.

l'avoir *senti dans ses coudes*, comme disent certains professionnels. L'art de jongler avec cinq boules ne peut donc s'acquérir qu'à la suite d'essais et d'erreurs. Le praticien finit par savoir proportionner l'angle de projection et la force de cette projection, chaque fois qu'il lance une boule. Il y arrive parce qu'il associe par récurrence la sensation de l'effort musculaire à la sensation de réussite qui l'a suivie. Les mouvements inefficaces sont ainsi assez rapidement éliminés.

C'est de cette façon que presque toutes les acrobaties sont réalisées ; et c'est ce qui explique que les professionnels du cirque ne savent faire des élèves que par l'exemple matériel. Il en est à peu près de même dans l'apprentissage des métiers manuels.

C. — LE JEU, FACTEUR D'ÉVOLUTION. — Une forme distincte de la décharge diffuse est particulièrement intéressante : c'est le Jeu. Il y a, dans le jeu, un caractère spécial, parce qu'il laisse supposer que l'animal n'y emploie qu'un *excès* d'énergie et aussi parce que la diffusion des actes y rencontre certaines limites : en effet, l'animal a une tendance très marquée à jouer *en exerçant les organes qui, chez lui, sont déjà très développés.* Les éléphants jouent avec leur trompe, les herbivores à lèvres longues, les ours à longues lèvres jouent avec leurs lèvres, les chats avec leurs griffes, etc...

Je ne chercherai pas, comme Gros, la raison de la jouissance éprouvée par les animaux qui jouent dans le sentiment complexe de la conscience de la liberté [1], je la trouve dans la plénitude physiologique.

On peut prouver expérimentalement que le jeu est un excès d'énergie. Si, tout en le nourrissant abondamment, l'on enferme dans une cage étroite un animal qui a passé l'âge des jeux « enfantins » et si,

1. GROOS, *Les Jeux des animaux*, p. 311.

ensuite, on le lâche dans un espace plus grand, on
obtient des jeux, et souvent les plus bizarres. (On a
forcé l'animal à économiser des forces par la réclusion.)
C'est ainsi que nous avons fait jouer un tigre avec
une chèvre. Tout animal enfermé a une tendance à
devenir joueur dès qu'il sort de son réduit. Jouer n'est
pas folâtrer seulement, le jeu comprend tout ce qui
dépasse les mouvements nécessaires à la conservation
de la vie de l'individu et de l'espèce. Dès qu'un animal agit en dehors du fonctionnement ordinaire de
ses organes de la nutrition, de la reproduction et de
la défense, dès qu'ayant des forces inemployées, une
accumulation d'énergie à dépenser, il accomplit des
actes immédiatement inutiles (mais pouvant, par la
suite, être utiles à l'espèce), *il joue.*

Gros a fait cette objection que « si le simple excès
d'énergie en soi explique bien que l'individu qui se
trouve dans l'état donné soit prêt à *agir d'une façon
quelconque*, il n'explique pas pourquoi tous les individus d'une espèce donnée se livrent à des jeux déterminés, toujours les mêmes, pour la même espèce et
variant d'une espèce à l'autre ». Mais le fait se comprend facilement si l'on a cette idée présente à l'esprit que les animaux jouent en employant ceux de
leurs organes qui sont déjà les plus développés, les
plus particularisés[1].

On emploie parfois le jeu dans le dressage; en le
provoquant chez des sujets jeunes, on crée une foule
de mouvements incohérents, mais parmi lesquels
quelques-uns pourraient toujours être utilisés par le
dresseur. Un chien, par exemple, jouant près d'un
sac de toile, ne manquera pas, à un moment donné,
de le prendre avec les dents. Or, si le dresseur encou-
rage seulement les mouvements qui pourront lui être

---

1. Au jeu se rattachent « la curiosité instinctive », si l'on
peut employer cette métaphore, « le besoin d'expérimentation », etc., toutes choses très bien étudiées par Groos.

utiles pour arriver à ses fins, il peut constater qu'après quelques répétitions, les mouvements non encouragés sont éliminés. Ceux auxquels est associée l'impression de la récompense dominent et, finalement, subsistent seuls.

D. — NOTE INÉDITE DE H.-S. JENNINGS SUR SA THÉORIE DES ESSAIS CHEZ LES ANIMAUX. — Nous sommes heureux de pouvoir faire connaître aux lecteurs français les idées de H.-S. Jennings [1], en publiant une note inédite, qu'a bien voulu nous envoyer l'illustre savant :

« Lorsqu'on parle des essais et erreurs dont certains organismes, placés dans des conditions déterminées, nous donnent le spectacle. il ne s'agit pas d'un système, d'une vue de l'esprit, mais bien de faits nettement caractérisés. Que l'on ait échafaudé sur ces faits des théories très diverses, cela importe peu ; chaque auteur est responsable de ce qu'il écrit et il ne faut pas confondre l'observation directe avec la spéculation philosophique.

« On rencontre des « essais et erreurs » chez les organismes simples aussi bien que chez les plus complexes. Nous allons essayer de définir exactement et en termes généraux, ces réactions. Ecartons d'abord toute interprétation et contentons-nous de considérer la manière d'agir d'organismes divers exécutant des mouvements qui, finalement, produiront certains résultats bien définis. A ce point de vue, on pourrait prendre comme exemples : 1° la sortie d'un animal d'une région chaude et sa pénétration dans une région froide ; 2° l'acheminement vers une source de lumière ; 3° ou bien encore — ce qui paraît infiniment plus compliqué, — l'introduction, par un chien, d'un bâton à travers un trou de clôture.

1. H.-S. Jennings est professeur à l'Université John Hopkin, de Baltimore.

« Ce qui nous frappe, tout d'abord, c'est que l'animal
exécute, au début, plusieurs actes différents et que la
plupart ne concourent pas à produire le résultat final,
tandis que d'autres sont de nature à l'atteindre. Pour-
suivant plus loin notre examen, nous remarquerons
que les actes propres à déterminer un résultat négatif
cessent, peu à peu, de se produire, tandis que les
autres continuent d'être réalisés ; de sorte qu'en fin
de compte, les mouvements de l'organisme finissent
par avoir une certaine direction, une tendance définie
qu'ils n'avaient nullement au début. C'est ainsi que,
sur une quantité de réactions variées, quelques-unes
persistent, tandis que les autres sont supprimées.

« L'expression « Essais et Erreurs » a été originairement appliquée à cette manière d'agir observée
chez les animaux supérieurs ; puis, lorsque les mêmes
modes d'action eurent été rencontrés chez de plus bas
organismes, le même terme fut employé pour eux.
D'ailleurs une analyse pénétrante démontre qu'il
s'agit, dans les deux cas, du même processus.

« Donnons, maintenant, un exemple particulier.
Etudions un animal libre de se mouvoir dans un espace
assez grand, relativement à ses propres dimensions.
Nous supposerons, par exemple, qu'il s'agit d'un chien
placé dans une vaste chambre, ou bien d'un infusoire
se mouvant dans le creux de la lamelle placée sous
un microscope ; nous supposerons que, pour l'un
comme pour l'autre, la zone d'action est chauffée d'un
côté et devient progressivement de plus en plus
chaude de ce même côté et qu'il n'y a qu'une voie
pour passer dans la partie la plus froide.

« Après un certain laps de temps, nous pourrons
constater que le chien et l'infusoire se sont enfuis de
la région surchauffée. Et si nous étudions le procédé
de fuite, dans l'un et l'autre cas, nous remarquerons
qu'il est le même. Les animaux ne sont pas allés directement du point qu'ils occupaient d'abord vers la

région la plus fraîche, comme s'ils subissaient une
sorte d'attraction dans ce sens; ils n'ont pas eu l'air
davantage de se rendre compte de la direction à
prendre et de l'adopter avec réflexion. Au contraire,
ils se sont mus dans presque toutes les directions; il
leur est même arrivé d'aller vers des points où la chaleur était au maximum d'intensité; ils ont marché
obliquement, en cercle, en avant, en arrière et en
changeant continuellement leur direction. Quand,
enfin, un des essais de l'animal l'a amené du côté le
moins chauffé, il a eu une tendance à se reproduire,
et, peu à peu, le sujet ne s'est plus écarté de la direction vers la région froide.

« L'analyse expérimentale nous met à même de
découvrir les causes déterminantes de ces phénomènes. Il y a là des stimulations variées et des réactions, également variées, et non point un facteur
unique. Particulièrement, dans l'exemple que nous
venons de donner, il y a *au moins* les facteurs suivants : 1° Un changement dans les conditions physiques externes poussant l'organisme à se mouvoir;
2° l'état actuel physico-chimique de l'organisme lui-
même; 3° il faut aussi considérer que l'animal a une
tendance particulière à prendre telle ou telle direction,
en raison de sa structure. Ainsi, chez l'infusoire, le facteur principal est la structure même du corps : l'animal va en arrière, puis, de nouveau, en avant, sans
paraître remarquer la direction d'où provient la chaleur. Chez le chien, la structure du corps, on pourrait le démontrer, joue également un rôle considérable dans la direction du mouvement, mais d'autres
facteurs, internes ceux-là, et dépendant des impressions anciennes, jouent un rôle encore plus important.

« La direction du mouvement, ainsi déterminée,
peut conduire l'organisme contre un obstacle, ou bien
dans une région encore plus chaude. L'un ou l'autre
de ces nouveaux changements dans le monde extérieur

stimule l'animal de façon à modifier encore une fois
sa direction. Il peut alors être conduit dans une
région plus fraîche et y rester, parce que ce dernier
changement met son organisme dans un milieu propice et n'agit pas comme un stimulant répulsif.

« Nous avons décrit, dans notre ouvrage sur *Le Comportement des animaux inférieurs*, un grand nombre
de faits de ce genre observés chez les animaux placés
au plus bas degré de l'échelle zoologique. Nous avons
montré que les essais et erreurs entraînent nécessairement des directions somatiques différentes, des positions d'axe variées, des rotations, etc... En résumé,
la méthode des essais permet aux animaux de réaliser
la condition (quelle qu'elle soit) nécessaire pour mettre
un terme à une stimulation extérieure, pourvu, bien
entendu, que les circonstances matérielles ne s'y
opposent pas.

« Dans l'ouvrage que nous venons de mentionner,
tout en faisant la part d'autres facteurs, nous avons
signalé ce fait que, dans les essais, la direction du
mouvement est, la plupart du temps, déterminée par
des changements intérieurs provoqués eux-mêmes
par des conditions extérieures de nature à empêcher
un processus physiologique, si elles duraient. Les
influences extérieures qui n'ont pas ces effets d'arrêt
plus ou moins rapide et plus ou moins complet des
fonctions physiologiques ne produisent pas de réaction.
En conséquence, on peut considérer les essais des
animaux comme une méthode de régulation physiologique.

« Chez beaucoup d'animaux, surtout chez les espèces
supérieures, il y a lieu d'envisager une autre question.

« En effet, quand, après des tâtonnements, un certain mode réactionnel a été capable de produire un
certain résultat, l'organisme réagit plus tard sans
tâtonnements ; les essais préalables sont désormais

supprimés. On a déjà constaté ces faits chez un grand nombre d'animaux ; mais il n'est pas encore possible de dire à partir de quel échelon ces phénomènes de simplification peuvent être observés.

« La question de savoir si les essais comportent un élément de conscience est complètement à part. Nous nous bornons à constater l'existence des facteurs objectifs de la conduite des animaux et nos observations ne sont ni un argument favorable ni un argument contraire à la théorie de la conscience animale.

« On voit, en résumé, que ce qu'on a appelé « Théorie des essais et erreurs » n'est nullement une spéculation philosophique, mais un ensemble de réalités concrètes dont la signification s'impose à l'esprit. Et cependant certains auteurs ont formulé des critiques véhémentes de cette « théorie » comme si tout entière elle était née dans notre cerveau par déduction et non par induction.

« Des critiques, pour être recevables, dignes d'être examinées, ne pourraient prendre pour base que : 1° la négation des faits que nous avons observés (or personne n'a pu prendre cette attitude) ; 2° cette opinion que les faits invoqués sont dépourvus d'intérêt et indignes d'être mentionnés ; 3° une critique de l'expression *Essai et erreur* (comprise ainsi la discussion serait de peu d'importance) ; 4° cette opinion que certaines idées ont dépassé l'interprétation légitime des faits (mais dans ce cas, il faudrait dire quelles sont ces idées et bien indiquer les auteurs qui les soutiennent).

« De telles observations seraient acceptables et l'on pourrait entreprendre leur réfutation. Mais lancer des critiques globales, sans rien préciser, est un procédé absolument puéril.

« La discussion, pour être loyale, doit être complète » [1].

1. Jennings a vivement protesté contre l'attitude de Bohn à son égard. Il s'est exprimé en ces termes au Congrès de psy-

E. — COMMENTAIRES SUR LE MÉMOIRE DE JENNINGS. — Jennings insiste, on vient de le voir, sur ce fait, que c'est le monde extérieur qui détermine les essais des animaux.

Il avait déjà protesté à ce propos contre les assertions erronées de G. Bohn. « Bohn est tellement peu au courant de mes travaux d'analyse expérimentale qu'il ne sait pas que j'ai soutenu que la cause des réactions des animaux est le changement dans l'action du milieu. J'ai cependant consacré bien des pages à le prouver!... » Les excitations extérieures déclenchent la décharge diffuse de l'énergie somatique dans tous les cas où il y a essai; mais immédiatement après, si l'essai ne conduit pas à un bien-être physiologique, l'organisme va pour ainsi dire au-devant d'excitations nouvelles.

En résumé, qu'il s'agisse de cette décharge ou du jeu (qui en est une espèce), qu'il s'agisse d'apprentissage animal ou humain, il faut reconnaitre l'existence d'adaptations non intelligentes, mais plus rapides et plus parfaites que celles de l'instinct primaire tel qu'on le conçoit d'habitude, c'est-à-dire plus rapides que les associations dans lesquelles l'animal réagissant de façon unilatérale, n'est soumis qu'à des influences extérieures moins variées. Aussi avait-on pris l'habitude à l'Institut de psychologie zoologique, de désigner cette aptitude à s'adapter relativement vite, par le mot « surinstinct » qui correspond exactement au procédé de l'*Essai* de Jennings. Nous n'avons d'ailleurs jamais considéré ce mot comme désignant une entité nouvelle, mais une forme d'instinct qui se retrouve dans un grand nombre de faits du domaine de l'observation.

chologie de Genève : « Il y a, dans le livre de Bohn, *la Naissance de l'intelligence*, une tentative de réfutation de mes idées, faite dans l'*ignorance absolue* de ce qu'elles sont en réalité... Les lecteurs sont donc avertis qu'ils ne doivent pas se former une opinion sur mes travaux ou sur mes tendances d'après le livre de Bohn. »

Les travaux de Jennings montrent, semble-t-il, qu'il existe à l'état permanent, chez les animaux inférieurs, des facultés adaptatives par essais et erreurs. Les animaux les plus intelligents, eux aussi, sont souven' obligés d'avoir recours aux essais. C'est pourquoi il ne faut pas s'étonner de constater que Jennings, dans l'exemple qu'il donne, ne fait pas appel à l'intelligence du chien. L'homme, nous l'avons montré plus haut, est, dans bien des cas, obligé lui-même de procéder par des essais *matériels* successifs, parce que toute son intelligence ne lui servirait de rien dans ces circonstances spéciales. A supposer qu'il s'agisse d'un homme placé dans la situation du chien décrite par Jennings, il ne pourrait (en dehors d'un signe visuel tel que celui que lui fournirait, par exemple, un appareil de chauffage ou encore une projection d'air chaud d'un seul côté) que procéder absolument comme le chien et essayer en tâtonnant plusieurs directions : il ne pourrait discerner tout d'abord, par son intelligence, la direction à prendre.

Il importe beaucoup de bien distinguer les erreurs tenaces dont nous avons parlé en traitant des associations par contiguïté (en dehors de la décharge diffuse), de celles qui peuvent se produire dans l'application de la méthode des essais. Nous avons vu que, quand les conditions extérieures varient pour les animaux, ils pouvaient tomber dans des erreurs fatales à cause de la rigidité de leurs complexes associatifs et que, d'autre part, il leur arrivait parfois de commettre des erreurs *utiles*. Dans l'un et dans l'autre cas, ils s'y tiennent généralement[1] et la nocivité ou l'utilité ne se révèle que l'acte une fois accompli jusqu'au bout. Tandis que dans les essais il n'y a que des commencements d'actes vite abandonnés pour d'autres, s'ils sont nocifs. Le même animal peut cependant agir

---

1. A supposer qu'aucune influence extérieure nouvelle n'intervienne.

d'après le premier mécanisme qui est unilatéral ou d'après le second, selon son « état d'équilibre psychique ». Le second cas correspond, nous l'avons vu, soit à un excès d'énergie (jeu) soit à une application diffuse d'une grande partie de l'énergie ordinaire.

En un sens, les tâtonnements sont un progrès relativement aux formations associatives unilinéaires dont nous avons parlé dans de précédents chapitres et qui sont fertiles en erreurs tenaces, dès que les conditions extérieures sont variées. En effet, les essais ne peuvent jamais par eux-mêmes être nocifs ; ils ne peuvent empêcher un fonctionnement physiologique, puisque de deux choses l'une, ou bien, dans le désarroi des conditions nouvelles imposées par le milieu, le premier essai tombe juste et met l'animal dans la bonne voie ou bien, s'il a conduit à un commencement d'erreur nocive, cet acte n'est pas achevé et de nouveaux essais se produisent immédiatement. Il y a là une sorte d'instinct supérieur plus capable que les réactions directes de s'adapter aux nouveautés : ce sont les frémissements des doigts du violoniste, qui, par de nombreux commencements d'actes, se prépare aux actes décisifs, du violoniste qui fait des mouvements à vide et n'en achève que quelques-uns sur les cordes.

Il ne faut donc pas s'étonner, comme le fait Bohn (et c'est un de ses grands arguments contre Jennings) de ce que certains animaux obéissent, quand ils sont jeunes, à ce que nous appelons des réflexes (et ce que Bohn appelle des tropismes), tandis que, plus âgés, ils procèdent par essais et erreurs, — ce qui est un perfectionnement :

« Si on considère de jeunes étoiles de mer, très actives, on les voit se diriger *directement* vers les surfaces d'ombre ou de lumière, selon le signe du phototropisme ; s'il y a deux surfaces agissantes, on applique la règle de la diagonale du parallélogramme des forces. *L'orientation est directe*, l'animal est attiré, sans qu'il puisse résister; il y a là un *tropisme* au sens de Lœb. Mais si on considère des étoiles de mer plus âgées, on constate qu'en général elles ne se dirigent pas directement vers la surface d'ombre à laquelle elles arrivent finalement. L'orientation n'est plus directe; il semble à première vue qu'elle se fasse par la *méthode de l'essai et de l'erreur*. « ... Ainsi l'animal s'orienterait par le mécanisme des tropismes quand il est plus jeune et par celui des essais et des erreurs quand il est plus âgé. C'est le contraire qui devrait avoir lieu : les essais, les erreurs devraient diminuer à mesure que l'animal avance en âge. C'est ce que je disais en terminant mon mémoire sur les impulsions des crustacés. »

G. Bohn s'est laissé hypnotiser par le mot *erreur;* il n'a pas vu que si, parfois, des erreurs suivent les *essais* des animaux dont il parle, ce sont des erreurs moins nocives que celles des réflexes organisés, (prétendus tropismes) puisque, à peine commise, l'erreur qui suit un essai est suivie d'un nouvel essai qui la corrige le plus souvent, tandis que dans le réflexe rigide, l'erreur est sans correctif[1] et conduit l'animal au trépas, à moins d'être, par exception, ce que nous avons appelé une *erreur utile*.

A vrai dire, c'est une loi générale que les animaux jeunes agissent dans le sens des grandes lignes des instincts et s'en écartent moins que l'animal adulte, même quand cela pourrait être utile. L'enfant lui-même n'est-il pas, d'abord, un simple estomac capable d'excès funestes?

Il est important de remarquer que la méthode des essais n'empêche pas les réactions simples de se produire dans des cas déterminés. Elle constitue un progrès déjà visible chez des organismes inférieurs,

1. Voir note 1, page 203.

18

mais l'animal n'est pas toujours en état d'en profiter. C'est ainsi qu'au sommet de l'échelle animale, l'intelligence elle-même ne détruit pas les possibilités de réaction simple.

*
* *

C'est en résumé, à un *état fécond d'instabilité énergétique* que sont dus les tâtonnements des animaux; et il est réalisé soit par un excès d'énergie fourni par la nutrition, soit par de violents déplacements de l'énergie somatique déterminés par des influences extérieures; mais un *état stable* peut succéder à cet état instable; un essai heureux (toutes choses restant par la suite égales dans le milieu ambiant) doit nécessairement donner naissance à des réflexes organisés que la sélection naturelle doit maintenir et développer dans la vie de l'espèce.

Il y a donc là un important facteur de l'évolution des instincts.

Nous verrons que presque tous les actes de défense ou de *courtisation*, actes souvent d'un aspect si singulier et donnant l'impression *de l'incohérence parfaite, reproduite avec une précision mécanique*, n'ont pas d'autre origine que la décharge diffuse organisée en instinct, et sont d'ailleurs utiles, soit pour effrayer certains ennemis, soit pour attirer l'attention de la femelle et l'exciter.

Dans d'autres cas, la précision des actes ne se révèle pas dans la reproduction exacte de mouvements d'apparence confuse, mais, au contraire, dans la répétition non moins exacte et précise de mouvements ayant eux-mêmes l'aspect d'une adaptation parfaite et minutieuse à des cas spéciaux. C'est à ce point de vue que nous envisagerons l'industrie des guêpes qui paralysent des proies pour que leur progéniture s'en nourrisse plus tard.

§ 11. — L'Intelligence apporte des matériaux à l'instinct.

A. — Comment l'intelligence animale se révèle a l'expérimentateur. — Nous savons, par notre propre expérience humaine, que des actes d'abord accomplis intelligemment, se transforment peu à peu en réflexes véritables par la répétition. Il est donc prouvé, avant tout examen plus approfondi, que l'intelligence a pu intervenir dans la formation de certains instincts des animaux. Toutefois, son action fut certainement peu étendue par ce fait même qu'elle n'a commencé à se manifester que fort tard dans l'histoire du psychisme [1].

Notre principal moyen expérimental dans l'étude de l'intelligence a été la *persuasion*. (Il ne faut pas la confondre comme beaucoup d'auteurs avec la *douceur* [2] qui n'a d'autre action sur le sujet que de supprimer chez lui toute crainte.)

Dans le dressage par persuasion, on s'efforce de concentrer l'attention du sujet, puis de lui faire *comprendre* par gestes les choses très simples qu'on

1. Voir p. 92, ce que nous avons dit des critères de l'intelligence et de l'instinct.

2. Le mot « persuasion » se rencontre parfois chez les spécialistes qui ont écrit sur le cheval. Mais il est toujours employé dans le sens de douceur. Baucher n'a jamais utilisé que les associations par contiguïté (procédé de *coercition*, qui n'exclut pas la douceur). Tous les écuyers célèbres l'ont suivi dans cette voie. Certains auteurs, comme Fillis, parlent d'un *langage* entre le cheval et le cavalier; et l'on pourrait croire que c'est là de la persuasion; or, de l'aveu même de ces auteurs, il s'agit de simples associations par contiguïté. Ainsi Fillis écrit : « La difficulté dans le dressage du cheval est de lui faire comprendre ce qu'on lui demande. » Mais, quelques lignes plus loin, le fond de sa pensée se révèle dans ces mots : « La seule faculté que le cheval possède est la mémoire. » Le « langage » de l'écuyer professionnel, c'est l'effet de la cravache, de l'éperon, du mors et du filet !

attend de lui, sans cependant chercher à ce qu'il *imite* des mouvements que l'on ferait soi-même, ce qui pourrait ne mettre en activité que l'instinct pur. On ne représente que *symboliquement* l'acte à accomplir.

Quand nous employons la persuasion, nous n'avons nullement la prétention de créer, chez un animal, des facultés intellectuelles ou de grossir d'un seul coup celles qu'il peut avoir. Ce n'est pas la façon dont le sujet usera de son éducation que nous avons en vue, mais *sa manière de recevoir cette éducation.* Nous nous contentons de très petites preuves d'intelligence pour cette excellente raison que les animaux les mieux doués n'en donnent point d'autres.

Le succès d'une expérience de persuasion dans laquelle on élimine les possibilités d'associations simples, prouve l'intelligence du sujet; et l'exercice, *exécuté dans ces conditions*, devient un *acte-signal* indiquant l'intelligence. (Il va de soi que le *même exercice* peut toujours être enseigné par le procédé de l'association des sensations par contiguïté et que, dans ce cas, il n'a plus la même signification psychologique. C'est, encore une fois, *le procédé efficace d'éducation* qu'il faut ici considérer.)

Nous ne doutons nullement qu'à partir d'un certain degré de l'échelle, les animaux ne donnent des preuves d'intelligence. Mais ce sont de véritables *éclairs psychiques* de très peu de durée et l'on verra que nous ne leur faisons jouer qu'un rôle très effacé dans la genèse des instincts.

B. — COMMENT L'INTELLIGENCE EST NÉE. — Ce n'est qu'à une époque avancée de l'histoire du psychisme que l'intelligence a dû naître. Dire qu'elle est sortie de l'instinct n'est juste qu'en partie.

L'animal dont l'intelligence naît est déjà un être instinctif développé. Une multitude de complexes associatifs existent chez lui, héritage de l'expérience inconsciente, du *façonnement* de l'espèce. L'intelligence s'éveille en utilisant les matériaux d'origine sensorielle qu'a déjà utilisés l'instinct, mais son caractère essentiel, la souplesse adaptative, ne peut nécessairement rien devoir à l'instinct, que caractérisent la rigidité de ses associations, la lenteur relative de leurs modifications et l'ignorance du but. Cette rigidité exposait l'animal à des erreurs que nous avons étudiées et qui, le plus souvent, étaient funestes. L'intelligence va remédier à ce défaut. Elle est, en somme, une suite d'adaptations *immédiates* ou un ensemble de possibilités d'adaptation à des circonstances particulières, à des cas nouveaux dans la vie de l'espèce et nouveaux dans celle de l'individu.

A l'origine, elle a dû consister en une sorte de coupure de la chaîne associative primitive, en une suppression brusque des chaînons qui auraient conduit l'animal à des actes nocifs et en un groupement nouveau de sensations représentatives. Elle est, en somme, une faculté plus souple que l'instinct et capable de s'adapter immédiatement aux réalités contingentes [1]. Elle est capable d'abstraire.

C'est dire qu'en aucun cas elle ne peut naître de la complexité des réactions instinctives, puisque les multiples rouages des industries, des mœurs fixes constituent des obligations de ne point quitter la ligne droite des associations simples. Ce n'est jamais parce que des réactions sont compliquées qu'il faut les considérer comme intelligentes. On le voit bien dans le dressage, où l'on peut obtenir les exercices les plus compliqués sans mettre le moins du monde en action les facultés intellectuelles. C'est un fait dont Romanes ne s'était pas aperçu quand il écrivait : « Il est certain

---

1. Bohn a donné de l'intelligence une curieuse définition. Elle est, d'après lui, « l'impuissance à concevoir les réalités ». Cela s'appliquerait mieux, semble-t-il, à la folie.

que les grands carnassiers de race féline sont doués
d'un degré considérable d'intelligence ; les tours qu'on
leur apprend dans les ménageries suffiraient à le prouver »[1]. Les exercices de cirque et de ménagerie peuvent prouver bien des choses en psychologie ; mais
si les animaux présentés par les dresseurs professionnels sont doués d'intelligence, cette faculté n'est
jamais employée par leurs maîtres, et il faut chercher
ailleurs des preuves de son existence. Il y a lieu de
faire ici une très importante application de la loi
d'économie. Le dressage des chiens calculateurs lui-
même, qui a si souvent étonné et trompé les savants,
est basé sur de simples associations par contiguïté.

Les conditions les plus favorables aux manifestations intellectuelles proprement dites sont celles où
l'animal jouit d'une certaine liberté, et elles sont réalisées chez celui dont le psychisme n'est pas surchargé
de réactions trop multiples, de complexes stéréotypés ;
mais dont, en revanche, le cerveau est imprégné d'un
grand nombre de sensations représentatives que lui
fournit la contemplation momentanément désinté-
ressée du monde, c'est-à-dire sa perception non
immédiatement rattachée aux fonctions organiques
essentielles.

Une grande nouveauté dans le psychisme a dû favo-
riser les premières élaborations intellectuelles : c'est
l'association affranchie de la récurrence et se faisant
au besoin dans les deux sens.

Le mécanisme de l'association par récurrence ne
permettait pas la compréhension de la dépendance du
conséquent par rapport à l'antécédent. Il est vrai que

---

1. Les anciens auteurs comme Menault écrivaient : « L'éducation des bêtes, sans réflexion de leur part, serait aussi incom-
préhensible que celle des hommes sans liberté. Toute éducation, quelque simple qu'elle soit, suppose nécessairement le
pouvoir *de délibérer* et de choisir. » C'est là, selon nous, une
erreur grave.

la répétition mnémonique des sensations enchaînées se faisant dans l'ordre des excitations, comme nous l'avons vu, donnait une apparence de logique aux actes des animaux ; mais, par le fait même de la récurrence, le rapport de conséquence *ne pouvait être envisagé par l'animal au moment même* où l'association se faisait. Ce fut donc la véritable naissance de l'intelligence, le jour où, par suite d'une espèce de « retournement psychique »[1], l'être sentant devint capable d'associer des sensations dans le sens où le conséquent succède à l'antécédent, où l'effet résulte de la cause. A partir de ce grand événement, l'animal aperçut, dans une même progression, *la cause avant l'effet ;* les antécédents d'un fait furent, dès lors, pour lui, une sorte de réseau au travers duquel il vit désormais le but à atteindre. Et comme la cause d'un grand nombre de faits dont l'animal est témoin réside, ou du moins semble résider en lui-même, il était ainsi sur la voie qui devait le conduire à la notion de son moi physique.

On a exagéré l'importance de la vue dans la genèse de l'intelligence ; mais son rôle doit être important surtout dans la préparation des phénomènes intellectuels. Grâce à des sensations visuelles images, l'animal *expérimenté* peut être renseigné de loin, mais la vue à elle seule ne lui a pas donné l'expérience des objets situés au loin ; il a fallu qu'il les connût d'abord de près, par le tact, par le sens musculaire, par le plaisir ou la douleur qu'ils lui ont procurés ; la vue développée a donné à l'animal une plus large surface de contact avec les réalités en lui permettant d'en embrasser un grand nombre en même temps. Particulièrement, elle a favorisé l'imitation, et elle a pu le

---

1. De même que le mot « chaîne », employé à propos des sensations associées, est une simple image, il est bien évident que l'expression « retournement psychique » n'a qu'une valeur d'indication.

faire, suivant le cas, avec ou sans le concours de l'intelligence proprement dite.

C. — LE PRINCIPE D'ÉCONOMIE. — Quand l'observateur constate qu'un animal contracte des habitudes, il doit toujours faire une application sévère du principe d'économie, qui, dans toutes les sciences, oblige les savants à expliquer les phénomènes dont ils sont témoins par les raisons suffisantes *les plus simples*.

En thèse générale, les explications par l'intelligence animale des réactions des organismes sont vraiment trop faciles ; elles ont toute l'irritante simplicité des explications miraculeuses.

Les raisons les plus simples sont toujours les plus vraisemblables, et ce qu'il y aurait de superflu, d'inutile, ne s'expliquerait pas plus dans les questions psychiques que dans les autres branches des sciences naturelles. Il est possible que parfois, en se plaçant à ce point de vue, l'on rabaisse (dans des cas fort rares, du reste) le psychisme animal parce qu'il peut arriver que deux explications d'un même fait étant vraisemblables, la plus compliquée est pourtant la seule vraie, et que nous sommes entraînés à adopter l'autre. C'est, toutefois, un très petit défaut de la méthode, en regard des immenses bienfaits qu'on lui doit. Et il est inconcevable que des psychologues contemporains aient oublié que nous lui devons d'avoir pu enfin balayer les folles exagérations des idéalistes; toute cette littérature romanesque qui va de Toussenel aux anecdotiers d'aujourd'hui, et qui envahissait de son anthropomorphisme le domaine scientifique.

Voici un exemple d'application du principe d'économie. Un rédacteur de la *Revue Scientifique* avait raconté, il y a quelques années, que chez un éleveur d'escargots, un grand nombre de ces gastéropodes avaient donné des preuves d'intelligence et contracté l'habitude intelligente de s'évader en s'aidant mutuel-

lement : quelques-uns se plaçaient contre la partie
intérieure du rebord, garni de pointes, de leur enclos,
les autres passaient ensuite sur les premiers, et évi-
taient ainsi de se piquer.

Tout le problème consiste à expliquer comment les
escargots sont amenés sous ce rebord interne; et la loi
d'économie nous force à dire que tous, par le seul fait
de la recherche d'une issue, doivent, à un moment
donné, sans aucune élaboration intellectuelle, être
amenés sous le bord interne du toit, puisque *c'est là
seulement qu'ils rencontrent l'obstacle des pointes.* Il
suffit donc qu'un premier escargot y parvienne et s'y
arrête parce qu'il ne sait plus où se diriger, pour que
tous les autres l'escaladent. Quant au fait de monter
les uns sur les autres, il se produit très fréquemment
et il n'est pas rare de voir un gros escargot suppor-
tant trois petits escargots sur son dos pendant des
journées entières.

Nous avons imaginé une expérience qui, croyons-
nous, fait ressortir l'importance de l'application de la
loi d'économie au cas de l'évasion des escargots. Elle
montre qu'un corps brut animé de la force centrifuge
peut, lui aussi, « avoir l'air » de profiter de la présence d'autres corps bruts pour « s'évader » au-dessus
d'une barrière; et comme il serait absurde de lui
prêter un éclair d'intelligence, on est bien forcé de
reconnaître que l'escargot, n'agissant pas plus savam-
ment que ce corps brut, ne doit pas être gratifié de
facultés intellectuelles et que l'acte de son évasion
s'explique parfaitement par de simples réflexes.

Je place une bille sur une plate-forme tournante;
elle ne peut, quand je fais tourner la plate-forme au
moyen d'une force A, s'élever au-dessus du bord et
s'échapper. Or, si je lui donne, comme compagnes,
d'autres billes (un peu plus petites), et si j'anime
encore la plate-forme de la force A, quand la grosse
bille se placera, par hasard, en dedans d'un rang de

petites billes, la force centrifuge la forcera à l'esca-
lader comme un degré d'escalier et à franchir la
barrière.

La bille s'est échappée parce qu'elle avait devant
elle d'autres billes. L'escargot s'est échappé parce
qu'il avait devant lui d'autres escargots formant pont.
Sans doute, la fuite des mollusques suppose la mise
en jeu de réactions complexes; mais nous sommes
parfaitement en droit de dire que, dans les deux cas,
c'est une force aveugle qui pousse la bille et l'animal
à l'escalade. Ni l'un ni l'autre n'ont poursuivi un but
raisonné; si l'escargot a de l'intelligence, nous n'en
voyons nullement la marque dans l'anecdote précitée.
Voilà la leçon de la loi d'économie.

C'est le cas de répéter avec Rabier que « la science
peut être poétique tant qu'elle est hypothétique »,
et que « la démonstration met fin à la poésie ».

Dans l'exemple que nous venons de donner, toutes
les conditions de la formation de l'habitude nouvelle
étant connues, il n'y a pas de difficulté sérieuse pour
établir que l'intelligence n'a pas eu à intervenir;
le problème est singulièrement plus complexe quand
on est en présence d'un instinct tout formé. Il faut
alors en faire une analyse minutieuse et se représenter les conditions les plus simples dans lesquelles
il a pu se produire. Telle est la règle générale. Ses
applications sont nécessairement très diverses; mais
il est possible de trouver un grand secours dans un
principe accessoire qui concerne *l'ordre d'acquisition
des particularités de chaque instinct.*

Ces questions étant traitées, dans un livre que nous
terminons, sur les industries animales, nous nous
contenterons, ici, d'un seul exemple. On sait que l'œuf
de l'Eumène est extrêmement fragile; il est impossible de le toucher sans le détériorer. Aussi les auteurs
idéalistes ne manquent-ils pas d'admirer le moyen
« ingénieux » qu'aurait imaginé l'Eumène pour le

mettre à l'abri de tout attouchement dangereux et
surtout des attaques des chenilles à demi paralysées
par l'hyménoptère et qui devront être la nourriture
de la jeune larve : « L'œuf, écrit Fabre, n'est pas
déposé sur les vivres; il est suspendu au sommet du
dôme (du nid) par un filament qui rivalise de finesse
avec celui d'une toile d'araignée ». Si l'on suppose,
comme les idéalistes, que la fragilité de l'œuf de
l'Eumène *a précédé* l'industrie du fil suspenseur, il
semble que l'explication par l'intelligence soit la seule
possible; elle s'impose avec la plus grande force à
l'esprit. Mais si, considérant que les organes, abrités
au moyen d'une enveloppe qui les met hors de toute
atteinte, perdent leurs moyens de protection physiologique, l'on rapproche ces moyens de protection
de celui qu'offre le fil suspenseur, on est porté à
penser que l'œuf de l'eumène n'est devenu fragile que
parce que cette fragilité n'avait plus d'inconvénient
et que la protection d'une enveloppe solide devenait inutile. L'extrême fragilité aurait été réalisée
après la suspension. L'eumène n'avait donc jamais eu
de motif *raisonnable* de suspendre son œuf et elle a
pu le faire, d'abord, de façon fortuite, réalisant ainsi
un acte qui finalement offrit de grands avantages. La
sélection naturelle dut avoir, dans ce cas, un grand
effet. On voit à quelles *simplifications* il est possible
d'arriver en appliquant cette règle, qui consiste à se
demander dans quel ordre les faits à expliquer se sont
produits.

Dans des cas, assez difficiles à déterminer, il se
peut que certaines espèces adaptent jusqu'à un certain point et très rapidement leur industrie à des buts
particuliers et que ces modifications aient le caractère de l'intelligence; mais elles seraient, à coup sûr,
infiniment plus rares que les Néo-Lamarckiens ne l'ont
cru. Quand elles se présentent, il n'est pas admissible,
du reste, qu'il s'agisse du remaniement général de

toute l'industrie, mais seulement d'un point de détail. Si la modification ainsi acquise est et demeure utile, elle devient spécifique; elle se cristallise en instinct secondaire. (Nous revenons ici, on le voit, à une théorie ancienne à laquelle nous attachons du reste moins d'importance qu'il y a dix ans, celle des cristallisations psychiques successives.)

Dans la nature, il est possible qu'un animal soit amené à agir raisonnablement plusieurs fois de la même façon par le retour de circonstances pareilles et arrive ainsi à contracter des habitudes par la voie intellectuelle; toutefois à un degré élevé de l'échelle animale, cela doit devenir difficile, car les réactions sont d'autant plus variées, les sensations représentatives sont d'autant plus nombreuses et diverses que l'animal est plus intelligent.

C'est donc à un degré relativement inférieur de l'échelle intellectuelle que la pensée peut créer quelques instincts secondaires : un certain angle d'ouverture de l'intelligence — et non le plus grand possible — est favorable à leur développement.

Tout en faisant la plus large part aux facteurs autres que l'intelligence, dans la formation des industries les plus compliquées, nous avons admis, dès nos premières publications de psychologie animale, que certaines espèces ont pu, non pas, certes, concevoir le plan général de leur industrie (créée, non par leur génie, mais par l'influence du monde extérieur dont elle n'est qu'une harmonieuse projection), mais du moins y apporter intelligemment quelques modifications utiles.

En supposant, par exemple, que l'intelligence des ancêtres de l'abeille ait eu un degré d'ouverture assez aigu, c'est-à-dire que cette intelligence ait été restreinte, il en est résulté qu'un premier concept correspondant à une modification heureuse, à un progrès, n'a pas été dérangé par d'autres concepts, l'animal s'y est tenu avec persévérance ; par l'habitude, les mouvements concomitants sont devenus des réflexes secondaires. A ce moment l'intelligence s'est déchargée du souci de pourvoir aux besoins auxquels correspondent ces réflexes et, alors seulement, de nouvelles images ont pu s'y peindre ; ces images, ces idées constituent un perfectionnement nouveau dans les mœurs, qui, plus tard, deviendra, lui aussi, instinctif. D'après cette façon de raisonner, on admet que les concepts de perfectionnement ont été des acquisitions *successives* de l'intelligence se cristallisant, si l'on peut dire, au fur et à mesure de leur apparition, les premières servant de *support* aux suivantes, comme les premières cellules calcaires d'un polypier servent de point d'appui à de nouvelles cellules. Telle est notre *Théorie des cristallisations psychiques successives*[1].

Piéron l'a reprise en ces termes : « De lents progrès d'adaptation ne nécessitant chaque fois qu'un peu de souplesse, c'est-à-dire d'intelligence, peuvent être invoqués sans qu'on puisse objecter, dès lors, que des raisonnements complexes seraient nécessaires[2] ».

1. Voir l'*Examen psychologique des animaux*, SCHLEICHER frères.
2. *L'Évolution de la mémoire*, par H. PIÉRON. Bibliothèque de philosophie scientifique.

CHAPITRE III

EFFETS DE L'HABITUDE

---

§ 1. — Effet de l'habitude sur les sensations.

Nous nous sommes occupé jusqu'ici des voies par lesquelles les réactions des animaux peuvent être déterminées ; c'est-à-dire de la façon dont se réalisent les conditions nécessaires à la formation d'une habitude, d'un instinct. Nous devons maintenant nous demander : 1° Quels sont les effets de l'habitude ; 2° ce que deviennent les habitudes une fois réalisées ; quelle est leur durée dans la vie de l'individu et dans celle de l'espèce.

Les philosophes ont démontré que l'habitude commence avec la première action : « Sans quoi, écrit Rabier, la première action et le premier moment n'ayant rien fait pour l'habitude, la seconde action et le second moment seraient encore premiers par rapport à l'habitude, et, par conséquent, au même titre. L'action aurait donc beau se répéter ou se continuer indéfiniment, l'habitude n'apparaîtrait jamais ». Par conséquent, le premier acte ébauche l'habitude, les premières associations de sensations entraînent donc déjà certains effets de l'habitude, et, le fait est qu'en cherchant à comprendre le mécanisme des associations nous avons déjà touché à plusieurs lois de l'habitude qu'il suffira de rappeler ici.

Nous avons vu : 1° Que la dynamogénie, le pouvoir déclancheur, passe successivement, par récurrence, d'une sensation à une autre; 2° que la récurrence, qui est nécessairement de plus en plus accusée (jusqu'à la limite tracée par la nocivité), augmente avec l'expérience de l'animal, c'est-à-dire avec l'habitude.

Nous n'insisterons pas sur l'atténuation bien connue des sensations affectives par l'habitude; ce sont là des faits du domaine de l'observation banale. Tout le monde sait qu'un oiseau enfermé dans une cage, dans le voisinage d'une voie ferrée, montre beaucoup d'effroi, pendant quelque temps, chaque fois qu'un train passe auprès de lui et que, peu à peu, il s'habitue à tout ce bruit. Il y a un effet analogue dans l'apprivoisement des animaux sauvages, et ce serait une erreur de croire que les espèces, relativement inférieures, sont en dehors de cette influence; nous avons eu, à l'Institut de psychologie zoologique, une foule d'insectes absolument apprivoisés. Nos Lucanes ont même été dressés à de véritables exercices; et nous avons obtenu qu'ils vinssent manger dans nos mains.

Mais nous voulons surtout signaler ici une *loi nouvelle*, celle de *la diminution de l'intensité de l'excitation nécessaire à la réaction*, que nos expériences de dressage ont mise en lumière et qui, étant en opposition directe avec certaines théories admises jusqu'ici, a vivement passionné les physio-psychologues et a donné lieu à des discussions intéressantes.

D'une façon générale, on peut dire que l'intensité de l'excitation sensorielle nécessaire pour déterminer une sensation et une réaction motrice, diminue quand le nombre de répétitions de la réaction augmente. Cette diminution a pour limite la limite même de la sensibilité sensorielle. Il s'agit ici d'une loi qui, bien que reliée à celle de la diminution du *temps* nécessaire à la réaction, ou loi de l'adaptation des fonctions

musculaires, en est cependant distincte. J'insiste sur
ce point parce qu'il a prêté à équivoque.

On a cru *a priori* que si l'on cherchait des lois
limites vérifiées *pour une adaptation maxima des
organes*[1], on trouverait certainement une relation
quantitative entre l'intensité de l'excitant et celle de la
réaction. Cependant, l'intensité de l'excitation nécessaire à la réaction continue à diminuer au cours
d'expériences successives, quand, n'obtenant plus de
diminution de temps, on peut considérer que le
maximum d'adaptation musculaire est atteint.
D'ailleurs, si la diminution de l'excitant nécessaire
correspondait seulement à l'adaptation musculaire, il
y aurait des excitations nécessaires différentes pour
des réactions musculaires quantitativement différentes; or, après un nombre de répétitions convenable, on peut toujours obtenir des réactions représentant des quantités de travail inégales tout en
descendant jusqu'au seuil *commun* à toutes les sensations pour le même système sensoriel.

Comment, d'ailleurs, les physio-psychologues
n'ont-ils pas vu depuis longtemps que le principe
d'association est la négation même de toute proportion entre l'excitation et la réaction? En effet,
n'avons-nous pas constaté que la dynamogénie passe
d'une sensation à une autre et n'est-il pas évident que
les valeurs quantitatives de chacune des excitations
correspondant aux sensations d'une chaîne varient de
l'une à l'autre? Supposons qu'une chaîne de sensations aboutissant à un acte quelconque A, commence par une impression correspondant à une excitation E. Par association, cette impression pourra
être rattachée à d'autres impressions quelconques
provenant d'un sens ou d'un autre et toutes différentes,

1. Voir *Bull. de l'Institut général psychologique*, 9e année,
p. 337, et la discussion entre MM. Ch. Henry, Courtier et
Hachet-Souplet (même bulletin).

au point de vue quantitatif. Si, ensuite, l'une de ces
impressions est renouvelée par le monde extérieur,
toute la chaîne sera renouvelée y compris A, c'est-à-
dire y compris la réaction qui primitivement était
déterminée par E. Par conséquent, il est *impossible*
d'établir un rapport quantitatif entre E et A.

Nous nous sommes déjà expliqué sur ce point à
propos des tropismes et aussi dans le chapitre consacré aux associations; mais ce n'est pas assez de
dire qu'il n'y a pas relation quantitative entre l'excitation et la réaction, il faut ajouter et démontrer que
les effets dynamogènes d'une excitation restent les
mêmes quand, l'habitude étant acquise, on diminue
progressivement l'intensité de l'excitation.

Voici comment il est possible de démontrer expérimentalement cette loi :

Nous dressons un chien à mordre une poignée de
cuir et à tirer sur elle à un commandement verbal,
Nous rattachons cet acte à l'impression fournie par le
passage d'un courant d'une intensité telle qu'il ne
cause aucune douleur à l'animal. (Celui-ci a les pattes
de devant rasées, mouillées et munies de bracelets de
cuivre portant les électrodes). Pour obtenir ce
résultat, il suffit de faire passer le courant un certain
nombre de fois au moment où l'on va donner au chien
l'ordre d'exécuter l'acte enseigné (association par
contiguïté). Quand le chien est parfaitement dressé à
tirer sur la poignée dès que le courant passe, et, sans
attendre un autre signal, on commence les essais. La
poignée est celle d'un dynamomètre qui mesurera le
travail du chien et, d'autre part, un galvanomètre
mesurera l'intensité du courant. Or, si, dès la seconde
épreuve, on diminue progressivement l'intensité de ce
courant, on constate que le sujet exécute toujours le
même mouvement de traction sous l'impression
d'excitations d'intensités très différentes. Ce qui
démontre la loi.

En plaçant des animaux dressés dans des roues (analogues à celles dans lesquelles les rôtisseurs d'autrefois introduisaient des chiens qui actionnaient leurs broches) et en munissant nos roues d'un petit treuil, sur lequel s'enroulait une cordelette, qui, après avoir passé sur une poulie placée au plafond, supportait un poids pouvant monter et descendre le long d'une règle graduée, nous avons pu prendre des mesures exactes du travail de nos sujets, quand, au moyen d'agents calorifiques, lumineux etc..., nous leur faisions subir des excitations. Nous avons obtenu, comme il fallait s'y attendre, des mouvements plus ou moins énergiques, pour un même excitant, suivant les espèces et aussi suivant les sujets ; mais, toujours, nous avons constaté que, pour obtenir le même travail, s'il fallait, au début, une excitation d'une intensité I, il suffisait, au cours des expériences suivantes, sur le même individu, d'une excitation de plus en plus petite : $I' < I, I'' < I'$, etc...

Par des procédés purement zoopédiques, nous avons obtenu les mêmes résultats. Les instruments explorateurs étaient, dans ce cas, soit des cravaches rigides, munies de ressorts, soit d'autres appareils également munis de ressorts dont l'écrasement donnait la mesure de l'intensité de l'excitation, ou bien encore de petits dynamomètres intercalés dans les rênes, selon l'idée du Dr Gustave Le Bon (qui d'ailleurs les a employés dans un autre but). Si, par exemple, un cheval, au début de son dressage à un mouvement déterminé avait besoin d'une excitation qui nécessitait chez le dresseur un effort de 10 kilogrammes, après un certain nombre de répétitions, un effort de quelques grammes était suffisant. Si, pour obtenir la marche en arrière, immédiatement après un temps de galop, il fallait, au début, une traction sur les rênes de 8 kilogrammes ou de 10 kilogrammes, suivant que le cheval avait la bouche plus ou moins « dure », les variations de l'excitant nécessaire suivaient toujours la même loi de décroissance[1].

Des expériences de ce genre ont été faites à notre laboratoire sur des singes, des souris, des fouines, des chevaux, etc... (Dans notre *Dressage des Animaux*, nous avons donné une foule d'exemples de cette diminution de l'excitation nécessaire à une même réaction).

Le Dr Gustave Le Bon a signalé des faits analogues à propos du dressage du cheval : « ... Le cavalier doit d'abord être en communication constante, par les rênes, avec la bouche du cheval, et ensuite, exercer sur elles une certaine tension destinée à régler la vitesse de l'allure. Mais quel doit être le degré de tension? C'est ce que nous allons chercher... Les jockeys sont convaincus qu'il faut une très forte tension des rênes pour « soutenir » le cheval et lui donner de la vitesse... J'ai moi-même pendant longtemps partagé cette opinion... Mes idées sur ce sujet commencèrent à se modifier sensiblement lorsque j'eus l'occasion de monter des chevaux bien dressés. Elles se modifièrent tout à fait lorsque, ayant approfondi le sujet, je réussis à donner une bouche très fine, nécessitant par conséquent des tractions de rênes très légères, à des chevaux qui avaient eu jusquelà une bouche très dure nécessitant des tractions très fortes...» Et à propos de l'action des éperons[2] : « La pression de l'éperon, écrit-il, pourra alors devenir de moins en moins énergique; on se bornera à toucher délicatement le poil avec l'éperon, et, au bout de quelques jours, la simple pression de la jambe suffira.

1. Dans ces expériences de traction sur les rênes, il faut écarter complètement les *vibrations* qui « servent à détruire les résistances de forces » (Gl Faverot de Kerbrech) et les demiarrêts, qui « servent à détruire les résistances de poids » (F. de K.). Ce système, excellent dans le dressage ordinaire, causerait ici des erreurs, il ne faut employer que des tractions sans secousses.

2. *L'Équitation actuelle et ses principes*, p. 239.

L'éperon n'aura plus à intervenir que dans les cas très rares de refus d'obéissance[1]. »

Il y a, dans ces lignes, des observations de la plus grande justesse dont on peut tirer, en les interprétant d'une façon un peu différente de celle de l'auteur, l'idée principale de la diminution de l'excitation nécessaire à la réaction dont nous avons formulé la loi.

Il convient donc d'introduire dans les lois de l'habitude l'idée d'une sensibilisation nerveuse, déterminée par la répétition des excitations, différant du mécanisme de régulation musculaire et permettant la diminution de l'excitation nécessaire jusqu'au seuil de la sensation. Et il en découle naturellement l'idée de l'absence totale de relation quantitative entre l'excitant et le travail musculaire.

Je dois dire que ces résultats sont en complète contradiction avec ceux que l'on obtient dans le cas spécial de la réaction salivaire :

« Ce qu'il y a de très remarquable, c'est qu'en modifiant très légèrement la hauteur ou le timbre du son dont on s'est servi pour créer le réflexe, celui-ci cesse de se produire... » a écrit Bohn à propos des travaux de l'Ecole russe. Il est très possible que les choses se passent ainsi pour le cas exceptionnel du réflexe salivaire; et je le crois, puisque Zéliony le dit; mais c'est un principe absolu dans le dressage *de tous les animaux* et en ce qui concerne tous les sens, que les excitations fortes au début peuvent toujours être diminuées jusqu'au seuil de la sensation *sans que la réaction cesse de se produire.*

Dans son exposé des travaux de l'Ecole russe[2], Bohn n'a établi, à propos des excitations dynamogènes, aucune distinction entre la répétition de l'excitation opérée coup sur coup, sans interruption, et les

1. *Loc. cit.* p. 267.
2. *Revue des idées.* L'étude objective des phénomènes cérébraux.

répétitions laissant entre elles des intervalles. Il dit simplement : « Chez les animaux, la répétition de l'excitation entraine l'extinction de la réaction correspondante... C'est un fait très général que la répétition d'une même réaction aboutit à l'extinction de celle-ci et cela que le mécanisme de la réaction soit simple ou complexe. »

Cela n'est vrai que si l'excitation est imposée coup sur coup et dans certaines conditions. Dans ce cas, il y a sans doute fatigue. Bien au contraire, les répétitions de l'excitation, séparées par des intervalles, impriment fortement les « potentiellités » réactionnelles. C'est la base même du dressage des animaux, qui exécutent d'autant mieux leurs exercices qu'on les leur a fait répéter plus souvent. L'animal obéit finalement aux signaux avec une ponctualité parfaite.

Nous avons souvent montré, au cours de nos conférences de l'Institut de psychologie zoologique, et nous possédons encore actuellement un chien griffon, qui, pour un même exercice, obéit à des sons gradués qui arrivent à être imperceptibles pour l'homme. (C'est là le « secret » des signaux employés par les montreurs de chiens, chevaux, etc... prétendus calculateurs.)

§ 2. — Effet de l'habitude sur les actes intelligents. L'Instinct secondaire.

Nous avons vu que, par la *persuasion*, en s'adressant uniquement à l'intelligence du sujet, l'on peut obtenir des réactions ; or, pour les fixer, pour obtenir plus tard leur répétition à un signal convenu il faut, par de nombreuses répétitions, les transformer en instincts secondaires. Le dressage par persuasion n'est, en effet, acquis que quand un acte, ayant été d'abord bien *compris* par l'animal-élève, le dresseur est arrivé, à la suite de nombreuses répétitions, à le rendre automatique. (C'est ce que notre regretté collègue Baron, le distingué zootechnicien de l'École d'Alfort, appelait l'opisthopsychisme.) Gustave Le Bon l'avait bien compris quand il écrivait : « Le dressage n'est terminé que quand les associations conscientes sont devenues inconscientes ; le signe conventionnel par lequel un tel acte est demandé est alors suivi de l'exécution automatique de cet acte. Chez le cheval, comme chez l'homme, l'éducation a pour conséquence finale de faire passer le conscient dans l'inconscient »[1].

La vraie persuasion n'est pas un procédé *pratique*. En effet, un acte quelconque, accompli par un sujet intelligent, avec la meilleure volonté, et même avec plaisir (sans qu'il ait subi d'excitations douloureuses), l'ennuie profondément, dès qu'on le lui demande à de très nombreuses reprises ; et plus il est intelligent, plus vite il en arrive à se refuser, à se défendre. La difficulté n'est pas insurmontable ; mais elle est considérable. Le procédé déterminant des associations simples, inconscientes, est bien plus rapide.

D'autres raisons encore font de la persuasion un procédé de laboratoire et non de cirque. Il exclut toute routine de métier ; et, précisément à cause de cela, est plus pénible que tout autre pour le dresseur, en raison des efforts personnels qu'il lui impose. Enfin, si la persuasion éveille l'intelligence et, parfois, permet à des animaux bien doués d'aller directement au but, elle ne peut toutefois permettre de régler un long « numéro » de théâtre dans toutes ses parties.

---

1. Bien que le dressage du cheval de selle auquel le Dr Gustave Le Bon a consacré son très remarquable livre *l'Équitation actuelle et ses principes* (Firmin-Didot, édit.) ne comporte pas, selon nous, l'emploi de la persuasion et que tous les exemples de procédés de dressage donnés par ce savant s'expliquent par la simple contiguïté des excitations, l'auteur de *l'Équitation actuelle et ses principes* a eu la très nette prévision de ce qu'est la persuasion proprement dite.

Nous avons passé, autrefois, de longs mois à dresser des animaux par persuasion ; nous avons obtenu ainsi de véritables instincts secondaires et un automatisme aussi absolu que celui que détermine le dressage par associations simples. C'est à propos d'un de nos chiens, dressé par ce procédé et donné à un professionnel de cirque que nous écrivions dans notre *Examen psychologique des animaux*[1] : « Nous avons connu un chien dressé par persuasion à danser seul sur la scène, éclairé par un système spécial de boites dites « à lumière » ; il tournait sur lui-même tant que les lentilles l'éclairaient ; l'appelait-on de la coulisse ? *Il jetait des cris d'angoisse*, avait l'air de se débattre, et cependant continuait de tourner. Il fallait que les boites fussent fermées pour que le chien cessât d'être sous l'influence de son tic, de la manie que le dresseur lui avait inculquée en utilisant d'abord les ressources de l'intelligence. »

Il est très instructif de suivre chez les animaux la transformation d'un acte raisonné en un acte réflexe.

Si vous prenez, par exemple, un chat qui, une première fois, a su ouvrir une armoire, peu de temps après qu'il a donné cette preuve d'intelligence, je veux dire avant que les mouvements qui lui permettent de faire jouer le loquet aient pu se transformer, par la répétition, en réflexes secondaires, et si vous remplacez la porte pleine de l'armoire par une porte grillagée, le chat n'ouvrira cette porte *que si vous avez mis en place l'appât*. Répétez ensuite l'expérience un très grand nombre de fois, en mettant toujours l'appât, vous obtiendrez des mouvements réflexes d'origine intellectuelle et le chat finira par ouvrir l'armoire dès qu'il la verra, sans que l'appât s'y trouve et par conséquent sans avoir aucun motif raisonnable d'agir ainsi.

---

1. SCHLEICHER frères (1900).

Mais la conscience ainsi abolie, n'est-elle pas capable de se réveiller quand cela devient nécessaire pour la sauvegarde de l'animal, dans le cas où, par exemple, en agissant mécaniquement, il risquerait de se blesser à cause de la présence d'un objet extérieur ? C'est ce que nous avons observé de la façon la plus certaine chez un merveilleux petit chien, Paddy, terrier irlandais, que nous avons eu pour compagnon pendant près de quinze ans. Dressé à certains exercices par persuasion, il les exécutait aveuglément. Ainsi, ayant l'habitude de faire un saut *au-dessus* d'une barrière à un certain point de la piste, il finit par exécuter ce saut *au même point de la piste*, sans qu'il y eût aucune barrière à franchir. C'était l'automatisme absolu ; mais si l'on plaçait sa barrière de façon qu'en la franchissant il risquât de se heurter à un appareil quelconque, il refusait le saut ; l'instinct de conservation était, ici, assez puissant pour réveiller la conscience.

CHAPITRE IV

DE LA CONSERVATION DES HABITUDES

---

§ 1. — Etendue de la mémoire individuelle.

Nous avons considéré jusqu'ici l'établissement et l'organisation des souvenirs; il faudrait maintenant envisager : 1° leur conservation; 2° leur destruction, d'abord chez les individus, ensuite chez les espèces.

Les notions des choses, les sensations sont les matériaux qui constituent les complexes associatifs de l'instinct; ce sont aussi les matériaux qui s'ordonnent en idées, en raisonnements constituant les phénomènes d'intelligence. La mémoire qui les conserve n'est donc ni intellectuelle ni instinctive; elle est simplement (au figuré) une sorte de fonds commun où puisent les facultés mentales.

Quand il s'agit de psychologie animale, c'est, le plus souvent, dans des phénomènes d'instinct qu'il est possible d'étudier la mémoire; mais il est bien entendu que ces phénomènes peuvent être des instincts primaires ou des instincts secondaires ayant une origine intellectuelle. Toutefois, ces derniers sont beaucoup plus rares dans la vie des bêtes, que les Néo-Lamarckiens ne l'avaient supposé, et c'est surtout dans les instincts proprement dits, soit naturels, soit artificiels — comme les réflexes organisés par synthèse

20

expérimentale ou comme les exercices de cirque, — qu'il est indiqué d'étudier la mémoire.

Les impressions qui avortent sont innombrables : à chaque seconde, une multitude d'impressions affectent le système nerveux ou le protoplasme non différencié des animaux dépourvus d'organes; mais il faut qu'elles soient reproduites un très grand nombre de fois pour qu'elles s'impriment, pour qu'elles deviennent ce que Richard Semon, dans son beau livre *Die Mneme*, appelle des engrammes. Celles qui constituent un « bourgeon affectif » se gravent seules d'abord, et les sensations purement représentatives ne se fixent qu'en s'associant à des sensations affectives et après un nombre considérable de répétitions. C'est ce qui explique la multitude des leçons nécessaires à l'éducation d'un futur animal savant.

La « capacité » de la mémoire peut être mesurée approximativement chez chaque animal dressé; il est, en effet, très facile d'établir *le nombre* d'excitations auxquelles un cheval, un chien, etc., arrivent à obéir en un temps donné. J'ai noté, par exemple, que mon cheval Voltigeur (arabe) répondait à 80 indications différentes, mon poney Bijou (jouant aux quilles et au ballon)[1] répond à 135 signaux, Riquet à 40, Madrid à 60, César à 75, etc... J'ai eu un zèbre qui connaissait 85 signes.

Une façon plus précise d'évaluer le travail mnémonique est celle-ci : on place pendant un certain temps un animal *dressé*, dans un appareil permettant de mesurer exactement la teneur en carbone de l'air respiré. Lors de la première expérience, on laisse l'animal dans l'inaction physique et psychique. Dans la seconde, on l'immobilise sur un chevalet au moyen de courroies (en ayant grand soin de ne lui faire aucun mal) et, *à travers la glace de la cloche*, on lui fait

---

1. Ce fut le premier cheval dressé à cet exercice, qui est devenu très vulgaire dans les cirques.

successivement tous les signes qui commandent les exercices qu'il connaît et qu'il ne peut exécuter. La différence de teneur en carbone correspond au travail mnémonique chez le sujet qui ne peut bouger. Il est facile de s'en rendre compte en fractionnant ce travail lors d'expériences suivantes. Si l'on supprime la moitié des excitations, l'augmentation en carbone diminue de moitié, si l'on supprime le quart de ces excitations on trouve une différence d'un quart. (Il est bien entendu que cette proportion n'est constante que si l'on a appris à l'animal des exercices *réguliers*, supposant à peu près les mêmes efforts psychiques après chaque excitation différente.)

Voici comment nous résumions, dans le *Bulletin de l'Institut de psychologie zoologique*, le principe d'autres essais pratiqués de 1895 à 1900 sur des herbivores et des carnivores et destinés, comme l'a dit excellemment le savant directeur du Muséum, M. Ed. Perrier, à « mesurer un certain bloc de facultés » chez telles et telles espèces et surtout la mémoire :

Dans un manège circulaire, fermé sur toute la périphérie, excepté en un seul point, où une porte masquée par un épais rideau a été ouverte, on a amené un animal que nous désignerons par la lettre A. On lui a laissé le temps d'examiner le local, puis on l'a fait sortir lentement en le forçant à soulever avec la tête le rideau masquant la porte afin que, si un pareil phénomène psychologique est possible, il ait connaissance et *souvenir* de l'existence de cette porte.

On a ensuite promené de la même façon d'autres animaux tous d'espèces différentes et que nous désignerons par les lettres B, C, D, E et F.

Quelques instants après on a ramené dans la piste l'animal A ; on l'a ensuite menacé d'un fouet en prenant soin, toutefois, de ne pas l'affoler. Or, cet animal a fui devant le fouet, en cercle, et ne s'est arrêté que vaincu par la fatigue. *Il n'a pas trouvé la porte.*

Les animaux B et C, traités ensuite successivement de la même façon, n'ont pas davantage trouvé l'issue. Tandis que les animaux D, E et F, poursuivis un à un, à leur tour, ont trouvé cette issue presque tout de suite.

Or, la même expérience pratiquée à huit reprises différentes, et chaque fois sur une nouvelle série de six animaux appartenant aux mêmes espèces que ceux désignés par les lettres A, B, C, D, E et F, a donné des résultats semblables.

Peut-on en conclure que les trois dernières espèces sont certainement mieux douées que les trois premières au point de vue psychologique? L'expérience peut-elle aider à tracer une certaine ligne de démarcation en psychologie comparée?

Nous avons demandé, à ce propos, l'avis de quelques savants. Voici la réponse que nous a adressée M. Héricourt, écrivant en son nom et au nom de M. Ch. Richet : « Votre expérience est intéressante et certainement concluante à notre avis. Il n'est pas douteux que les animaux qui retrouvent la sortie ont plus de mémoire que ceux qui ne la retrouvent pas et comme la mémoire est une des conditions principales, sinon la seule de l'intelligence, on peut dire des premiers qu'ils sont plus intelligents que les seconds, etc. »

M. Ed. Perrier a bien voulu, lui aussi, approuver notre épreuve de la poursuite; il l'a fait en ces termes : « L'expérience dont vous avez bien voulu m'entretenir est certainement intéressante et peut être considérée comme un moyen de mesurer un certain bloc de facultés intellectuelles. Dans ce bloc, il faut comprendre : 1° *La mémoire* qui permet à l'animal de reconnaître le rideau et de choisir devant lui une sortie; 2° Le jugement grâce auquel l'animal a conscience d'être plus en sûreté derrière le rideau que dans l'enceinte; 3° l'émotivité qui fait que l'animal poursuivi et effrayé est plus ou moins en état de comprendre et de se souvenir, etc... »[1].

Des expériences de ce genre, entreprises sur un grand nombre d'espèces différentes dans un jardin zoologique, seraient évidemment significatives, comme l'écrivait le directeur du Muséum d'histoire naturelle.

Il est aussi fort intéressant d'étudier le déclanchement des souvenirs et particulièrement de chercher à savoir s'il est absolument nécessaire d'attribuer à un raisonnement ce fait qu'un animal peut, dans certains cas, ne pas dévider tout son chapelet de talents, quand il trouve réalisé, par d'autres individus de son espèce, une ébauche de ce qu'il a à construire.

Cette question se rattache à celle de l'association des complexes de sensations. Or, nous avons vu que les complexes associatifs ne semblent pas fréquemment associés *entre eux* et qu'il faut une excitation particulière pour déclancher chacun d'eux (voir page 171). On trouve une confirmation de ce fait en étudiant la mémoire. Ainsi, quand des animaux ont été dressés à « travailler » sur ou avec certains appareils, disposés d'une certaine façon dans une piste, on peut toujours leur faire commencer leurs exercices sur des appareils donnés, disposés convenablement et sans avoir besoin pour cela de leur faire exécuter les exercices qui, d'ordinaire, sont les premiers dans le « numéro » tel qu'il a été conçu.

Ceci est à rapprocher de l'achèvement, par certains hyménoptères (abeilles), de travaux *commencés* par d'autres.

Il y a toutefois des cas où des insectes — sans doute

1. Les expériences qui ont motivé ces lettres étaient basées sur la même idée que celles dans lesquelles nous avons employé des labyrinthes et qui ont été décrites à propos de la sélection des mouvements utiles, c'est-à-dire de l'organisation de complexes associatifs dans la décharge diffuse de l'énergie somatique, mais dans nos « poursuites » l'élément sélection d'actes n'existe pas.

parce qu'ils sont sollicités par des excitations intérieures correspondant au *début* de leurs réactions
industrieuses, recommencent tout leur travail à côté
d'ébauches de ce même travail. Il faut, dans ce cas,
considérer les phénomènes physiologiques dont ces
insectes sont le théâtre. Il est possible, par exemple,
que, poussés par des impressions intérieures, liées à
l'état physiologique qui précède ou accompagne leurs
travaux, ils obéissent à cette impulsion. Dans certains
cas, il y a lieu de supposer que, s'ils n'achèvent pas
une ébauche due à un autre insecte, c'est qu'ils ont
trouvé dans cette ébauche quelque trace (odeur, par
exemple) de l'individu qui a travaillé avant eux et que
cette trace a pour eux quelque chose de répulsif.

§ 2. — Dégradation de la mémoire.

Il semble y avoir deux modes de dégradation de la
mémoire : 1° par écroulement de parties ; 2° par atténuation générale ou partielle des souvenirs.

Dans le dressage par coercition qui est en usage
dans les cirques, quand il y a substitution d'excitations éveillant des sensations purement représentatives, aux excitations éveillant des sensations affectives
(douleur ou plaisir) ; ces dernières, en passant à l'état
mnémonique, s'atténuent ; mais ne semblent pas disparaître de la chaîne. Certains animaux continuent
même à pousser de faibles cris de douleur en travaillant, *sans avoir été frappés ni menacés.*

Les sensations représentatives sont éveillées par
des excitations de plus en plus légères (voir p. 218) ;
quant aux réactions musculaires, elles sont très
durables.

On constate en général, chez les animaux dressés,
une grande persistance de la mémoire. Un chien, un
cheval, un singe, un éléphant, dressés à une époque

déterminée, peuvent n'être pas exercés pendant des
années (une, deux, trois, quatre années par exemple),
et cependant rester capables d'exécuter les exercices
appris par eux avec presque autant de perfection,
après ce délai, qu'aussitôt après leur période de
dressage.

C'est la raison pour laquelle il est pratiquement
difficile d'étudier *en dehors des cas pathologiques*, la
dégradation de la mémoire chez les animaux dressés.

Cependant l'étude des *souvenirs légers*, je veux dire
de ceux relatifs à des exercices qui n'ont pas été très
souvent répétés, qui n'ont pas exigé un dressage
bien accusé, peut fournir des faits d'observation.
C'est surtout le dressage d'*amateur*, celui que certains
particuliers font en s'amusant, qui peut ici avoir
quelque intérêt. Les notions qui sont inculquées aux
animaux sans qu'il y ait grande pénétration, impression profonde, tendent à disparaître après un certain
laps de temps. Nous avons pu trouver, dans cet ordre
d'observations, quelques renseignements utiles mais
les cas pathologiques, infiniment plus nets, sont aussi
beaucoup plus intéressants. Ils permettent des constatations qui ont une portée dépassant le domaine de
la psychologie animale, et qui donnent des lumières
sur la mentalité humaine, en confirmant les idées
de certains savants sur la théorie de l'aphasie.

Dégradation de la mémoire chez un Rhésus dressé. —
Un rhésus dressé à l'âge de trois ans, exécutait plusieurs *numéros*; il savait travailler à cheval, franchir
sur le tapis de petites barrières sans poser les mains
antérieures à terre, exécuter le saut périlleux en
arrière, marcher sur les mains antérieures seules,
s'asseoir à table, se servir d'un gobelet, d'une four-
chette, faire l'exercice du fusil et porter la main droite
à la tête, quand on prononçait ce mot : « tête »; à
la jambe droite ou gauche, aux épaules lorsqu'on
lui demandait verbalement ces différents gestes.

Un jour, en exécutant son numéro de voltige à
cheval, le singe manqua son coup, roula dans la piste;
et le poney, au galop, posa sur la nuque du voltigeur, un de ses sabots. On crut que le pauvre artiste,
dont la tête s'était enfoncée dans la sciure, ne revien-
drait pas de là; il resta longtemps évanoui et ne se
remit que fort lentement de cet accident, grâce à des
soins très dévoués et à sa forte constitution. Toutefois, au bout de quatre mois, il sembla pouvoir être
considéré comme guéri; et il nous parut possible de
lui faire exécuter de nouveau ses anciens exercices.
Or, il se rappelait grossièrement les principaux et ne
manquait pas de la vigueur nécessaire pour les exécuter; mais il le faisait sans précision. On avait l'impression d'une atténuation générale des souvenirs.
Les plus difficiles à garder (c'est-à-dire ceux correspondant à des actes moins semblables aux mouvements naturels à l'espèce) avaient surtout subi une
dégradation caractéristique. Il est nécessaire de remarquer que les singes dressés n'oublient pas dans
un laps de trois mois les exercices qu'on leur a appris
et qu'ici la dégradation de la mémoire était bien
imputable à l'accident.

Chez les vertébrés inférieurs et les arthropodes, les
souvenirs d'impressions individuelles non ravivés par
des sensations nouvelles s'atténuent assez rapidement. D'après Yerkes, ils disparaîtraient au bout
d'un mois chez la grenouille verte; mais il s'agit là
évidemment de souvenirs très superficiels; les
autres sont beaucoup plus durables. Il est nécessaire
de remarquer à ce sujet que, dans la nature, l'animal
est constamment exercé et que, dès lors, la persistance d'un souvenir est assurée tant que de nouveaux changements extérieurs, créant des souvenirs
opposés, ne se produisent pas.

§ 3. — Conservation héréditaire des habitudes acquises. Preuves expérimentales. Expérience pratiquée au Muséum.

Une question de la plus grande importance au point de vue de la genèse des instincts est celle de l'hérédité. En effet, si les caractères instinctifs acquis par l'individu, si ses habitudes n'étaient pas transmissibles, tout l'échafaudage de nos inductions s'écroulerait....

Les anciens naturalistes voyaient ici une infranchissable barrière. L'habitude, disaient-ils, produit souvent des effets qui se confondent avec ceux de l'instinct; mais l'habitude se perd, tandis que l'instinct est inaltérable. Or, nous avons vu que l'instinct n'est pas inaltérable et que sa fixité n'est que relative puisqu'il évolue lentement et sans cesse ; d'autre part, les habitudes acquises sous nos yeux peuvent être durables. Enfin, des expériences multiples prouvent que toute acquisition psychique utile devient héréditaire.

On ne lit pas sans surprise ces lignes de l'éminent A. Forel : « Je me suis rangé à l'avis de Weismann. On ne voit pas comment des habitudes réellement acquises, par exemple l'habitude de jouer du piano ou de monter à bicyclette, pourraient transmettre leur mécanisme au plasma germinatif des descendants. »

Romanes a une opinion contraire à celle de Forel [1].

« Il paraît démontré, dit-il, que des tendances et des actions habituelles peuvent naître et se transmettre par voie d'hérédité. » Et, d'autre part : « On peut déterminer le degré auquel des habitudes mentales intentionnellement ou intelligemment acquises par l'individu peuvent se transmettre à la descendance. » (L'*Évolution mentale chez les animaux.*)

1. A. FOREL. *Gehirn in Seele.*

Et l'éminent psychologue rappelle les travaux de
Darwin sur le cas des petits des espèces domestiques
naissant avec les qualités *morales*, de leurs parents.
Or, ce sont là des cas intéressants mais dont la signification est peu nette. En effet, ici, la preuve de la
transmission héréditaire n'est pas certaine ; car on
peut toujours supposer que chaque individu s'instruit
pour son compte personnel, puisque, dès sa naissance
à côté de l'homme, l'animal domestique subit les
influences qu'avaient déjà subies ses parents. D'autre
part, les modifications dans les habitudes du gibier
(de la bécasse particulièrement) depuis le perfectionnement des armes à feu constituent assurément des
indications précieuses; mais ce ne sont là que des
preuves un peu lointaines et en dehors de la consta-
tation rigoureuse et directe des faits.

Ce sujet est extrêmement vaste et si nous voulions
l'embrasser entièrement nous serions entraîné à des
discussions biologiques qui nous feraient dépasser le
cadre de cet ouvrage ; nous aurons toutefois la ressource d'invoquer *des faits* qui nous dispenseront de
discuter.

Il nous a paru nécessaire d'instituer à ce point de
vue des expériences sur des animaux qu'il serait possible de suivre pendant une dizaine de générations.
Nous avons donc commencé, depuis près de huit ans,
une expérience de longue haleine au Muséum, sur la
transmission d'actes réflexes. Nous avons habitué une
chienne et un chien à marcher sur trois pattes, au
commandement; les petits de ce couple ont été
dressés au même exercice et il s'agit de savoir au
bout de combien de générations les descendants naîtront avec le réflexe acquis par les parents au moyen
du dressage. Nous attachons une importance particulière à cette expérience parce qu'elle a été commencée
sous le contrôle du professeur de mammalogie du
Muséum, et qu'elle offrira ainsi toutes les garanties

d'exactitude possibles ; mais nous avons fait d'autres
expériences analogues et qui ont donné les résultats
les plus nets.

Un singe macaque auquel nous avions appris non
sans peine à tuer des rats, donna naissance à des
petits qui chassaient merveilleusement les rats. Des
chats habitués à respecter des souris, ont donné naissance à des petits qui ne prenaient jamais de souris,
même quand on retardait intentionnellement la distribution de leur nourriture. Des passereaux dressés
à tirer la chaîne d'un petit puits pendant six générations, ont donné naissance à des jeunes qui, *sans
dressage*, savaient tirer la même chaîne.

Dès 1895, nous avions affirmé, dans notre *Dressage
des Animaux*, que la faculté d'exécuter au commandement un mouvement enseigné peut se transmettre,
chez le chien, d'une génération à la suivante. Cette
observation nous a valu, quelques années plus tard,
une très intéressante communication de M. A. Orillard
fils, avocat à la Cour d'appel de Poitiers, membre de
notre Institut :

« Une de mes premières élèves fut une chienne
pointer de très pure race, née et élevée chez moi, *Sta*,
dont le pedigree est ci-joint. Saillie par un étalon de
même race et aussi de très bonne origine, *Mylord*
(dont je vous envoie aussi le pedigree, qui, avec les
numéros d'inscription aux différents Livres des Ori-
gines, permet de remonter bien plus haut) — elle
donna naissance, le 3 juillet 1895, à une portée de
5 chiots, dont je ne conservai qu'une seule femelle,
Léa. Or, cette chienne, élevée à la campagne, seule
dans une ferme où je l'avais mise en nourrice, n'ayant
aucun exemple sous les yeux, et n'ayant reçu aucun
dressage, se mit à faire toute seule des pirouettes
lorsque je la repris chez moi, vers 5 ou 6 mois. Sa
mère, *Sta*, avait été dressée par moi aux pirouettes,
à gauche seulement, sa fille *Léa* les faisait également

à gauche. Je dois ajouter que ce n'était pas la pirouette lente sur les quatre pieds ; c'était, au contraire, une pirouette très rapide, presque un bond, avec un enlevé de l'avant-main pendant que la rotation avait lieu sur l'arrière-main. Léa la faisait absolument d'elle-même et sans aucun commandement. »

Ainsi, la transmission héréditaire des habitudes est un fait constaté ; et cependant de quel poids léger doivent être les habitudes inculquées par l'homme, auprès de l'immense période d'éducation des animaux à l'état de nature, éducation renouvelée à chaque génération ! On comprend donc *a fortiori* que toute habitude imposée à l'état de nature a pu devenir un instinct proprement dit. Il est intéressant de remarquer que cette preuve *expérimentale* — la première — a été fournie par la méthode zoopédique.

A propos des abeilles ouvrières, on a soulevé un intéressant problème, dont Bouvier nous semble avoir donné une excellente solution :

« Il est vrai que les ouvrières ne peuvent ordinairement pas se reproduire, et que ce sont elles qui acquièrent des habitudes. Mais cette objection est facile à réfuter.... Il y a dans toutes les ruches orphelines (sans reine) ce qu'on appelle des ouvrières bourdonneuses, c'est-à-dire des ouvrières qui deviennent pondeuses comme les reines, mais qui ne donnent naissance qu'à des mâles, auxquels, d'ailleurs, elles doivent transmettre leurs qualités. Les mâles... à leur tour transmettent les qualités qu'ils ont reçues aux diverses ruches du voisinage. »

Dans certains cas de vie parasitaire, des instincts inemployés s'écroulent par le mécanisme de la sélection naturelle dans la vie de l'espèce. Cet écroulement entraîne du reste celui de l'organe correspondant *si celui-ci n'a pas d'autre emploi.* (Ce sont là les seuls cas où la transformation instinctive peut pré-

céder la transformation organique, d'ordinaire l'une
et l'autre, marchent *parallèlement*[1].)

1. Nous avons montré (Livre III que la fonction ne peut
créer l'organe puisqu'elle est l'organe fonctionnant. Dans le cas
de parasitisme, la mutation instinctive peut devancer celle de
l'organe parce qu'elle est négative ; une *abstention* n'a pas besoin
de *substratum* physique... Voir notre brochure *le Principe des
automorphoses*, SCHLEICHER frères.

CHAPITRE V

LA SÉLECTION NATURELLE ET LA NOTION DE L'UTILE

On avait jusqu'ici demandé à la sélection naturelle d'expliquer en bloc la formation d'à peu près tous les instincts. Nous n'avons pas suivi cette pente ; elle nous a paru dangereuse, et ce n'est qu'au dernier chapitre de la partie de cet ouvrage consacrée aux facteurs des instincts, que nous abordons la question de la *survivance du plus apte*.

« On est généralement d'accord, écrivait Darwin, que les instincts sont, en ce qui concerne la réussite de chaque espèce, dans ses conditions actuelles d'existence, aussi importants que la conformation physique, et il est au moins possible que, sous l'influence de conditions en voie de changement, de légères modifications dans l'instinct puissent être avantageuses à une espèce. Il en résulte que, si on peut établir la moindre variation dans les instincts, il n'y a aucune difficulté à admettre que la sélection naturelle puisse conserver et accumuler constamment les variations de l'instinct qui peuvent être profitables aux individus ; et je crois voir là l'origine des instincts les plus merveilleux et les plus compliqués. »

C'est ainsi que Darwin avait posé le problème de l'origine des instincts : il expliquait tout par *la sélection naturelle*. C'était là, selon nous, une généralisation trop large d'un principe excellent.

Nous avons essayé de prouver que d'autres facteurs

ont coopéré à la formation des instincts. Il n'en est pas moins vrai que la sélection naturelle a eu, dans ce domaine, une influence, qu'il ne faut pas négliger d'indiquer.

La sélection ne peut être créatrice d'instincts ; elle ne peut que compliquer ceux qui existent déjà, en renforçant leurs particularités, ce qui, d'ailleurs, lui fait jouer un rôle important. Aussi lui demandons-nous d'intervenir dans tous les instincts pour les développer.

La sélection, au point de vue psychologique, n'est pas autre chose que la conservation des individus accomplissant des actes qui leur sont utiles et la destruction des individus accomplissant des actes qui leur sont nuisibles.

Récemment, cette question a été posée tout autrement; on ne peut lire sans étonnement l'affirmation suivante de G. Bohn :

« La théorie de la sélection naturelle a eu une influence néfaste sur les biologistes parce qu'elle les a conduits à chercher trop le pourquoi des choses. Une réaction chimique ne se produit pas parce qu'elle est utile à l'organisme, mais parce qu'elle doit se produire dans certaines conditions, qu'elle est assujettie à certaines lois. [1] »

L'esprit ne peut concevoir qu'un organisme dure en étant le théâtre de réactions propres à le détruire. Dès lors, le but même de la science est de comprendre *pourquoi* telle ou telle réaction est *utile* à la vie ; car c'est chercher comment la vie est possible. Il est aussi très scientifique et philosophique d'affirmer que, si, dans le passé, une espèce a pu vivre, il a fallu de toute nécessité, que ses réactions utiles fussent maintenues, et que les nuisibles fussent abolies.

1. Bohn a attaqué vivement le principe de la sélection naturelle et l'a déclaré « faux ». Voir « Application de la chimie-physique à la psychologie zoologique », par G. Bohn, *Bull. de l'Institut général psychologique*, mai-juin 1910.

Chercher le pourquoi de l'utilité des réactions, c'est donc chercher à comprendre le mécanisme de la vie.

En effet, si l'on renonce à la notion de l'utile, il ne faut pas repousser seulement quelques explications darwiniennes ou néo-darwiniennes, peut-être un peu hasardées, et que l'idée de sélection ne suffit pas à étayer, il faut admettre que la sélection n'existe *dans aucun cas*. Darwin l'a dit expressément et avec beaucoup de raison : « Si l'on parvenait à prouver qu'un point quelconque de la conformation d'une espèce donnée ait été formé dans le but de profiter à une autre espèce, ce serait la ruine de ma théorie.... La sélection naturelle ne déterminera jamais, chez un être, rien qui puisse lui être nuisible, car elle ne peut agir que par et pour son bien. Aucun organe ne pourra être formé, comme le remarque Foley, dans le but de causer de la douleur ou de nuire à son possesseur[1]. » Ainsi, si l'on renonce à voir, dans tout phénomène biologique durable, le caractère de l'utile, il ne faut le voir nulle part. Le biologiste qui prend ce chemin devient un métaphysicien fantaisiste.

La nécessité des conditions utiles ne se limite même pas au domaine biologique; le principe d'utilité, dépouillé de toute notion concrète, se présente sous cette forme : « Pour qu'un phénomène se produise, il faut que les conditions nécessaires à ce phénomène soient données ». Tenter d'appliquer les lois de la chimie physique aux réactions des animaux est une entreprise éminemment louable ; mais si les biologistes ennemis de la sélection parviennent un jour à réaliser ce beau rêve, déjà conçu par Leucippe et Démocrite, ils s'apercevront que l'histoire de l'utile est celle de la continuité des phénomènes, et embrasse toutes les sciences, depuis l'astronomie jusqu'à la microbiologie.

1. *Origine des espèces*, p. 221.

LIVRE IV

ÉTUDE DE QUELQUES INSTINCTS PARTICULIERS ET SYNTHÈSES EXPÉRIMENTALES

CHAPITRE I

L'ACTE D'INSTINCT PORTE L'EMPREINTE DE LA LO-GIQUE DES PHÉNOMÈNES EXTÉRIEURS QUI L'ONT RÉGLÉ, COMME L'ACTE ENSEIGNÉ PAR LE DRESSAGE CELLE DE LA VOLONTÉ DE L'EXPÉRIMENTATEUR.

Il est nécessaire pour la clarté du langage, nous l'avons vu, d'établir une distinction entre les phéno-mènes d'adaptation naturelle et l'expérience de dres-sage dans laquelle l'homme intervient directement et cherche à déterminer l'obéissance des animaux, — ce qui est réaliser une adaptation artificielle. Toutefois cette distinction légitime ne concerne que les circons-tances particulières au cours desquelles chacun de ces phénomènes se présente à notre observation. Ces cir-constances une fois écartées, on trouve dans tout phénomène d'adaptation psychologique, dans toute habitude récente, comme dans tout instinct pro-prement dit, les mêmes éléments. (Excitations exté-rieures, sensations, associations.) Les adaptations de

21.

toutes sortes sont un même domaine que l'on aperçoit de points d'observation différents ; il convient de faire ressortir les différences de ces points d'observation, mais aussi l'unité des réalités qu'ils permettent de découvrir. C'est d'ailleurs, en grande partie, de la possibilité d'opérer ces rapprochements que découle l'intérêt profond des expériences de dressage, qui, plus maniables que tout autre procédé d'adaptation artificielle, font comprendre comment les animaux *apprennent*.

Le lecteur a pu se faire la réflexion suivante en constatant que nous assimilons la formation des instincts à un *dressage naturel :* « Nous admettons que les résultats soient finalement analogues ; mais la direction vers un but des actes des animaux dressés s'explique par l'intervention même du dresseur, qui règle leurs mouvements, tandis qu'à l'état libre, l'animal n'aurait trouvé aucun guide pour atteindre à la perfection de ses instincts ! Dès lors, on ne comprend plus la logique de ses actes, à moins d'y voir l'intervention directe de Dieu ou encore l'influence de l'intelligence de l'animal lui-même. »

C'est oublier que la perfection des actes ou des industries des animaux consiste à être adaptés étroitement aux besoins que les circonstances extérieures leur ont créés ; or, les phénomènes extérieurs ne s'enchaînent-ils pas logiquement ? Ce sont eux qui correspondent à l'action raisonnée du dresseur et la *logique des choses* vaut bien celle d'un homme !...

Les phénomènes du monde extérieur qui déterminent chez les animaux des excitations auxquelles les réactions servent de réponses, s'enchaînent généralement. En dehors des révolutions géologiques qui bouleversent toutes choses en un instant, ou de la modification brusque d'un phénomène par un autre qui le contrarie, la nature ne fait point de saut. La rythmicité des phénomènes physiques crée une sorte de rythme dans les complexes associatifs qui en sont une conséquence; et le parallélisme des uns et des autres ou les prévisions apparentes qui résultent de la récurrence des associations donnent l'illusion de la finalité.

En somme, appliquer à des hypothèses relatives à l'évolution du psychisme les notions positives que nous ont révélées les faits d'éducation est aussi légitime que de se baser sur le développement embryologique et sur les données paléontologiques, pour construire des hypothèses phylogénétiques au point de vue de la réalisation des organes, comme l'ont fait les évolutionnistes... De telles inductions sont, croyons-nous, parfaitement compatibles avec le respect de la vérité *objective* que nous avons poussé aussi loin que possible dans un domaine où ne s'étaient guère aventurées jusqu'ici que la foi contemplative ou l'imagination pure, colorée de philosophie.

Mais ce n'est pas assez de bâtir des hypothèses, il faut faire en sorte de les vérifier. Quand les éléments d'un tout sont connus, il est possible, dans bien des cas, de reconstituer ce tout en partant de ses éléments; et, puisque nous croyons connaître les facteurs des instincts, pourquoi ne tenterions-nous pas de réaliser des synthèses d'instincts?

C'est à quelques essais de ce genre que sera consacré notre livre IV.

*
* *

Jusqu'ici nous n'avons donné des exemples expérimentaux que pour baser nos raisonnements analytiques sur les facteurs de l'évolution; or, chaque instinct complexe, dépendant, la plupart du temps, de plusieurs facteurs, il nous a été impossible de suivre dans un même chapitre, la genèse complète d'un instinct. Nous avons supposé que le lecteur, synthétisant nos indications, y trouverait de lui-même les différentes explications nécessaires. Toutefois, il ne sera pas sans intérêt, croyons-nous, d'évoquer rapidement, dans la dernière partie de ce livre, certaines réactions plus ou moins complexes des animaux vivant à l'état de nature et de montrer que des réactions souvent analogues, quelquefois absolument semblables, ont été obtenues par la synthèse artificielle.

Un tel programme exigerait, pour être complètement rempli, de très grands développements; nous devrons ici nous borner à donner quelques précisions du domaine de l'observation objective.

Le dresseur, rappelons-le tout d'abord, ne fait qu'utiliser les excitations extérieures naturelles; et tout son artifice consiste en ce qu'il les multiplie, les augmente en intensité et les fait, pour ainsi dire, converger dans une direction déterminée, comme une lentille capte et dirige les vibrations lumineuses.

Entre les instincts des animaux, déterminés par les circonstances extérieures, et, d'autre part, les talents que les animaux acquièrent par le dressage, il y a une étroite parenté.

Sans confondre les expériences de dressage avec les adaptations naturelles, on est cependant frappé de constater qu'entre les deux séries de faits, les analogies sont très grandes : et l'on peut proclamer *a priori* que les lois du dressage doivent éclairer la question de l'origine des industries animales. Il est du reste très remarquable que les catégories dans lesquelles rentrent les principaux exercices des « bêtes savantes » peuvent aussi renfermer, parallèlement, la nomenclature des principaux instincts naturels.

Les faits matériels de dressage de cirque peuvent être classés en trois genres principaux. Les professionnels réalisent surtout trois sortes d'exercices :

A. — Ils situent les animaux dans l'espace en les obligeant à se mouvoir dans des directions déterminées (évolutions de piste, dressage de chevaux « en liberté », etc.), ou en les faisant séjourner à des points déterminés (répartition d'animaux sur des piédestaux, etc...)

B. — Ils imposent au corps et aux membres des animaux des positions et des mouvements particuliers (Ex. : Exercices de haute école, équilibres, sauts sur place, simulation de la mort, etc.).

C. — Ils font agir les animaux sur des objets, de façon à déplacer ces objets. (Ex. : animaux rapporteurs, prétendus calculateurs, etc...)

Or, la répartition des espèces dans une contrée, les instincts d'approche et de fuite, les migrations, etc..., peuvent être rangés dans une première division, qui correspond à la catégorie A des actes enseignés par le dressage.

De même que, dans une vaste cage « *centrale* », un lion ne dépassera pas une certaine limite tracée par le dompteur à coups de cravache (ou de barre de fer rougie au feu), un herbivore, comme le zèbre, ne dépassera pas, dans la contrée où il vit, une certaine limite tracée par le lion à coups de griffe, dans l'histoire de l'espèce zèbre. Autour du félin, il y a une zone de terreur, un espace vide, comme autour du dompteur.

Les actes de grimper, de prendre des attitudes de combat ou d'amour, la léthisimulation, les changements de physionomie sont à rapprocher des exercices de la catégorie B.

Enfin, l'immense catégorie des animaux qui font des provisions, qui construisent, etc.., correspond à la catégorie C.

CHAPITRE II

DE LA RÉPARTITION DES ANIMAUX DANS LE MONDE

---

§ 1. — Les animaux s'approchent et s'éloignent de lieux et d'objets déterminés. — Expériences de dressage.

Quand il s'agit d'apprendre à un animal des mouvements de fuite ou d'approche de certains objets ou de certains points d'un manège, le dresseur détermine chez son élève une impression affective dynamogène, aussitôt après lui avoir montré ces objets ou aussitôt après le passage du sujet à ces endroits déterminés. Peu à peu la vue des objets, ou les sensations de passage dans les endroits déterminés, s'associent à la sensation affective dynamogène et deviennent elles-mêmes dynamogènes ; elles suffisent dès lors, à elles-seules, pour déterminer la fuite ou l'approche en dehors, bien entendu, de tout raisonnement.

C'est ainsi que la sensation douloureuse et dynamogène d'un coup de fouet fera fuir un cheval ; et que, plus tard, la seule vue du fouet ou d'un geste rappelant l'acte de frapper suffira pour déterminer la fuite ; de même la seule vue d'une carotte, puis le simple geste d'offrir quelque chose, de présenter la main ouverte et *dans laquelle il n'y a rien*, suffira pour attirer le cheval.

Ces mouvements de fuite ou d'approche peuvent être compliqués à l'infini. Or, les voltes, les arrêts, les reculers, les détours savants d'un cheval dressé, tournant autour de piliers, enlaçant des colonnes fleuries, etc... sont des habitudes absolument comparables aux détours d'une bête chassée ou à ceux d'une bête qui chasse. Pour échapper au fouet présenté d'une certaine façon, le dresseur ayant telle position dans la piste, le cheval a pris l'habitude de faire tel ou tel virage ; de même, pour échapper à un chien, un lièvre *fait des crochets...* poursuivi par une meute, un cerf se rembuche, etc...

Les comparaisons à faire seraient, ici, innombrables ; et la remarque générale qui s'impose est que tous ces mouvements d'approche ou de fuite s'expliquent par le seul mécanisme de la récurrence : ce serait braver *la loi d'économie* que d'y voir des manifestations intellectuelles.

Je dois, à ce propos, mettre les psychologues en garde contre ce que les « mémoires » publiés depuis une dizaine d'années par certains dompteurs ont de romanesque. Leurs ouvrages sont empreints d'un idéalisme notoire. La préoccupation très explicable de ne pas déplaire au grand public, qui « aime » les animaux, les empêche de livrer la vérité nue. Quelques-uns, pourtant, ont eu plus de franchise.

La peur est *toujours* employée dans tous les exercices des grands carnassiers ; mais il est bien entendu qu'il ne faut pas la pousser jusqu'à une espèce de *folie* qui pourrait fort bien amener le fauve à se précipiter sur le belluaire. On demandait à Bidel son secret ; il répondit : « J'entre dans les cages avec une trique et un pistolet ; je tape dans le tas, je tire des coups de feu et je crie plus fort que mes lions ! » C'est ainsi qu'il s'y prenait, ni plus ni moins !

La méthode de Hagenbeck diffère de celle de Bidel en ce que les dompteurs de Hambourg[1], tout en ma-

1. M. Sokolowsky, assistant de zoologie au parc de M. Hagenbeck, a bien voulu nous fournir un rapport détaillé sur les procédés des dresseurs employés par le grand marchand d'animaux ; nous lui adressons à ce sujet tous nos remerciements.

tant sérieusement les fauves afin de leur inspirer la crainte indispensable du maître et en les habituant à reculer devant l'épieu ou le fouet, commencent, quand il s'agit d'obtenir des exercices, par épuiser tous les moyens ayant rapport à la gourmandise pour attirer les bêtes sur des piédestaux, des balançoires, etc... où des morceaux de viande ont été placés à l'avance. Ils cherchent, en un mot, à créer des associations d'impressions reliées à des actes de nutrition; mais la peur intervient également. Grâce à ces procédés fondamentaux, on obtient des exercices beaucoup plus compliqués que par les anciens moyens.

On nous a quelquefois objecté que les exercices des grands carnassiers ne semblent pas avoir cette régularité absolue qu'offrent les instincts proprement dits; mais ce n'est là qu'une illusion. Evidemment, tout « domptage » a ses aléas; et il faut tenir compte du temps infiniment court employé au dressage des animaux par rapport à la lenteur de l'établissement des instincts réalisés à l'école de la nature; mais la part de l'imprévu, dans une représentation de cirque ou de ménagerie, n'a pas du tout l'importance que le public lui prête. Les prétendues *péripéties* d'une poursuite, qui, dans un « numéro », donnent l'impression d'une lutte engagée, d'un sport dramatique *sont toujours rigoureusement les mêmes au cours de chaque représentation;* voilà ce que le public ne comprend pas. (Heureusement pour les dompteurs!) Le public ne s'imagine pas qu'il voit jouer une pièce où le nombre des pas de l'homme, ses moindres attitudes, toutes les évolutions des bêtes et souvent jusqu'à chaque rugissement se reproduisent rigoureusement à chaque séance. A chaque position du dompteur correspond une position de la bête; les mouvements qu'elle a faits, lors des premières répétitions, restent souvent accompagnés d'attitudes de révolte parce que le dompteur,

sachant qu'elles impressionnent le public, n'a rien
fait pour les éliminer.

C'est bien d'après des influences extérieures qui ne
sont pas essentiellement différentes de celles employées
par le dompteur que se règlent les fuites et les « ap-
proches » dans la vie libre des animaux. A l'endroit où
la bête a trouvé une proie, elle saura revenir; de l'endroit où elle a trouvé un ennemi elle saura s'écarter;
en un mot, les sensations représentatives *qui ont précédé* les sensations affectives, déterminant attraction
ou répulsion directes, ont une tendance à s'associer à
ces dernières. Plus les mêmes excitations sont répétées et mieux elles sont associées et retenues. On comprend dès lors que, par le simple mécanisme de la
récurrence des associations, les animaux vivant à
l'état de nature peuvent, à certains signes, à certains
bruits, à certaines odeurs reconnaître l'arrivée pro-
chaine d'un ennemi et le fuir avant qu'il se soit montré.

Il n'y a donc pas, comme le suppose F.-C. Selous,
une loi mystérieuse de la nature qui modérerait la
multiplication des lions pour épargner le gibier dont
ils vivent : « La multiplication des lions, écrivait ce
distingué naturaliste, doit probablement être modérée
par quelque loi de la nature, autrement ils seraient
devenus si nombreux dans les parties peu habitées ou
absolument inhabitées de l'Afrique, qu'ils auraient
d'abord détruit tout le gibier dont ils faisaient leur
proie et qu'ils n'auraient plus eu ensuite qu'à mourir
de faim ou à se dévorer les uns les autres... »

Il en serait ainsi pour tous les carnivores, si herbivores (espèces faibles) et carnivores (espèces puissantes) étaient placés dans un enclos. Mais le territoire
où vivent les animaux n'est pas circonscrit par des
murailles; et ce n'est pas la griffe et la gueule du lion
qu'il faut mettre en opposition avec le pied fourchu
d'une antilope, ses cornes peu redoutables pour un
grand carnassier et sa mâchoire inoffensive! C'est ici

l'histoire de l'équilibre des forces physiques et psychiques des espèces; et cet équilibre ne s'établit pas par une lutte *en champ clos*. A la force du lion, éprouvée matériellement par l'antilope, celle-ci oppose ses longues courses, sa circonspection instinctive; un autre animal utilise dans le même cas sa faculté de grimper; un autre, celle de voler, etc... et toutes ces diverses facultés d'échapper au lion se développent en même temps que l'agilité et la ruse de ce dernier. La situation respective de chaque animal reste donc, somme toute, la même; il faut appliquer, ici, un axiome mathématique : la différence entre deux nombres reste constante quand chacun d'eux est augmenté d'une même quantité.

Ce qui, dans un territoire donné, peut détruire l'équilibre des forces animales, c'est un brusque changement dans les conditions vitales... ou bien l'apparition du fusil...

Il ne sera pas inutile de relire, dans notre *Examen psychologique des animaux*, le « journal » du dressage collectif de quelques oiseaux. On verra que, quand on ne leur demande que de prendre des habitudes simples, leurs instincts évoluent avec une rapidité relative assurément beaucoup plus grande qu'on ne le croit en général.

Au bout de quelques séances, en les menant par les ressorts des instincts primitifs, j'ai imposé à des pigeons des *mouvements nouveaux;* je ne leur ai permis de satisfaire *leur faim* que dans certaines conditions, et par la répétition, j'ai fini par leur inculquer l'habitude des mouvements qui leur avaient été nécessaires pour prendre leur nourriture.

J'ai aussi agi sur leur *instinct de conservation* en les chassant avec un fouet et en ne leur laissant de repos que quand ils se trouvaient à l'endroit où je prétendais les voir se poser.

Outre la faim et la peur, j'aurais pu utiliser l'instinct de reproduction, mais il aurait fait double emploi avec la *faim*. On pourrait, par exemple, attirer toute une troupe de pigeons mâles d'un lieu à un autre, en plaçant dans le second une femelle. On arriverait ainsi à les « routiner » aussi bien que par la faim.

N'est-ce pas ainsi que les instincts des oiseaux ont dû se former en ce qui concerne leur habitat et les lieux où ils se nourrissent? La colonne sur laquelle vient se poser le pigeon poursuivi partout ailleurs, n'est-elle pas à comparer au rocher où la mouette a trouvé la paix, loin des attaques des autres animaux, à l'arbre que retrouve le passereau comme un refuge, à la pierre sous laquelle se glisse la scolopendre ou le cloporte ?

Les expériences de dressage, ou concernant d'autres modes de formation des habitudes, donnent des résultats positifs dans toutes les classes zoologiques. Notre opinion sur ce point diffère de celle de G. Bohn : « Il m'est arrivé fréquemment, a-t-il écrit, de conserver pendant des mois, des mollusques, des vers, des polypes en aquarium, en maintenant invariablement la disposition des objets, sans que ces animaux aient pris des habitudes en rapport avec leur environnement ». C'est là, selon nous, une erreur tenant à ce qu'à vrai dire, Bohn n'a pas placé ses mollusques, vers et polypes dans des conditions propres au développement d'habitudes nouvelles.

Si l'on établit avec de petites collines de cendres une sorte de labyrinthe dans lequel on enferme un escargot, il apprend à en sortir de plus en plus rapidement. (Les escargots ne franchissent jamais la cendre.) Les vers de terre, arrosés à une heure déterminée, prennent l'habitude de monter à la surface de la terre un peu avant cette heure-là. Les sangsues prennent l'habitude de se diriger de plus en plus sûrement, à travers un petit labyrinthe, vers un vase rempli de sang. Les hydres auxquelles on donne à manger à un endroit déterminé, y reviennent, si rien n'a été changé dans la disposition de l'aquarium où elles vivent.

Qu'il s'agisse d'espèces inférieures ou très élevées dans la série, les résultats expérimentaux sont les mêmes et révèlent des adaptations dans lesquelles interviennent constamment des associations de sensations par contiguïté et récurrence.

On peut dire, en résumé, que ce n'est pas l'intelligence qui dirige les animaux dans la généralité des cas, et qu'ils sont seulement en rapport par des complexes associatifs avec les *objets* qui les entourent.

§ 2. — Les changements de milieu et la loi de récurrence associative.

Nous devons signaler, à propos de la répartition des animaux, un effet des plus importants de la *loi de récurrence*. Non seulement en dehors de tout raisonnement, mais aussi en dehors de cette influence matérielle des espèces les unes sur les autres, dont a parlé Darwin, les animaux, par le seul fait de la récurrence des associations, *ont une tendance à changer de milieu*. Un animal marin, par exemple un mollusque, qui, originairement, restait sur le littoral à marée basse et se refermait, pour ainsi dire, sur lui-même pour ne s'épanouir de nouveau et se nourrir qu'à marée haute, peut « anticiper » par récurrence associative et se mettre en mouvement avant d'être recouvert par l'eau. Or, il continuera à anticiper tant qu'il ne se heurtera pas à l'impression douloureuse du nocif, c'est-à-dire tant que ses organes pourront fonctionner tout en étant dans des conditions nouvelles et en éprouvant d'abord une certaine gêne, compensée par certains avantages. Si ce mollusque se nourrit mieux, si les circonstances veulent qu'il trouve plus de nourriture en restant à découvert quand la mer se retire, il finira par s'adapter, et devancera de plus en plus le moment où la mer revient. Si bien qu'il en arrivera à abandonner complètement la vie pélagique et deviendra terrestre. De même, un animal diurne, qui sort le matin, finira par partir avant le jour, quand les signes précurseurs du lever du soleil se feront sentir, et, s'il lui est *utile* d'évoluer dans cette voie, il finira par sortir pendant la nuit. Il y a donc, par suite de la récurrence des associations, une tendance à changer de milieu, et aussi à agir à des moments différents de la journée.

Le cas de notre chien plongeur Emile, qui eut son heure de célébrité, et qui présentait une véritable adaptation physiologique et psychologique à la vie aquatique, est intéressant à ce point de vue. Ce chien plongeait au commandement ou de son propre mouvement, *dans la mer*, jusqu'à 4 ou 5 mètres de profondeur, et était capable de rapporter un poisson presque à chaque plongée. Abandonné à lui-même, il aurait pu certainement vivre à la manière des loutres de mer ; les doigts de ses pattes s'étaient écartés et présentaient des étalements de la peau semblables à des palmures de Foulque. Laissé libre pendant plusieurs mois, dans un port de mer, il partait vers la plage de plus en plus tôt, et restait de plus en plus longtemps dans l'eau : il y est parfois resté trois heures sans atterrir !

De telles adaptations réalisées avec tant de rapidité, font comprendre comment certains carnassiers terrestres ont pu se transformer en carnassiers aquatiques, revenant ainsi (tout en conservant leurs poumons) à l'élément dont tous les vertébrés terrestres sont sortis.

§ 3. — Etude expérimentale de l'interdépendance des animaux.

Le droit de propriété territoriale est, chez la bête, celui du premier occupant, et va jusqu'aux limites matérielles que l'individu ou la collectivité peuvent défendre. Ce serait singulièrement idéaliser les choses que de voir ici des raisonnements, des idées de justice, de droit à la vie, etc. Des expériences pratiquées à l'Institut de physiologie zoologique ont permis d'établir une relation entre la force musculaire des animaux et les dimensions des territoires qu'ils possèdent, c'est-à-dire dans lesquels ils ne tolèrent pas de visites intéressées.

1° On a placé dans un vaste terrain clos des animaux de même espèce (rats), chaque mètre du sol étant, chaque jour, pourvu d'un même poids de nourriture et des mêmes éléments pouvant constituer des abris ; or, on a pu constater que chaque animal occupait et défendait contre toute incursion une surface dont la superficie était directement proportionnelle à sa force, mesurée au dynamomètre ;

2° Les dimensions de cet enclos ayant été réduites progressivement, on a remarqué que les superficies des territoires occupés restaient entre elles dans les mêmes rapports ;

3° Si on organise autrement l'expérience en créant des territoires plus ou moins riches en nourriture dans un même enclos, ce ne sont pas nécessairement les rats les plus forts qui occupent les meilleurs endroits. La première occupation semble fortuite ; et, tant que la nourriture est suffisante, l'animal s'en tient à sa propriété et la défend ; il ne cherche pas à faire des conquêtes. Mais, dès que d'un côté de l'enclos la nourriture se fait trop rare, il y a des combats acharnés ;

4° La privation devient un très vif stimulant. Quand plusieurs rats tendent en même temps à effectuer des actes qui aboutiront à la satisfaction d'un même besoin, ils ne se battent pas, tant qu'ils ne sont pas amenés par la force des choses à se gêner mutuellement ; ils n'en viennent à la lutte que quand, étant en présence de la nourriture, elle se trouve insuffisante pour eux tous. C'est ainsi qu'ils emploieront de concert le même tunnel pour parvenir à une réserve de grains, quittes à se battre plus tard s'il le faut.

On peut même constater chez les rats de véritables associations temporaires ; ils se groupent pour se tenir chaud ; ils travaillent ensemble à creuser la terre ; mais ces associations ne vont jamais loin, précisément parce qu'ils sont extrêmement intelligents : ils comprennent quel intérêt *personnel* ils ont à se diviser dès le moment où leur réunion n'est plus qu'une cause de préjudice pour chacun. D'autres animaux, moins intelligents, resteraient unis, comme font les abeilles, qui ne voient guère leur intérêt individuel et sont sacrifiées à l'espèce (nous ne disons pas *se* sacrifient à l'espèce, comme l'ont écrit certains idéalistes).

Dans toutes les associations, l'on trouve, non pas *un instinct* particulier de sociabilité, mais un état social, un état d'association imposé par l'intérêt immédiat. Il n'y a pas des animaux sociables et d'autres qui ne le sont pas : tous peuvent s'associer, mais tous ne le font pas, soit que les circonstances extérieures n'aient pas rendu utiles ces groupements, soit que l'intelligence les limite en éclairant l'individualisme, et les réduise à des rapprochements momentanés.

W.-H. Wheeler vient de publier un intéressant ouvrage sur les mœurs sociales des fourmis[1], dans lequel

1. ANTS, New-York (1910).

il admet que le groupement social a dû se faire chez des insectes ayant déjà des mœurs familiales et que la production des neutres est déterminée par le défaut de nutrition. Ce savant estime que les neutres sont des formes faméliques, l'instinct spécial aux ouvrières, celui d'aller aux provisions, proviendrait directement d'un état de faim chronique. On a objecté à cette théorie que, malgré leur faim les ouvrières ne prennent pour elles-mêmes qu'une partie de leur butin ; mais il n'est pas nécessaire de supposer que l'ouvrière est restée un être affamé. Elle a pu réaliser l'état du neutre, ne plus souffrir de la faim, *par le fait même de sa réduction* physiologique et continuer à jouer un rôle utile à la communauté en exerçant à son profit les talents de pourvoyeuse qu'elle a particulièrement développés pendant la période où elle souffrait de la faim.

Toutes ces questions si captivantes ont fait l'objet d'un programme spécial de sociologie comparée que les chercheurs de l'Institut de psychologie zoologique espèrent pouvoir remplir, du moins en grande partie.

§ 4. — Le retour au nid.

Du jour où l'être vivant n'est plus nourri par la substance même dans laquelle il baigne, comme les monères primitives, du jour où il se trouve plus ou moins éloigné de la matière nécessaire à sa nourriture, il faut pour la trouver qu'il acquière des sens, que ces sens s'affinent de plus en plus et aussi, dès que l'impression sensorielle directe devient impossible, qu'il associe la sensation que lui cause sa nourriture à d'autres impressions plus ou moins grossièrement représentatives. Et ce sont, naturellement (en dehors du hasard), des impressions perçues *avant* la sensation de se nourrir qui lui permettent plus tard de trouver des aliments en lui indiquant le chemin qui conduit où ils se trouvent.

Au bas de l'échelle, malgré des déchets énormes, occasionnés par maintes causes de destruction et en grande partie par l'inaptitude des jeunes et des adultes à chercher utilement leur nourriture, l'immense profusion des germes explique la continuité de la vie; mais les germes pourront devenir moins nombreux et les fins de la nature seront satisfaites quand même, si l'animal, en évoluant, apprend à se diriger de plus en plus loin vers les matières alimentaires, vers les êtres du sexe complémentaire et sait aussi revenir à un abri, à un nid où les causes de destruction agissent avec moins d'intensité. Or pour cela, l'orientation lointaine devient nécessaire. C'est encore le phénomène de récurrence qui va l'expliquer.

Chez un grand nombre d'espèces il importe que l'animal trouve un abri et sache le retrouver après s'en être éloigné. Par bien des côtés, le problème intéressant du retour au nid se confond avec celui de la direction pour la nutrition et pour la reproduction; mais il a, pour l'observateur, cet avantage de supposer un point fixe qui facilite l'étude matérielle : le nid une fois connu, les retours à ce nid sont relativement faciles à observer, tandis que la recherche de la nourriture offre moins de précision.

Certains animaux restent toujours en communication sensorielle directe avec le nid. Ils peuvent d'ailleurs prolonger beaucoup la portée de leurs sens grâce à la loi de diminution de l'intensité de l'excitation nécessaire à la réaction (v. p. 218). Mais suivons un animal au sortir d'un nid qu'il vient d'adopter et voyons comment il pourrait passer du régime de la sensation directe le rattachant au nid, au régime des souvenirs associés lui permettant de le retrouver.

Tant qu'au cours de ses pérégrinations, un animal terrestre n'éprouve pas le besoin de l'abri du nid,

rien ne l'invite à se rappeler le chemin qu'il suit
quand il s'en écarte, et il n'est pas, en général, assez
intelligent pour se préoccuper intellectuellement de
son retour (ce serait là un cas très exceptionnel, qu'il
n'y a pas à envisager en ce qui concerne la généralité
des espèces). Mais un moment arrive où le besoin du
nid se manifeste, parce qu'il devient nécessaire d'y
trouver un refuge contre des attaques, d'y manger
des provisions amassées ou simplement de s'y reposer.

Si la communication sensorielle directe a subsisté,
le retour est bien simple : la représentation du nid,
renouvelée sensoriellement, déclanche les réflexes de
retour. Or, dans ce retour, les états affectifs correspondant à la présence dans le nid sont *précédés* de
toute une chaîne d'impressions représentatives qui,
lors de parcours successifs, vont s'associer par récurrence. Le fait de ces associations récurrentes per-
mettra de revenir de plus en plus sûrement, et aussi
de plus en plus loin, parce qu'en admettant la communication sensorielle directe coupée, il suffira que
l'animal, pour retrouver son chemin, soit impressionné
sensoriellement par le substratum d'une des dernières
sensations associées, lors des retours antérieurs, c'est-
à-dire qu'il perçoive quelque indication tactile, visuelle
ou olfactive, à la limite de la zone connue.

A. — CAS DU PIGEON VOYAGEUR. — Nous avons consacré
de nombreux mémoires au cas particulier du pigeon
voyageur [1], qui a fait l'objet de recherches expérimentales très suivies à l'Institut de psychologie zoologique.
Ses retours dans une *zone rapprochée* s'expliquent
pour nous par la vue directe du pigeonnier. *A partir*

1. Voir le *Bull. de l'Institut de psychologie zoologique*
(SCHLEICHER frères, octobre 1903), les comptes rendus du
Congrès de psychologie de Genève, la *Revue scientifique* du
25 février 1911, etc. Nous tenons à remercier ici MM. Duchâtel,
Deneuve, Lambotin et Guibert qui nous ont fourni d'intéressants
documents relatifs au pigeon voyageur.

d'une certaine limite, il faut faire intervenir la loi de diminution de l'intensité nécessaire à l'excitation capable de déterminer la réaction et aussi les lois de l'optique. En effet, grâce à la réfraction, le pigeon peut rencontrer, à une hauteur plus petite qu'on ne croyait, les rayons venant de son colombier, placé au-dessous de l'horizon d'un homme qui se trouverait au point du lâcher. Pour expliquer les phénomènes de retour de *zones lointaines*, il faut faire intervenir des associations de sensations.

Zone lointaine. — La loi relative à la diminution de l'intensité nécessaire à l'excitation capable de déterminer la réaction, et celle concernant la propagation de la lumière dans des milieux réfractifs ne suffisant plus pour expliquer les phénomènes de retour des zones lointaines, il faut y faire intervenir également des associations de sensations.

Quelles sont ces sensations? Il ne peut s'agir de la notation par la mémoire visuelle de *points de repère* proprement dits, pris pendant le voyage d'aller, puisque les pigeons de concours sont expédiés dans des fourgons clos. Les impressions notées sont celles que l'oiseau a enregistrées *au moment du lâcher* et pendant le parcours de retour, lors des épreuves successives; et voici l'un des points sur lesquels notre hypothèse diffère de l'explication ancienne par la mémoire topographique : ce n'est pas pendant le voyage d'aller que les souvenirs se sont gravés dans la mémoire du pigeon. Les lâchers successifs, effectués de plus en plus loin, permettent à l'oiseau de prendre rapidement une impression visuelle d'ensemble, au moment du lâcher, des territoires situés entre le point de lâcher et la bande connue de l'horizon; ces territoires deviennent pour le messager un prolongement des lieux connus, vers lequel il se dirigera, lors des voyages suivants, dont le point de départ sera encore reculé.

Ces conclusions[1] diffèrent donc, de celles auxquelles est arrivé A. Milne-Edwards dans son hypothèse d'un sens topographique.

B. — LE RETOUR AU NID CHEZ DIFFÉRENTES ESPÈCES. — Nous sommes loin de vouloir expliquer de la même façon tous les phénomènes de retour au nid dont les différents animaux donnent le spectacle. Chez certaines espèces supérieures (chiens, chats, etc.) on a pu constater des retours dus certainement, non pas à une faculté d'orientation spéciale, mais à l'intelligence. C'est ainsi que des chats et des chiens sont revenus chez leurs maîtres de fort loin parce qu'ils avaient eu l'idée de sauter dans un bateau ou dans un train *qu'ils connaissaient*, qu'ils avaient déjà pris en sens inverse. Nous devons à notre distingué collègue de l'Institut de psychologie zoologique, le Dr P. de Mirimonde, une relation extrêmement intéressante d'un fait de ce genre parfaitement contrôlé et relatif au chien Lamock, qui s'embarqua au Japon pour revenir en France. Nous avons aussi des exemples de chats qui spontanément ont pris un bateau pour rejoindre leur maître.

Ces faits sont si peu dus à un sens particulier d'orientation que, dans les concours qui se font en Belgique sous le nom de *courses de chats*, des animaux abandonnés à quelques kilomètres de la maison du maître se perdent fort bien, ou sont des semaines à rentrer, quand le lâcher a eu lieu en terrain visuellement inconnu.

Nous avons, de concert avec la *Société protectrice des animaux*, essayé de rapatrier des chiens mis en fourrière ; quand l'*opérateur partait* de la fourrière même, en tenant le chien en laisse, ce dernier reve-

1. Voir l'article « Pigeon » dans *les Animaux domestiques*, ouvrage publié sous la direction de G. DE VOOGT. Ernest Flammarion, édit.

naît chez son propriétaire en entraînant l'homme,
docile à le suivre ; c'est que, dans ce cas, il était sur
un chemin visuellement connu ; en revanche quand,
dans un but expérimental, on mettait le chien dans un
panier au sortir de la fourrière et on l'emportait ainsi
à la campagne, il ne retrouvait pas sa route. Il fallait, pour qu'il s'orientât par la suite, le ramener à la
fourrière et le laisser libre de chercher sa direction.

Chez les fourmis, il semble que l'élément musculaire
est le principal dans l'orientation : « Car une fourmi
individuellement déplacée par translation, sans qu'elle
s'en aperçoive, dans un milieu analogue, continue sa
marche suivant un chemin tel qu'au moment où elle
s'arrête, si elle n'avait pas été déplacée, elle aurait
vraiment atteint l'orifice de son nid... en d'autres
termes, elle suit un chemin dont la courbe est super-
posable à celle qui l'aurait exactement menée à son
nid. » (H. Piéron, Cong. de Rome).

Les souvenirs musculaires ont une importance relativement considérable dans les voyages de retour
chez tous les animaux qui, comme les fourmis,
creusent le sol et se meuvent dans l'obscurité. Des
expériences pratiquées à l'Institut de psychologie zoologique, ont mis ce fait en relief. Des souris ont été
habituées à décrire, au sortir de leur cage, dans des
couloirs seulement un peu plus larges que leur corps,
un parcours déterminé, avec des changements de
direction. Plus tard, munies de petites boules de
plombagine et lâchées dans l'obscurité sur une feuille
de carton elles décrivaient exactement les mêmes circonvolutions enregistrées par le tracé de la boule de
plombagine. Ce n'est que lentement, après maintes
répétitions, que le parcours se simplifiait.

Nous avons étudié comparativement, d'une part des
rats, d'autre part des chevaux habitués, les uns et
les autres, à un parcours comprenant différents changements de direction, et auxquels on bandait les yeux

après les avoir mis sur la bonne route. Les chevaux se sont égarés constamment. De vieux chevaux d'omnibus, habitués à traverser Paris, et auxquels nous bandions les yeux, avaient toujours besoin d'être conduits; mais en arrivant dans certains quartiers (nous croyons qu'ils en reconnaissaient les odeurs et les bruits), il leur arrivait de devancer les effets des guides, pour changer de direction. Par leurs propres moyens, il est évident qu'ils n'auraient jamais pu aller du point de départ au point terminus sans le secours de la vue. Il n'en fut pas de même des rats et des souris que nous avons forcés à parcourir rapidement des labyrinthes compliqués et qui retrouvaient toujours fort bien leur route sans aucune lumière, sans piste olfactive (on ne se servait pas deux fois du même labyrinthe). En revanche, ces derniers se perdaient, quand, à l'aide de petits vêtements raides, on gênait leurs mouvements. Ne pouvant plus prendre leurs positions habituelles, ni, par conséquent, ressentir les mêmes sensations musculaires, ils se perdaient toujours, ou ne se retrouvaient que par hasard.

On se sert souvent à tort des expressions de sensations de mouvement et de sensations musculaires, comme si elles étaient synonymes. Les philosophes ont cependant démontré que la nature du *mouvement s'oppose : « à ce qu'il puisse être jamais appréhendé dans la sensation.* » « Toute sensation, a écrit Rabier[1], se réalise dans le présent et ne réfléchit que le présent. Une sensation peut durer sans doute, mais elle n'a pas besoin de durer pour être ; et quand elle dure elle ne fait que se continuer ou se répéter telle qu'elle était au premier instant, dans tous les instants consécutifs... le mouvement, au contraire, n'est réalisé que par le moyen d'une certaine durée; il n'est jamais donné dans *un instant quelconque* de cette durée. »

1. *Leçons de philosophie*, p. 108.

Quand nous disons qu'un animal peut se diriger par
le sens musculaire, cela signifie qu'il peut se rappeler
une suite de sensations musculaires correspondant à
des impulsions motrices déterminées.

§ 5. — Les Migrations

Les conditions géologiques et climatériques ont forcé
les animaux à effectuer de nombreuses migrations.
Les unes ont été définitives; et seule la paléontologie
nous en montre les traces (nous savons, par exemple,
qu'il y avait, autrefois, des lions en Europe, parce que
nous trouvons leurs restes dans le sol); les autres
migrations ont été réglées sur les saisons et régulièrement suivies de *retours*. Seules, les espèces volantes
ou rapides ont pu adopter ces allers et retours.

Les expériences dans ce domaine comportent
beaucoup d'aléas. Les oiseaux marqués, munis de
bagues et abandonnés à eux-mêmes sont bien rare-
ment recueillis par des personnes capables de comprendre l'intérêt qu'il y aurait à informer de leur trouvaille les organisateurs de l'expérience. D'autre part,
les oiseaux migrateurs, longtemps prisonniers, ne
partent pas d'un seul coup dans la direction qu'ils
doivent prendre finalement; ils tournent souvent dans
tous les sens, prennent quelquefois une direction pro-
visoire; et il est difficile d'observer le mécanisme de
leur départ, dès que quelques secondes se sont
écoulées, parce qu'on les perd très rapidement de vue.
Aussi, avons-nous cherché à savoir : 1° Si, *captifs*
dans de vastes enclos, et «ciselés» (ayant l'extrémité
des ailes coupée) ils ne se rassemblent pas, au
moment où le départ devrait normalement se produire,
sur certains points de leurs parcs situés du côté où
devrait se faire la migration et si, 2° par une chaleur
artificielle ou par des influences magnétiques, on ne

pourrait pas faire varier ces points, ce qui montrerait, le cas échéant, à quelles influences obéit l'oiseau.

Nous nous contenterons d'indiquer ici le dispositif qui nous a permis d'étudier certains mécanismes des migrations surtout chez les Vanneaux. Il consiste en deux longs couloirs limités par des filets et formant une croix parfaite. A leur intersection, se trouve un grand carrefour. Chaque extrémité de la croix est munie d'un abri, dont la température, modifiée à volonté, peut devenir assez élevée et se faire sentir jusqu'au carrefour.

D'abord les vanneaux, placés dans le carrefour central, et libres de se diriger vers l'embranchement qui leur semblait le plus favorable, ont toujours choisi l'abri le plus chaud, sans aucune « considération » pour les influences magnétiques extérieures, dont on a si souvent parlé. Puis, en provoquant des sensations représentatives diverses, *avant* des impressions d'abaissement artificiel de température dans le carrefour, nous les avons rattachées à l'impression de froid et nous avons, dès lors, obtenu des départs vers la branche la plus chauffée, par exemple après un effet lumineux ou encore après un son prolongé, n'effrayant pas les oiseaux.

Ce fut là une démonstration de la *loi de récurrence* et une explication des prétendues prévisions raisonnées des oiseaux migrateurs, ce fut aussi l'une de nos premières *synthèses d'instinct*.

L'espèce de prévision de l'avenir que nous montrent les migrateurs avait jusqu'ici paru inexplicable : « Lorsque les animaux migrateurs, écrivait Milne-Edwards, changent de climat, ils n'attendent pas pour partir que le froid leur soit devenu insupportable... mais ils *précèdent* les empiétements de l'hiver et se transportent tout de suite et presque tout d'un trait dans les régions tropicales. » Et Milne-Edwards concluait que ce phénomène est « inexplicable. » C'est qu'il n'envisageait pas : 1° la loi de diminution de l'excitation nécessaire à la réaction, qui permet aux animaux de réagir à des impressions très faibles, c'est-à-dire pouvant venir de très loin; 2° la loi de récurrence des associations, qui explique pourquoi, sans aucun raisonnement chez l'animal, les signes précurseurs d'un changement de temps ou d'un événement quelconque peuvent devenir dynamogènes.

Bien des signes extérieurs, annonçant des événements aux animaux, peuvent être facilement discernés par l'observateur parce qu'ils sont fournis par l'homme lui-même : ainsi, dans de nombreuses contrées, on a remarqué que les cailles quittent nos pays dès qu'elles constatent qu'on rentre les récoltes. D'autre part, la diminution de la longueur du jour, la chute des feuilles de certains arbres semblent servir de signaux pour de nombreux oiseaux, tels que les colombins des grands parcs qui partent en octobre.

Par le fait de la récurrence des associations, le départ de l'oiseau migrateur *devance* en somme, les grands froids, mais il se peut que ce départ se produise après des signes qui, d'ordinaire, précèdent les froids et qui, accidentellement, peuvent n'être pas suivis d'une diminution de température. Alors l'instinct est en défaut; il y a *une erreur* par contiguïté de sensations. « Ne prenons que pour ce qu'elle vaut, écrivait dans une de ses brillantes chroniques du *Temps*, M. Cunisset-Carnot, l'indication tirée des voyages des hirondelles pour fêter la venue du printemps ou signaler l'arrivée des frimas : elle est vague et peu sûre ».

§ 6. — Connaissance pratique de l'étendue. — Étude expérimentale du saut.

Il est logique de penser que le premier des sens qui ont donné aux animaux des renseignements sur les

surfaces et les longueurs fut le toucher; mais c'est en
embrassant plus ou moins largement les objets, en les
serrant, en les palpant, que les animaux ont pu avoir
une notion plus complète de leurs dimensions; il y
a donc là un emploi du sens musculaire. Plus tard les
sensations visuelles s'étant associées à celles des deux
autres sens de l'espace, les bêtes ont pu évaluer de
loin une distance, l'écartement d'une branche, la
largeur d'un fossé. Mais l'animal doué de facultés
sensorielles développées et qui, par des expériences
répétées, a pris connaissance de l'aspect extérieur de
son propre corps et des objets qui l'environnent, en
tirera-t-il une notion *abstraite* de l'étendue? Saura-t-il,
le milieu habituel étant changé, adapter immédiatement un effort musculaire à une distance à franchir?

Le saut est intéressant à étudier à ce point de vue.

Tant qu'un saut se produit dans les conditions naturelles et ordinaires, on peut se demander s'il n'y a pas,
chez l'animal, des adaptations purement matérielles
opérées à la suite d'expériences successives dans la
vie de l'espèce et dans celle de l'individu. Le cas
échéant, celui-ci ne *choisirait* pas un élan en rapport
avec une distance, mais la vue de telle distance à
franchir déterminerait directement tel effort musculaire, adapté une fois pour toutes à une condition
donnée. En revanche, quand les circonstances naturelles sont entièrement modifiées, si l'acte physique
s'adapte encore *immédiatement* aux conditions extérieures, il semblera permis de supposer que l'animal
a profité d'une notion générale de l'étendue, c'est-à-
dire qu'il en a une connaissance intellectuelle, et qu'il
proportionne *mentalement* la quantité d'énergie à
employer aux conditions nouvelles imposées.

Les conditions d'un saut ne sont certes pas assez
modifiées quand, au lieu d'un fossé naturel ou d'une
branche d'arbre, on emploie un fossé artificiel ou des
appareils de cirque; trop d'éléments connus se trou-

vent encore reproduits. Mais il n'en va pas de même lorsque, par le dressage, on obtient un saut *en arrière* avec révolution totale du corps (saut périlleux).

Nous avons eu des chiens dressés à exécuter ce saut et qui prenaient grand soin de *jeter un rapide regard derrière eux avant de bondir*, afin de voir s'ils disposaient d'assez de place pour pouvoir exécuter leur exercice sans risquer de heurter un obstacle. Profitant de cette prudence, nous eûmes l'idée de disposer *derrière eux*, successivement, une barrière, deux barrières, et trois barrières, dans des plans parallèles ; et nous pûmes constater que ces chiens proportionnaient toujours fort exactement leur élan à la distance à franchir.

Il est important de remarquer qu'ils n'avaient fait aucune expérience matérielle de sauts suivis d'accidents, que le saut en arrière leur avait été appris de façon qu'ils retombent très près du point de départ, sans « tracasser » en arrière, comme on dit en argot de cirque, et que, dès le premier essai, ils réussissaient à franchir la ou les barrières. Il semble donc bien qu'il y ait dans ce fait une preuve de l'existence d'une notion intellectuelle de l'étendue. Pour étudier des animaux auxquels on ne peut apprendre le saut périlleux en arrière, nous avons apporté une perturbation dans le saut que nous leur demandions de faire au-dessus d'un obstacle. Nous avons obtenu cette perturbation au moyen d'un tremplin *fuyant* sous la pression et qui diminuait l'énergie de leur élan. Il s'agissait de savoir si l'adaptation, — qui devait être, dans ce cas un effort compensatoire, — serait immédiate ; c'est-à-dire suivrait un premier essai de l'appareil et se révélerait dès le second essai.

Lors d'une épreuve préparatoire, nous faisions monter l'animal sur le tremplin et nous lui donnions tout le temps nécessaire pour reconnaître que c'était là un terrain instable et fuyant.

Or, l'adaptation, très lente chez les mouflons, bouquetins et autres herbivores, a été presque immédiate chez les singes [1] et les grands carnassiers. Dans le même ordre d'idées, il n'est pas sans intérêt de se demander si un animal très intelligent est capable de *diriger* une voiture, sans être lui-même guidé par son dresseur. *Les chimpanzés le font très facilement.* On a exhibé des éléphants, des lions, des ours, des chiens, des perroquets, qui, montés sur des vélocipèdes ou des automobiles, *avaient l'air* d'éviter des objets, de décrire volontairement des courbes parfaites et même un huit de chiffre. Mais, chaque fois, nous avons pu constater que la direction était donnée par un mécanisme souvent fort ingénieux ou par un compère dissimulé dans le corps de l'appareil.

En résumé, la connaissance abstraite de l'espace e. terait chez les espèces supérieures et serait appliqué; par elles à des cas simples; mais, seuls parmi les animaux que nous connaissons, les chimpanzés auraient l'intelligence assez développée pour se servir de véhicules en tenant compte des distances. Ce sont du moins les conclusions positives auxquelles nous ont conduit jusqu'à présent nos expériences.

---

1. Avec les singes, on pourrait également employer le « saut périlleux », qu'ils exécutent fort bien.

CHAPITRE III

LES ATTITUDES, LES GESTES ET LE LANGAGE DES ANIMAUX

---

§ 1. — Méthode de notation des gestes. — Travaux du statuaire Ed. Merite.

Jusqu'à ces dernières années, à part Darwin, et de rares auteurs, les biologistes n'avaient observé parmi les mouvements des animaux que ceux qui déterminent la marche, la reptation, la natation et le vol; ils se plaçaient en les étudiant au seul point de vue de la mécanique musculaire, sans se demander ce que peuvent avoir de significatif pour le psychologue les attitudes, les gestes, les jeux de physionomie et les manifestations vocales des bêtes. Il y avait là une science à créer, des procédés d'investigation à inventer, une méthode de recherche à instituer; tout semblait à faire dans ce département de la psycho-physiologie.

Un grand nombre de documents écrits et dessinés ont été réunis à l'Institut de psychologie zoologique sur les attitudes et les actes caractéristiques des animaux; une section de notre Société s'est consacrée particulièrement à cette question[1]; et nous avons pensé que

---

1. Nous avons fondé à notre Institut une section spéciale d'études d'esthétique zoologique que présida l'illustre Frémiet et qui organisa, au Petit-Palais, en 1904, une exposition d'animaux naturalisés dans des attitudes prises *réellement* dans la nature et caractéristiques, au point de vue psychologique.

l'aide de peintres et de sculpteurs nous serait très utile en ces matières. En effet, les animaux, à part quelques admirables virtuoses, mènent une existence à peu près silencieuse; leur « âme » tout entière se peint dans leurs actes; et nul n'est plus à même d'évoquer ces actes qu'un peintre ou un sculpteur.

Les travaux de l'éminent statuaire Ed. Merite ont été pour nous une contribution infiniment précieuse. Au point de vue de la documentation exacte, Ed. Merite dépasse certainement et de beaucoup, les limites de ce qui est strictement utile à son art; il aime les animaux, et c'est à cause de cela qu'il est fort intéressant de l'entendre dans un milieu comme le nôtre. Merite a surtout fait des recherches sur l'angle formé par la tête avec l'axe du corps et a mis à notre disposition plusieurs centaines de croquis exécutés d'après nature au Groënland, dans les grandes chasses françaises et dans les jardins zoologiques.

Quelques artistes nous ont également fourni des observations. Mais les renseignements que peuvent recueillir les peintres et les sculpteurs sont des indications dont il n'aurait pas été possible de profiter si nous n'avions pu établir un système de notation graphique précis. Nous donnerons ici une idée générale de la méthode employée dans ce but à notre Institut.

Toutes les parties rigides du corps d'un animal, c'est-à-dire celles qui ne peuvent comporter d'articulation qu'à leurs extrémités, se meuvent nécessairement d'une seule pièce, comme des rayons évoluant dans une sphère; le point central est ici la charnière articulaire la plus rapprochée du tronc et la surface de la sphère est l'ensemble des points que peut successivement occuper l'autre extrémité. (Il est évident, d'autre part, que le point central considéré comme fixe dans chaque sphère ne l'est pas en réalité et peut être entraîné par les mouvements de parties plus rapprochées du tronc, auxquelles il est relié lui-même,

ou par le corps tout entier.) Or, l'attitude générale
d'un animal serait donnée si l'on pouvait indiquer de
façon exacte les positions des extrémités agissant
comme libres sur les différentes sphères de tous les
segments. Et il suffit pour cela de supposer chaque
sphère divisée par des cercles déterminant des degrés
de longitude et de latitude et d'y inscrire la position
de chaque extrémité libre.

Les mouvements de torsion, les enroulements de la
queue, du cou (chez certains échassiers et palmipèdes,
par exemple), les plissements de la peau, les gonfle-
ments musculaires, la saillie des tendons doivent
faire également l'objet de notations spéciales.

Il faudrait étudier les mouvements sous les rapports de la nutrition, de la reproduction et de la
défense ; et l'on constaterait que, dans ces divers
domaines, les complications des réflexes primaires
sont d'une extrême variété, ne le cédant en rien à
celle des industries qui supposent l'action de l'animal sur des objets. Il faudrait écrire la philosophie
des « gestes » des animaux, depuis ceux des grands
singes, si semblables à ceux de l'homme, jusqu'à
l'acte de couler vers la substance qui nourrit, réalisé
par une amibe.

Le sommeil et les attitudes des animaux pendant
cette période de repos sont aussi d'intéressantes questions et ont fait l'objet d'observations de plusieurs de
nos collègues dans différents jardins zoologiques[1].
Les recherches de ce genre ne constituent pas la partie la moins originale des travaux entrepris depuis
une dizaine d'années à l'Institut de psychologie zoologique.

1. Signalons, d'autre part, les récents travaux de Legendre et
Piéron sur le sommeil. Ces expérimentateurs ont constaté que
le sommeil semble dû à la formation pendant la veille d'une
substance hypnotoxique.

§ 2. — Le sens de l'équilibre. — Expériences.

Toutes les attitudes ont ceci de commun qu'elles sont soumises plus ou moins directement aux nécessités imposées par l'équilibre du corps entier. Sans pouvoir entrer dans l'étude détaillée du sens de l'équilibre, nous indiquerons ici les raisons pour lesquelles nous croyons à son existence.

Quand on appuie progressivement, de plus en plus, les deux mains à plat contre la partie latérale du corps d'un cheval, à peu près au point où passent les sangles de la selle, on peut constater qu'il oppose à cette pression un déplacement de son poids exactement équivalent. C'est même un fait que quelques dresseurs utilisent pour faire tomber les chevaux: ils retirent vivement leurs mains après une pression progressivement augmentée et finalement énergique; l'animal, n'ayant pas le temps de changer de position, perd l'équilibre et est violemment projeté sur le sol, que l'on a d'ailleurs recouvert de sciure. (Ce procédé dangereux a pour but de «frapper le moral du cheval», de le convaincre de la supériorité de l'homme). Il y a donc chez le cheval, comme probablement chez tous les animaux [1], un *sens de l'équilibre* fonctionnant automatiquement et capable d'obvier à des influences extérieures d'intensités différentes, quand elles ne se manifestent pas avec trop de soudaineté.

Ce sens est-il relié aux fonctions de l'oreille interne chez les vertébrés supérieurs et aux organes analogues dans la série animale, comme l'admettent plusieurs

---

1. On peut se rendre compte de la finesse du sens de l'équilibre chez les mammifères en utilisant un chien dressé qui, tenant l'extrémité d'une planchette entre les dents fait, à mesure que l'on charge de poids ou que l'on allège cette planchette, des mouvements compensateurs, en levant ou abaissant le train postérieur, de façon à se tenir, par moments, sur les pattes antérieures.

savants, entre autres Goltz, Cyon, Breuer et P.-G. Bonnier? Les expériences très bien faites de B. Bourdon et celles que nous avons publiées en 1904 (Tribune Colombophile) ne sont pas favorables à cette théorie. Il nous paraît certain que le sens de l'équilibre dépend, avant tout, de la sensibilité aux pressions et aux distensions de la peau.

Les effets dont nous venons de parler se produisent aussi bien, le cheval ayant les yeux bandés, que l'animal pouvant prendre connaissance par la vue des objets qui l'entourent. Il ne se règle donc pas sur la position qu'il occupe relativement à ces objets; mais sur une sorte de *sensation d'équilibre*.

Toutefois, les déplacements des objets extérieurs peuvent, *dans certaines conditions très particulières*, déterminer des troubles d'équilibre fort curieux; ce sont de véritables erreurs d'association : un chien placé dans une position liée à un équilibre instable (se tenant sur un trapèze, dans la position du chien debout, par exemple) tombe dès qu'il fixe une toile peinte se déplaçant dans un plan vertical, devant ses yeux. Mais si l'on soumet fréquemment à la même épreuve le même animal, il finit par devenir capable de résister à cette espèce de vertige.

La chute est encore plus rapide si l'on fait tourner sur eux-mêmes, devant le sujet, des objets qu'il connaît bien. Il cherche à prendre les positions qu'il occupe ordinairement par rapport à eux, ce qui devient impossible sans chute dès que les objets tournent. C'est donc bien là une erreur d'association.

§ 3. — Mouvements et positions directement utiles.

A. — Étude des mouvements des animaux dans le dressage.— On présente dans les cirques et les music-halls, des animaux exécutant certains « gestes » que l'on donne pour des faits de la plus haute intelligence. Il convient de montrer ici comment on les obtient.

Un cheval de haute école est un animal qui, lorsque son cavalier opère certaines tractions sur les rênes ou certaines excitations sur les flancs ou bien les unes et les autres en même temps, exécute des mouvements déterminés, toujours absolument les mêmes. Il n'est réellement dressé que quand de simples indications lui font exécuter ses exercices. Par exemple, dans le « pas espagnol » commencé à droite, le cavalier force le cheval à tendre la jambe antérieure droite en portant d'abord (par un effet de rênes) le poids du corps du cheval à gauche, et en faisant sentir immédiatement après l'éperon gauche, pendant qu'un aide frappe la jambe droite avec une cravache[1] au-dessus du pli de l'articulation improprement appelée « genou ». Par la suite, on obtient le même mouvement au moyen de l'éperon seul appliqué au flanc gauche; plus tard encore, l'effet de rênes suffit souvent et peut devenir très léger.

Il y a là, on le voit, un phénomène de récurrence associative. L'intelligence n'intervient pas.

Thorndike a fait récemment une enquête sur le dressage des chevaux qui grattent le sol pour indiquer le total d'une addition, le quotient d'une division ou même les résultats de problèmes de hautes mathématiques. Le savant américain avait envoyé aux dresseurs les questions suivantes : « Si vous dressez un cheval à frapper sept fois la terre avec son sabot, lorsque vous lui demanderez : « Combien y a-t-il de jours « dans la semaine? » Est-ce que vous le dressez en prenant sa jambe en lui faisant faire les mouvements? » A vrai dire, aucun dresseur n'a jamais

---

1. Ceci est le moyen *le plus rapide*, le plus employé dans les coulisses des cirques; il diffère, *dans les détails*, du procédé recommandé par les professeurs d'équitation et d'après lequel le cavalier opère *seul*.

appris à un cheval à frapper un certain nombre de
fois le sol *en réponse à une question posée* (ce qui lais-
serait supposer que le sujet *comprend* ce qu'il fait,
ou, du moins, a enregistré des souvenirs différents
relatifs à des questions différentes); mais tous les
dresseurs d'animaux pseudo-calculateurs apprennent
simplement, et une fois pour toutes, à leurs sujets,
à gratter le sol *sans discontinuer, tant qu'ils ne leur
donnent pas le signal d'arrêt*[1]. De cette façon, avec
un dressage fort simple, l'animal a réponse à mille
questions. .

Pour réaliser cet exercice, il est très avantageux
d'employer le procédé des mouvements d'abord diffus, ensuite sélectionnés. Au début, on amène le cheval (quelque peu affamé) au milieu de la piste, un
aide agite de l'avoine dans une vannette; un autre empêche la bête d'avancer et de manger. L'énergie
somatique détermine alors des mouvements diffus et
surtout des grattements sur le sol, *sans discontinuité*.
On récompense alors le cheval. Quand il a pris l'habitude de commencer ses grattements, dès que le
dresseur prend une position déterminée, et sans qu'il
soit besoin de vanner désormais de l'avoine, on lui
apprend à cesser à un signal, qui consiste d'abord en
un mouvement de recul du maître, puis on arrive
à obtenir l'arrêt en atténuant de plus en plus le
signal[2]. Quand on peut arrêter le mouvement du
cheval sans démonstration trop visible, il devient
possible de l'exhiber comme calculateur, puisqu'on

---

1. Or, les dresseurs ont-ils commencé par apprendre ce fait à
Thorndike? Nullement! Voici leurs plaisantes réponses : « A,
répondit « oui, d'abord »; B, « non, je ne le ferai pas »; C, « oui,
d'abord » et D « non! »

2. C'est par des procédés analogues qu'a été dressé Hans, le
cheval célèbre de M. de Osten, qui a sur les autres chevaux
« calculateurs » la supériorité d'obéir à des signes vraiment
imperceptibles pour le public.

peut lui faire gratter le sol un nombre de fois déterminé.

Ce qu'il faut retenir, ici, au point de vue psychologique, c'est que le dresseur arrive à fixer, parmi des actes diffus, ceux qu'il sait rendre agréables, c'est-à-dire, en un sens, utiles à l'animal; et l'on comprend, dès lors, que le même fait psychologique peut se produire dans la nature, chaque fois qu'une impression agréable (et par conséquent utile) se produit à la suite de certains actes faisant partie de ceux que détermine la décharge diffuse de l'énergie somatique.

Ainsi, dans les mouvements des membres imposés par le dressage, il y a, pour le psychologue, des enseignements bien nets : 1º des actes d'abord directement déclanchés par une sensation affective finissent par être déclanchés par des sensations représentatives et ont une tendance à se produire de plus en plus tôt (jusqu'à une certaine limite) par suite de la récurrence associative; 2º les excitations extérieures nécessaires à la réaction peuvent diminuer d'intensité et produire encore la même réaction; et 3º certains actes fortuits mêlés à d'autres réactions sont, pour ainsi dire, isolés; et tandis que les autres disparaissent, ceux-ci se fixent; ce sont des actes causant un plaisir ou un soulagement, c'est-à-dire des actes utiles.

B. — ACTES DE « COURTISATION », SOINS MATERNELS, ETC. — Une foule de mouvements des animaux, dans la défense ou dans l'attaque, sont dus à la récurrence. Les oreilles sont, par exemple, très menacées dans un combat; il n'est donc pas surprenant que les espèces qui sont exposées à être mordues ou saisies aux oreilles, aient renversé ces appendices *après* une blessure, puis, quand elles étaient seulement en méfiance, dès qu'elles apercevaient un ennemi; cette habitude leur donne l'apparence de *prévoir* les dangers auxquels sont exposées leurs oreilles.

De nombreuses manifestations d'amour, souvent burlesques et dues à la décharge diffuse de l'énergie, ont été fixées dans la vie de l'espèce parce qu'elles sont utiles en excitant longuement la femelle après avoir attiré de loin son attention. Certaines ont gardé l'aspect de véritables crises nerveuses, par exemple chez les coqs de bruyère. Les chants des oiseaux ont dû se développer dans les mêmes conditions.

Ces actes, sur lesquels agit la sélection sexuelle, sont des signaux d'amour. Ils peuvent être quelconques ou bien avoir un caractère esthétique et *plaire* aux animaux en les excitant par une sorte de sentiment du beau. Nous croyons que bien des espèces sont capables d'avoir un sentiment esthétique particulier. Nous citerons, à ce propos, un fait assez typique, observé par nous-même, et qui semble prouver que le chien est sensible à la « toilette » de la chienne. Nous avons eu une petite femelle de Blenheim que ses compagnons mâles ne regardaient guère, bien qu'ils vécussent en commun dans le même chenil ; or, nous eûmes l'idée de la faire parer chez le tondeur et nous la ramenâmes nous-même au chenil, pour voir ce qu'il en adviendrait. Les chiens, immédiatement, s'agitèrent, vinrent flairer la chienne, la trouvèrent à leur goût et tentèrent de le lui prouver. Nous avons plusieurs fois renouvelé des expériences analogues avec succès. Un de nos chiens, terrier irlandais, est un amoureux très raffiné ; il ne fait attention absolument qu'aux chiennes blanches.

L'origine de la « pudeur » observée chez certains animaux est due à la récurrence associative. Les espèces qui se reproduisent par accouplement prolongé ont le plus grand intérêt à ne se livrer au coït que dans des retraites bien cachées, puisque, pendant l'acte de la génération, les conjoints sont sans défense. Aussi, plus le naturel de l'animal est timide et plus forte est sa tendance à se cacher pour l'acte génésique. Le farouche taupe-grillon s'accouple si mystérieusement qu'aucun naturaliste ne l'a observé jusqu'ici uni à la femelle ; il en est de même pour beaucoup d'insectes que l'on peut appeler sauvages par rapport aux mouches domestiques. Mais l'animal qui ne craint pas l'homme s'accouple dans son voisinage ; le chien domestique agit ainsi.

Bien des soins « maternels » ou « paternels » donnés aux jeunes ont été purement fortuits au début et fixés ensuite par la sélection des essais, dans la vie de l'individu, et par la sélection naturelle, dans la vie de l'espèce.

Ainsi, l'habitude de prendre les alevins dans la bouche chez beaucoup de poissons mâles semble extraordinaire si l'on ne se rappelle pas que de nombreux poissons *jouent* à prendre avec la bouche et à rejeter des corps légers quelconques, à plusieurs reprises, sans jamais en avaler aucun. Il était donc tout naturel que l'habitude d'offrir un asile aux jeunes fût prise et fonctionnât tant que ceux-ci gardent les proportions des corps avec lesquels les poissons organisent les espèces de jeux que nous signalons.

On peut dire hardiment que presque tous les soins maternels ont leur origine dans la décharge diffuse (en dehors de l'allaitement qui est lié à une nécessité physiologique d'évacuation du lait). Les sensations affectives très prononcées qui les accompagnent n'ont certainement un caractère intellectuel que dans des cas très exceptionnels. La facilité avec laquelle on trompe les mères chattes, par exemple en leur donnant à élever de jeunes lapins, ou des rats, est très caractéristique de leur inconscience en ce qui concerne leurs fonctions maternelles. Il n'est même pas rare de voir des chattes « adopter'», si l'on peut dire, des chiffons, au moment où elles auraient dû avoir des petits et où vient quelquefois une poussée de lait chez la femelle stérile.

La couvaison est certainement le vestige utile

d'actes diffus conservés par sélection à l'époque où le
refroidissement de la croûte terrestre rendait cet acte
éminemment utile à l'espèce.

Il existe chez les insectes des instincts infiniment
plus complexes.

« Les guêpes vivent de pollen, a écrit Ed. Perrier,
elles pourraient donc mener pour elles-mêmes une
existence absolument éthérée, mais les jeunes, de
petits vers blancs, sans tête, ni pattes, sont carnassiers.
De là pour la mère, deux tâches : créer à son infirme
progéniture un abri où elle puisse grandir en sûreté;
fournir à l'alimentation de sa jeune famille... »

« Mortes, les proies volumineuses qui sont l'unique
garde-manger auquel la larve devra se pourvoir
pendant toute sa vie, entreraient en décomposition et
empoisonneraient le jeune ver ; vivantes, elles s'échap-
peraient, se défendraient, seraient de redoutables victimes; aussi la guêpe se garde bien de les tuer. D'un
coup d'aiguillon unique, elle les frappe de paralysie,
et c'est de proies vivantes, mais inertes, de chair
toujours fraîche que sa famille pourra tranquillement
se repaître. Il n'y a qu'un certain nombre d'insectes
qui soient ainsi susceptibles d'être paralysés d'un
coup d'aiguillon, ceux dont le système nerveux est
rassemblé en une seule masse qu'une goutte de venin
peut rapidement pénétrer : nos guêpes les connaissent,
les choisissent parmi tant d'insectes qu'elles rencontrent et ne s'adressent qu'à eux ».

Ed. Perrier suppose qu'à l'origine, ces guêpes ont
réglé raisonnablement leur coup d'aiguillon; ce qu'elles
n'auraient pu faire, d'ailleurs, sans avoir acquis au
préalable des notions d'anatomie comparée. Pour ce
savant, « l'intelligence de quelques individus, l'imitation
de leurs actes par leurs contemporains et l'éducation
routinière des générations successives... » expliquent
le prestigieux coup d'aiguillon unique. Et si la guêpe
engourdit une proie pour nourrir ses petits *qu'elle ne*

connaîtra pas, puisqu'elle meurt avant l'éclosion de la génération suivante, c'est qu'autrefois, avant l'établissement du régime saisonnier, elle vivait assez pour se livrer aux soins de l'élevage et avait pris, de cette façon, l'habitude de poignarder intelligemment des larves.

Nous ne pouvons, quant à nous, admettre une combinaison intelligente chez la guêpe, en ce qui concerne le coup d'aiguillon; ce serait lui prêter des connaissances qui manquent même à bien des naturalistes! D'autre part, on se demande pourquoi ces insectes, s'ils vivaient plus longtemps autrefois, et pouvaient connaître leur progéniture, prenaient la peine d'engourdir des proies avant l'éclosion, et ne servaient pas, plus tard, à leurs larves, une proie fraîche? Elles n'auraient eu aucune « raison » de faire des provisions de ce genre! Selon nous, l'explication est dans la décharge diffuse de l'énergie somatique, dans sa régulation, dans l'établissement de réflexes adaptés et fortifiés ensuite par la sélection naturelle.

En effet, cette industrie peut avoir eu d'abord une utilité directe pour l'individu plus nettement carnassier autrefois qu'aujourd'hui et finalement n'avoir plus eu d'intérêt que pour la larve. A vrai dire, les guêpes ne vivent pas que de pollen; elles ont encore des instincts carnassiers assez accusés; c'est pour elles-mêmes qu'elles ont dû prendre l'habitude de *tuer* des proies, comme il leur arrive encore de tuer et de dévorer des mouches domestiques. Elles n'ont jamais conçu intellectuellement le plan du coup d'aiguillon qui paralyse; mais les guêpes qui, dans la décharge diffuse, ont pris l'habitude de percer des proies aux endroits où la piqûre était mortelle ont été favorisées par la sélection naturelle. Plus tard, le fait de l'engourdissement de la proie sur laquelle elles pondaient a grandement avantagé les petits qui trouvaient en naissant une nourriture abondante, et transmettaient le talent du coup de poignard.

L'avantage de la précision de l'opération paraît considérable si l'on se rappelle que le venin des guêpes [1] est peu abondant, et ceci explique l'action de la sélection naturelle dans le perfectionnement de ces curieux instincts.

C. — PREMIER PRINCIPE DE DARWIN. — « Certains actes complexes, a écrit Darwin, sont d'une utilité directe ou indirecte dans certains états de l'esprit, pour répondre ou pour satisfaire à certaines sensations, certains désirs, etc.; or, toutes les fois que le même état d'esprit se reproduit, même à un faible degré, la force de l'habitude et de l'association tend à donner naissance aux mêmes actes, alors même qu'ils peuvent n'être d'aucune utilité. »

Deux catégories principales d'actes peuvent être considérées à ce point de vue chez les animaux :

1° Si des complexes associatifs, ordinairement utiles, se trouvent exceptionnellement reproduits dans des circonstances où leur utilité disparaît, cela constitue une de ces erreurs que nous avons étudiées (p. 184 et suiv.) ;

2° En revanche, souvent, des mouvements très caractérisés, se produisant *avant* les circonstances auxquelles, évidemment, ils ont été adaptés tout d'abord, paraissent acquérir, de ce fait, une utilité nouvelle et indirecte. Herbert Spencer constate que les mouvements composant ces actes sont, par exemple dans le cas de frayeur, « précisément ceux que provoquerait la présence du mal qui est redouté » [2], et il attribue leur production à ce que « la sensation qui dépasse un certain degré se transforme ordinai-

1. Les scolies s'attaquent à des larves de coléoptères; les pompiles aux araignées, aux fourmis, aux mouches; les cerceris aux buprestes; les ammophiles aux chenilles; les sphex aux éphippigères, etc.
2. *Principes de psychologie.*

rement en acte matériel ». Mais la question s'éclaire si, au lieu d'invoquer *l'intensité* de la sensation, on fait appel à la loi la plus générale des associations, c'est-à-dire à *la loi de récurrence*. L'animal fait *d'avance*, loin d'une proie ou d'un ennemi, des mouvements déclanchés par des sensations représentatives associées par récurrence à celles que procurerait directement l'objet même de sa haine ou de sa convoitise.

C'est exactement ce qui se produit dans le dressage. Comme nous l'avons vu, un animal dressé finit par obéir à des signes qui ont longtemps précédé une sensation affective. Et il y est encouragé par le dresseur, tant que la récurrence ne fait pas empiéter un exercice sur un autre. En somme, l'animal dressé anticipe parce que *toute association* est essentiellement basée sur la récurrence, et il ne cesse d'anticiper que quand le dresseur intervient et rend douloureuses les dernières anticipations, en appliquant une correction à son élève ; ceci dans le cas où l'exagération de la récurrence mettrait le désordre dans le « numéro ».

La récurrence agit donc tant qu'elle est agréable, c'est-à-dire *utile*. Et si l'on examine avec soin les mouvements qui paraissaient trop hâtifs et semblaient, à Darwin, n'avoir aucune utilité dans le présent, l'on constate qu'au contraire ils n'ont été conservés qu'en raison de leur utilité.

Par exemple, à l'état de nature, l'utilité des actes d'anticipation est évidente quand il s'agit de mouvements qui deviennent *une menace*, et qui sont dès lors capables d'éloigner un ennemi, d'éviter par conséquent son attaque. Ainsi, pour rappeler quelques instincts déjà signalés par Darwin, mais dont il n'expliquait pas le préexercice : l'érection des plumes de la poule qui, au début, était un effet de la décharge diffuse énergétique, au cours d'une lutte, sert maintenant à éloigner sinon les ennemis gallinacés, du moins divers ennemis de l'espèce, en les effrayant. Le cygne qui nage dans un étang s'efforce d'obvier à des attaques éventuelles, en prenant lui-même les devants et en exécutant, les ailes et la queue dressées, le bec ouvert, de petits bonds agressifs dirigés vers toute personne ou tout animal qui suit le bord de l'eau.

D. — DISCUSSION DU SECOND PRINCIPE DE DARWIN : LE BESOIN ANTITHÉTIQUE. — « ... Nous allons voir maintenant, écrivait Darwin, que lorsqu'un état d'esprit tout à fait inverse d'un autre état d'esprit antérieur se produit, il se manifeste une tendance énergique et involontaire à des mouvements également inverses, bien qu'ils n'aient *jamais été d'aucune utilité.* » C'est là le second principe de Darwin.

Il convient d'insister sur le dernier point : d'après le fondateur du transformisme, ces mouvements n'ont *jamais été d'aucune utilité,* et ils sont déterminés directement par une sorte de « besoin antithétique ».

Si le chien domestique imprime des mouvements flexueux à son corps quand il aperçoit son maître, si sa queue est agitée, si ses oreilles pendent en arrière, ces actes. selon Darwin, n'ont jamais été utiles : la bête les exécute simplement parce qu'ils sont les mouvements opposés à ceux qu'il fait quand il est de mauvaise humeur. (Dans ce dernier cas, il marche droit, raide, la queue raidie, les oreilles dressées et dirigées en avant, etc.)

On peut d'abord se demander à la suite de quelle élaboration intellectuelle l'animal en arriverait à prendre ce parti, auquel aucune force extérieure ou intérieure ne le contraindrait. Il ne pourrait s'agir ici que d'une démarche de la *volonté.* L'animal jugerait bon d'employer ce langage mimique parce qu'il est logique de penser que son maître appréciera l'opposition de cette manifestation avec une manifestation d'hostilité. Darwin ne dit pas cela, mais son principe conduit à cette explication ou ne conduit à aucune explication.

La *loi de récurrence* va nous permettre de donner une explication entièrement différente.

Un chien, joyeux d'apercevoir son maître qu'il aime, bondit en arrondissant le dos, saute après lui, se dresse contre ses jambes et cherche *à lécher ses mains*. Or, ce sont là des actes qu'il accomplirait avec une vigueur encore plus grande si les mains du maître étaient pleines d'une matière alimentaire visible ou odorante. Ces mouvements, que l'on prend pour des caresses, n'ont présentement que l'utilité relative de plaire au maître, de le bien disposer ; mais elles ont été primitivement les signes de la joie de recevoir de la nourriture et, dès lors, le seul fait qui reste à expliquer, c'est que l'acte *devance* le moment où le maître donne à manger, et que même il se produise devant un maître qui, personnellement, n'a jamais donné à manger au chien. Or, *la loi de récurrence* donne ces explications : les premiers chiens domestiques, ou plutôt prêts à le devenir, ne sautaient point ainsi, et ne léchaient point les mains de l'homme, mais ils s'agitaient joyeusement autour de la nourriture que des mains humaines leur présentaient. Plus tard, la seule vue d'un homme, et surtout celle du maître, et particulièrement de ses mains, a déclanché ces réflexes, d'abord rattachés à la nutrition, et qui n'ont même plus eu besoin d'être accompagnés de sensations de faim.

Si la queue s'agite et si tout le corps semble frissonner, c'est là l'effet d'une décharge diffuse de l'énergie ; et, si les oreilles pendent en arrière, mais sans s'appliquer contre la tète, c'est que l'animal *les prépare à la caresse*. Par récurrence, il accomplit ce mouvement qui, autrefois, chez ses ancêtres, *suivait* nécessairement les attouchements de la main, passant du crâne au cou et au corps du chien ; attouchements causant directement un plaisir, comme toute excitation de ce genre sur la peau.

C'est ici que nous voulions parler du « langage chez les animaux ». Nous avons, depuis une quinzaine d'années, entrepris des recherches sur cette matière ; mais l'état actuel de ces travaux ne nous permet pas de nous prononcer définitivement sur les points les plus importants du débat[1]. Nous nous rallierons, toutefois, à cette opinion d'Ed. Perrier :

« Comparons nos chiens actuels aux chiens sauvages ; certainement il s'est ajouté à leur intelligence des facultés que les chiens sauvages sont susceptibles d'acquérir, mais qu'ils n'ont pas. Est-ce à dire qu'il serait possible d'arriver à obtenir des chiens capables de parler ? C'est là une autre question. Chaque animal possède un nombre déterminé, et que nous ne connaissons pas de neurones qui limitent forcément la somme de phénomènes intellectuels qu'il est susceptible de donner. Quoi qu'il en soit, un fait très remarquable est que l'intelligence des animaux est très inégale, suivant les individus, dans la même espèce, et cela semble montrer que le progrès est possible. »

---

1. Voir cependant notre *Examen psychologique des animaux* (p. 103). Depuis l'époque où nous écrivions ces lignes, M. le prof. Vossler, de Hambourg, a publié un très curieux mémoire sur le chien « Don », qui prononce très distinctement plusieurs mots.

CHAPITRE IV

LES ANIMAUX QUI AGISSENT SUR DES OBJETS.

Les industries des animaux en vue de la nutrition ou de la confection des abris consistent en différentes manières d'agir sur des objets, c'est-à-dire de les déplacer, de les arranger dans un certain ordre où encore de modifier leurs formes ou même leur nature chimique. La description de ces actes, souvent fort complexes, est la matière ordinaire de la partie psychologique des livres de zoologie ; mais leur *origine* n'avait fait l'objet d'aucune étude expérimentale avant ces dernières années.

On consultera toujours avec fruit, au point de vue des faits d'observation, l'immense encyclopédie de Brehm, qui a rendu tant de services aux compilateurs ; on consultera également Romanes, Lubbock, le *Guide de Naples*, les comptes rendus des travaux des laboratoires de Giard, de G. Bonnier, Bouvier, Delage, Dubois, Ed. Perrier, etc. et les travaux personnels de Bohn, Coupin, Clément, Fabre, Fauré-Frémiet, Forel, Künckel d'Herculaïs, Piéron, de Mlles Drzewina et Goldsmith et de nombreux autres observateurs français ou étrangers.

Innombrables sont les animaux constructeurs ou qui amassent des provisions. Ils ont fait l'objet de livres charmants dans lesquels on donne volontiers en exemple à l'homme, leur patience « admirable »,

la régularité « merveilleuse » de leurs travaux. Plus
d'un auteur a glissé sur cette pente et s'est perdu
dans des allégories dont l'exactitude est du reste
discutable. Les écrivains zoophiles n'ont pas manqué
d'attribuer à l'intelligence libre la création de ces
industries dont ils comparent, cependant, la régularité
aux effets d'un mécanisme réglé d'avance. D'autre
part, les savants s'accordent à peu près tous pour
proclamer qu'il n'y a là que de l'instinct, mais ils se
divisent quant à savoir s'il s'agit d'instinct primaire
ou d'un instinct qui serait comme une cristallisation,
une fixation des conceptions de l'intelligence.

Ce n'est qu'en faisant d'abord l'analyse de ces instincts, en cherchant à y discerner l'influence de différents facteurs, comme nous avons tenté de le faire
dans notre troisième livre, puis en essayant de réaliser des synthèses d'instincts industrieux, que l'on
peut se faire, sur ce point, une opinion réellement
scientifique.

§ 1. Les notions de nombre et de poids. Expériences.

Et d'abord existe-t-il, à l'état de nature, des animaux sachant calculer ? Est-il possible, au moyen
d'une éducation appropriée, de faire comprendre à
des chiens, à des singes ou à des perroquets, ce
qu'est le calcul ? En un mot les bêtes ont-elles la
notion abstraite, raisonnée de la quantité des objets
sur lesquels elles agissent ?

On sait que certains hyménoptères paralysent à
coups d'aiguillon, pour les placer ensuite dans le nid
où naîtront leurs petits, toujours *le même nombre* de
larves d'autres insectes destinées à nourrir les jeunes.
Mais comment expliquer ce fait psychologique surprenant ? Comptent-ils donc réellement le nombre
de leurs victimes ? D'autre part tout le monde a vu

au cirque ou à la foire, des chiens, des chevaux ou
des perroquets qui semblaient faire des additions,
des multiplications et même... résoudre des équa-
tions.

La meilleure explication que l'on puisse donner,
selon nous, de l'industrie des ammophiles et des
autres guêpes nourrissant leurs jeunes avec des
larves, se trouve dans le principe de la décharge diffuse et dans la sélection naturelle. Les ancêtres de
ces hyménoptères qui, aujourd'hui, sacrifient pour
leur progéniture un nombre donné de larves n'avaient
pas, d'abord, de règle absolue pour déterminer la
quantité de larves à déposer près de leurs œufs, ils en
déposaient un nombre quelconque. Plus tard la sélection naturelle est intervenue. La guêpe qui n'appor-
tait pas un contingent suffisant de larves pour nourrir
ses descendants n'avait pas de postérité viable ;
d'autre part, la guêpe qui prenait une peine inutile
en se procurant un nombre de larves dépassant les
besoins de ses descendants, se trouvait dans un état
d'infériorité vis-à-vis de ses pareilles, parce qu'elle
dépensait inutilement des forces considérables avant
de pondre. En revanche, celles dont l'habitude était,
par une rencontre heureuse, d'immobiliser un nombre
de larves parfaitement en rapport avec les besoins de
ses petits, devaient avoir des descendants qui triom-
phaient dans la lutte pour la vie, parce qu'ils avaient
été procréés dans les meilleures conditions possibles
et qu'ensuite ils avaient trouvé la nourriture qui leur
convenait. Ces petits devaient aussi hériter de l'habitude maternelle ; et celle-ci tendre finalement à devenir un caractère de l'espèce entière, représentée désormais par les seuls sujets victorieux dans la lutte
pour la vie. Et, comme, à chaque espèce, correspondent des besoins différents, il devait en résulter des
habitudes différentes d'une espèce à l'autre. C'est
ainsi que les ammophiles déposent *une* larve dans

leur nid, tandis qu'une espèce voisine en dépose cinq, une troisième en réunit dix, une quatrième va jusqu'à quinze et une cinquième jusqu'à vingt-quatre.

Quant aux prétendus *calculs* des animaux d'exhibition, ils sont basés sur une simple illusion dont nous allons parler dans le paragraphe suivant.

Des expériences ont été faites à l'Institut de psychologie zoologique pour savoir si, d'après le volume d'un objet, un mammifère, un chien, par exemple, proportionne son effort *initial* d'arrachement. Des cubes différents en volume, mais égaux en poids, étaient attachés à de petits dynamomètres munis de curseurs et inscrivant l'effort de traction. En somme la puissance de l'effort initial a été, le plus souvent, en proportion avec le volume de l'objet à soulever.

Les impulsions motrices instinctives se proportionnent *automatiquement* au poids probable et par conséquent au volume du corps à soulever[1]. Il n'est pas nécessaire de faire intervenir ici une *comparaison raisonnée* des perceptions visuelles avec le souvenir de sensations analogues ressenties dans le passé, mais seulement des associations acquises par l'expérience.

Cependant quelques espèces *supérieures* semblent avoir la notion abstraite du volume et du poids; c'est une question que nous traiterons dans un livre spécial consacré à l'intelligence proprement dite.

§ 2. — Étude des animaux dressés à agir sur des objets.

Tout « animal savant », agissant sur des objets, donne le spectacle de véritables instincts industrieux,

---

1. Notons en passant que la question est bien différente de celle de la relation quantitative que certains auteurs ont cru trouver entre l'excitation provenant d'un agent extérieur et la réaction qui suit. L'adaptation d'énergie se fait ici de façon indirecte, par voie psychique.

ne différant des instincts proprement dits que parce
qu'ils ne se produisent pas chez un animal libre ; la
bête de manège agit de façon à se procurer le plus
grand nombre possible de sensations agréables et le
moins possible de sensations douloureuses : la bête
libre agit de même. Mais nous allons voir bientôt
que l'on est parvenu à l'Institut de psychologie zoologique à faire de véritables synthèses d'industries chez
des sujets vivant dans une liberté relative et dans le
cadre de la nature.

Nous prendrons d'abord, parmi les exercices de
cirque, quelques exemples permettant de mettre en
lumière les éclaircissements que le dressage proprement dit apporte dans ce domaine.

Le caniche Munito et les autres chiens rapportant des
dominos ou des cartons revêtus de signes, ont causé
d'étranges illusions à plus d'un psychologue. Voici
comment nous avons expliqué autrefois les moyens
employés dans ce dressage : on apprend au chien à
tourner autour de morceaux de carton sur lesquels
on a fait peindre la série décimale et à ramasser celui
à la hauteur duquel il se trouve *quand le maître
produit* un très léger claquement de langue. Si le
chien n'est pas déjà « rapporteur », on place, sur l'un
des cartons, un petit sac de toile renfermant un os et
au moyen d'une longe, on force la bête à décrire un
cercle autour des morceaux de carton. Quand il arrive
à la hauteur de celui sur lequel on a placé le sac, on
produit un claquement de langue et on laisse le chien
s'emparer du sac. On le lui reprend d'ailleurs immédiatement et on lui donne en échange quelque gâteau.
Plus tard, au claquement de langue, il ramassera le
sac, même s'il ne contient aucun os, puis le claquement de langue suffira pour déterminer la prise d'un
carton *quelconque*, choisi à volonté par le dresseur,
le chien rapportant désormais *tout ce qui se trouve à
sa hauteur* (sur sa gauche s'il tourne dans le sens

opposé à celui des aiguilles d'une montre) quand il entend claquer de la langue [1].

On peut varier à l'infini la nature des objets à rapporter. Choisissez-vous des cartes ? Votre chien sait jouer aux cartes, puisque vous avez le moyen de lui faire prendre celles qu'il faudra jouer. Optez-vous pour des numéros ? Vous avez un chien mathématicien [2], etc. On voit combien il serait dangereux de se laisser éblouir par cet étalage de charlatanisme. Des exercices identiques peuvent être enseignés au perroquet, au cheval, au cochon, etc.

Les exercices des otaries dressées ont causé un grand étonnement. Ces pinnipèdes présentent, avant tout dressage, des complexes d'impressions associées qui ont été mis à profit par les dresseurs et qui sont fort intéressants pour les psychologues. Il arrive assez souvent qu'étant en plongée pour attraper un poisson, elles le chassent vers la surface de l'eau. S'écarte-t-il d'un côté quelconque, instantanément l'otarie le menace de ce côté, lui coupant la retraite et le forçant à monter vers la surface où il *sera pris*. C'est à ce jeu que les otaries ont développé l'extraordinaire souplesse de leur cou. Or, ces mouvements sont exactement ceux que doit effectuer un équilibriste qui maintient un objet long sur son nez, son front ou son menton, puisque tout son art consiste à se porter très vivement du côté où l'appareil menace de tomber, comme l'otarie se porte très vivement du côté où le poisson veut s'enfuir.

Quand on a constaté cette faculté si développée chez l'otarie, on a le secret de la réalisation de tous les exercices que ses dresseurs montrent dans les cirques. On place d'abord sur le nez de l'otarie un bâton

---

1. Au début, le claquement doit être très audible; on diminue peu à peu son intensité.

2. Le dressage des chiens dits « sauveteurs » est en tous points analogue.

au sommet duquel se trouve un poisson. Il suffit ensuite, après un certain nombre de répétitions, que
l'otarie trouve une odeur de poisson à un objet pour
qu'elle le maintienne sur son nez!

On voit qu'ici encore l'intelligence, le raisonnement
ne sont pour rien; et les prévisions apparentes de
l'effet que produira un acte s'expliquent, dans tous les
cas indiqués, par un simple phénomène de récurrence.
La dynamogénie des sensations affectives de nutrition
passe peu à peu aux sensations représentatives correspondant aux gestes et ordres vocaux du dresseur
qui, d'abord, étaient nécessairement sans effet.

On conçoit, dès lors, qu'à l'état de nature, une lou-
tre, ou un ours blanc, par exemple, qui, d'abord, se
jetaient à l'eau quand ils y voyaient directement des
proies, ont pu, à des signes de plus en plus délicats :
rides de l'eau, bulles d'air crevant à la surface, etc...
reconnaître la présence de leur proie et, grâce à la
récurrence de leurs associations, se précipiter au moment propice pour la saisir et la rapporter sur le sol
pour la dévorer.

§ 3. — L'acte de faire des provisions nutritives.

Comment concevoir, sans invoquer l'intelligence, le
fait psychologique correspondant au moment où un
animal, pour la première fois, met « de côté » une
chose qu'il mangera plus tard? Prenons le phénomène à un stade où, se déplaçant dans la nature, c'est-
à-dire ne baignant plus dans un milieu nourricier
comme les protozoaires, il « cherche » sa nourriture
quand il est poussé par la faim, ce qui signifie seulement qu'il s'agite sans notion du but à poursuivre et
rencontre, par hasard seulement, ce qu'il « cherche »
inconsciemment. Que cet animal apprenne peu à peu
à connaître sensoriellement les voies qui le condui-

ront à ce but, c'est ce que nous avons établi dans notre chapitre consacré à la répartition territoriale des animaux; mais il s'agit ici d'expliquer comment il peut être amené à se saisir d'un aliment *qu'il ne mangera pas immédiatement.*

Le fait se conçoit dès que l'on fait intervenir *la loi de récurrence.* Au début, l'animal se met en campagne quand il a faim ; il a ensuite, par le fait seul de l'association récurrente, une tendance à le faire de plus en plus tôt. Il finira donc par se trouver en présence de matières alimentaires, *à un moment où il n'a pas encore faim.*

Il faut ici faire quelques remarques :

Dans la récurrence, nous avons considéré la destruction du parallélisme de deux séries de phénomènes : 1° des phénomènes extérieurs se reproduisant en série ; et 2° des phénomènes psychiques, d'abord parallèles, puis ayant une tendance à anticiper. Il y a lieu de considérer la destruction d'un autre parallélisme, celui de deux séries de phénomènes. qui sont : 1° les réactions constituant le travail physiologique interne ; 2° les actes de locomotion, de préhension, etc., réalisés dans le milieu ambiant et destinés originairement à assurer *immédiatement* le jeu des organes internes.

Les sensations affectives internes, qu'il est très difficile de différencier verbalement, par le fait même qu'elles ne sont pas représentatives, ont cependant une diversité extrême. A chaque stade d'un phénomène physiologique, comme la digestion, correspondent des sensations différentes. Or, si au début, la sensation de faim ardente était seule dynamogène pour un animal, les sensations précédentes finiront par le devenir, par le fait seul de la récurrence des associations et, *si cela est utile à l'espèce,* ces anticipations seront *conservées. L'animal cherchera donc sa nourriture avant d'avoir faim,* et ne pourra pas la manger au moment même où il s'en emparera. Il

commencera donc des mouvements de préhension
avec la bouche, saisira la substance qui, d'ordinaire,
le nourrit; et son estomac[1] n'étant pas prêt à la recevoir, il jouera avec elle, parce que la plénitude physiologique correspond, comme nous l'avons vu, à des
tentatives de jeu ou à des jeux prolongés. Il jouera
donc avec sa nourriture et, quand il s'agira, pour lui,
de regagner son nid, il lui arrivera de ne pas se des-
saisir de cette nourriture, qui déclanche de façon
diffuse des mouvements servant d'ordinaire à la nutrition.

Les animaux les plus divers jouent ainsi avec des
graines, des os, des insectes morts, etc... C'est un
spectacle curieux de voir, par exemple, les ours jouer
avec des os longs, les chiens captifs jeter en l'air des
os, des morceaux de pain, les porter à la gueule dès
qu'on veut les leur prendre, etc...

Ce dernier fait montre que, dans bien des cas, la
concurrence, la présence d'un animal pouvant dispu-
ter une proie a dû aider puissamment à façonner l'industrie naissante de la provision, en déclanchant des
réflexes qui avaient déjà servi dans des combats où
des animaux se disputent un butin. La provision une
fois faite, plus tard, la faim venant, l'animal absor-
bera la nourriture d'abord dédaignée. Ces habitudes
créées par la récurrence, étant on ne peut plus utiles
à l'espèce, se fixeront; et la sélection les perfectionnera
en avantageant les sujets chez qui elles auront été particulièrement développées. Il y aura donc des mouvements de plus en plus complexes et dépendant de
circonstances particulières à chaque espèce : enterrer
la nourriture, la conserver dans des alvéoles, etc...

1. Ou ce qui en tient lieu chez les animaux inférieurs.

§ 4. — La fabrication des nids chez les Insectes, les Poissons et les Oiseaux.

Les animaux réalisent des abris merveilleux, d'admirables outils, des appareils complexes de physique, etc... Ils le font : 1° Avec leur propre substance différenciée (Ex. d'outil : la pince du homard ; Ex. d'appareil de physique : l'œil d'un oiseau); 2° Avec des produits de leur protoplasme (Ex. : fourreau parcheminé de certains Dorsibranches); 3° Avec des objets pris dans le monde extérieur (Ex. : Les fourreaux des larves de Phrygane, les nids des insectes, des poissons, des oiseaux, etc...).

Les résultats les plus parfaits de l'industrie animale sont ceux dans lesquels la substance vivante elle-même s'est transformée en appareil vivant, en outil de protoplasme. Ce sont là des produits de ces instincts cellulaires dont nous avons déjà signalé plusieurs fois l'intérêt puissant, mais qui ne rentrent pas dans notre plan expérimental. Nous devons nous borner à l'examen rapide de la troisième catégorie.

Wallace a tenté de prouver dans sa *Philosophie des nids d'oiseaux* que ces vertébrés agissent intelligemment, savent observer le nid où ils sont nés et, pour ainsi dire, *le copier.* Ce biologiste explique la similitude des nids des oiseaux d'une même espèce en disant qu'en dehors de l'influence du milieu, qui fournit et impose les matériaux et aussi de la forme des pattes et du bec, les oiseaux construisent des nids pareils à ceux de leurs parents parce qu'ils les imitent intelligemment. Mais que devient une pareille théorie lorsqu'on se rappelle que les jeunes naissent dans le nid et, par conséquent, n'ont pas assisté à sa fabrication ?

D'autres naturalistes, se basant sur quelques irrégularités observées dans la construction des nids, y voient

la preuve qu'ils ne pourraient être créés par un *mécanisme* instinctif nécessairement régulier dans son fonctionnement; mais ces variantes dans la construction
ont été fort exagérées. Souvent elles ne sont que de
légères défaillances de l'instinct, des erreurs utiles
ou nuisibles; quelquefois elles correspondent à un état
d'évolution, où l'intelligence n'est du reste pour rien.
Il est bon aussi de remarquer qu'on a fréquemment
confondu plusieurs espèces ayant des habitudes différentes parfaitement définies, et qu'on a pris le mode
de construire de l'une pour une dérogation aux habitudes de la première.

Huber a beaucoup idéalisé les instincts des fourmis.
L'irrégularité relative de leurs constructions n'est pas,
comme il l'a cru, une preuve suffisante d'intelligence.

Qu'une abeille, qui utilise de la cire, matière homo-
gène, construise toujours à peu près régulièrement,
cela se comprend; mais une fourmi qui bâtit avec de
la terre et avec les brindilles que le hasard lui fournit,
est forcément dérangée dans l'exécution de son œuvre
par l'hétérogénéité même des matériaux de fondation,
surtout par les inégalités du sol et par la végétation
qui sera enfermée en partie sous les voûtes de ses
souterrains. D'ailleurs, Huber a reconnu que, malgré
tout, les procédés généraux sont toujours les mêmes
dans chaque espèce, et que les irrégularités sont très
peu importantes en somme. En particulier, il dit des
fourmis brunes : « Elles ne suivent pas un plan bien
fixe... mais quelque bizarre que puisse paraître leur
maçonnerie, on reconnaît toujours qu'elle a été formée
par étages concentriques. » Voilà le principal, les
variantes sont déterminées par le monde extérieur.

Il faut se rappeler que, dans ce débat, on n'a en
vue que le psychisme *actuel;* mais les Néo-Lamarckiens
se sont demandé s'il n'y a pas eu, *dans le passé de
l'espèce,* des élaborations intellectuelles, qui se seraient
fixées en instincts secondaires. Nous avons toujours

nettement repoussé les idées néo-lamarckiennes en psycho-zoologie parce qu'elles exagèrent extrêmement l'importance de l'intervention de l'intelligence et vont jusqu'à laisser supposer qu'une abeille, par exemple, a pu apercevoir, à un moment de l'évolution de l'espèce, le but et les moyens de sa prodigieuse industrie. Peut-être l'intelligence est-elle intervenue dans certaines industries, mais, le cas échéant, il ne se serait agi que de perfectionnements de détail; et il convient de chercher dans l'instinct pur l'origine, *la fondation* de toute industrie.

L'habitude de porter avec le bec des matières *qui ne sont pas des aliments* peut s'expliquer par ce simple fait que l'animal trouve fréquemment ses aliments recouverts; cela se présente à chaque instant dans les bois, où les feuilles, les brindilles, la mousse peuvent recouvrir les substances servant de nourriture à tel ou tel animal.

Une autre manière d'agir sur des objets consiste à les repousser, afin d'occuper leur place, de les écarter de sa route etc... Ce résultat peut être obtenu par divers moyens. C'est ainsi qu'au milieu de hautes herbes, certains animaux tournent longtemps sur eux-mêmes pour les écarter autour d'eux avec leurs flancs, leur tête, leurs membres et se coucher ensuite sur un lit plus doux d'herbes abattues. Cette habitude est restée chez le chien domestique, bien qu'elle ne lui serve plus à rien; tous les chiens tournent sur eux-mêmes, et quelquefois très longuement, avant de se coucher sur un tapis. Les moineaux, les pigeons se font souvent ainsi, et à peu de frais, des nids improvisés, quand on met à leur disposition une petite masse de foin sec.

Avant d'avoir un vol puissant, l'oiseau, vivant à des époques géologiques où le sol était couvert d'herbes plus abondantes que celles d'aujourd'hui, devait se reposer très fréquemment à terre. Il n'avait pas, sans doute, de nid proprement dit, puisqu'en tout lieu, il trouvait un tapis propice à son repos; il ne revenait même pas à ses œufs, puisque la terre était assez chaude pour rendre la couvaison inutile; et les petits devaient naître assez forts pour se suffire à eux-mêmes; ils trouvaient d'ailleurs sans effort, dans la luxuriante végétation, tout ce qui leur était nécessaire.

Plus tard, la couvaison étant devenue utile par suite du refroidissement général de la terre, c'est en cherchant une place pour déposer ses œufs, que l'oiseau façonnait grossièrement son nid. Ce nid était donc réalisé tant bien que mal au moment de la ponte. Les herbes repoussées circulairement servaient à caler les parents au-dessus des œufs. Mais le phénomène de récurrence a amené peu à peu les oiseaux à anticiper; et ils n'attendirent plus désormais d'avoir besoin de pondre pour fabriquer un nid, — ce qui, en permettant la construction d'un meilleur édifice, favorisa beaucoup l'incubation. Dès que les sensations affectives causées par les fonctions physiologiques précédant la ponte (c'est-à-dire relatives au rapprochement des sexes) se produisaient, ils commençaient leur nid.

Repousser des brindilles avec le corps en exécutant généralement un mouvement tournant est resté le seul acte de nidification chez plus d'une espèce; mais il a été singulièrement perfectionné chez un grand nombre d'autres espèces.

La brindille qui frappe, par suite de son élasticité, rappelle un peu l'ennemi qui attaque; elle est saisie et repoussée avec le bec; et cette habitude peut prendre une grande extension. Dès lors, les brindilles seront repoussées avec le bec, quand elles viendront gêner l'oiseau dans le nid primitif; et la sélection naturelle accusera sans cesse ces mouvements à effets évidemment utiles; il en résultera des agencements spéciaux, imposés par les matériaux eux-mêmes, et de plus en plus intimement en rapport

avec les besoins de l'animal. Par exemple, une brindille qui frappe et revient toujours parce qu'elle fait
ressort, sera « maîtrisée » quand son extrémité libre
sera engagée parmi d'autres brindilles ; et la sensation
de la réussite fixera cet acte dans la vie de l'animal,
puis la récurrence lui fera devancer le moment de la
gêne, stimulante au début ; et l'oiseau entrelacera
désormais toutes les brindilles. Cela deviendra un
procédé stéréotypé de construction.

Enfin, ce qui n'était que la mise en œuvre de
matériaux existant sur place, a dû devenir peu à peu
l'utilisation de matériaux tout proches : l'habitude de
porter, de tirer, de repousser à droite et à gauche les
brindilles, est devenue l'art de les prendre à quelques
dizaines de centimètres et, finalement, de les chercher
au loin pour les porter à un même endroit du sol.

Mais mille dangers guettent les animaux et les œufs
placés à terre. L'oiseau nidifiant sur le sol est à la
merci d'une foule d'êtres qui rampent, marchent ou
volent et aussi des inondations. Il sera donc fréquemment obligé de s'enfuir sur des hauteurs et sur
des arbres. Forcé d'y vivre presque constamment, il
profitera de ce qu'il sait déjà transporter des herbes
pour les porter à la fourche d'une branche ou dans
un creux de buisson ; et ce sera l'inauguration du nid
suspendu.

Dans bien des cas les divers perfectionnements de
la nidification ont été réalisés par sélection d'actes
utiles fortuitement produits par la décharge diffuse de
l'énergie somatique. Dans d'autres cas est intervenue
ce que nous avons appelé « l'erreur utile ». « Quand,
écrivions-nous dans un travail de psychologie zoologique publié dans la *Revue des Idées*, l'oiseau à
l'état de nature prend, pour fabriquer son nid, des
matériaux nouveaux (comme cela arrive aux loriots),
peut-on croire qu'il agit ainsi par suite d'un choix
raisonné, d'une combinaison, en vue d'un perfec-

tionnement, ou simplement, comme j'ai proposé de
le dire, parce qu'il commet une erreur accidentellement utile, par contiguïté d'impressions ? S'il en
était ainsi, l'architecte ne ferait pas de distinction,
par exemple, entre une lanière d'écorce de bouleau.
et un ruban de papier télégraphique, parce qu'il
retrouverait, dans l'un comme dans l'autre, l'impression d'une chose longue et flexible, et que la reproduction de cette impression entraînerait chez lui la
répétition de l'acte de prendre avec le bec. »

Or, il était facile de faire nidifier des oiseaux en
quelque coin d'une volière, en leur fournissant une
collection de matériaux plus ou moins avantageux,
plus ou moins résistants, flexibles, etc... L'expérience
organisée à l'Institut de psychologie zoologique, a
montré que les passereaux ne font pas un emploi
raisonné des matières qu'ils rencontrent. Ils prennent
toujours simplement celles qui ressemblent le plus aux
matériaux employés communément par les oiseaux de
leur espèce, et n'adoptant que par hasard les plus
avantageuses. Mais, le cas échéant, ils ont une tendance à les choisir de nouveau par la suite.

Les nids de poissons, sans doute plus anciens que
tous ceux des oiseaux, ont probablement la même
genèse que ces derniers. La construction primitive,
ici encore, a dû être commencée par la formation
d'une cavité ayant grossièrement la forme du corps
du futur habitant et produite par un simple refoule-
ment des matériaux environnants.

Certes, les nids présentent une grande variété, et ce
sujet demanderait des développements considérables,
mais le caractère commun à *tous les instincts de nidification* : la prévoyance, s'explique par la loi générale des associations de sensations (*la loi de récurrence*). La diversité des formes dépend des différences
physiques entre les corps des constructeurs; de la
nature des matériaux qu'ils trouvent à leur portée et

aussi des influences extérieures qu'ils ont subies et qui les ont forcés à chercher un refuge offrant des garanties contre tels ou tels ennemis de l'espèce ou contre l'action d'agents physiques nocifs. Dans ce processus psychologique, il n'est pas indispensable de faire jouer un rôle à l'intelligence proprement dite, c'est-à-dire à la faculté de raisonner de façon abstraite. La *loi d'économie* nous oblige donc à ne voir ici, du moins dans la généralité des cas, que des complications de l'instinct primaire.

Chez bien des espèces, le mâle construit le nid qui, cependant, sera surtout utilisé par la femelle; souvent lui-même pourrait s'en passer; ceci semble d'abord compliquer beaucoup la question. On a vu, dans ce fait, la poursuite intelligente d'un but d'autant plus lointain qu'ici l'animal ne travaille pas pour lui, mais dans l'intérêt de la communauté. Il semble cependant que ce phénomène s'explique par les principes généraux exposés précédemment. L'utilité même de ce partage du travail indique qu'il a dû être favorisé par la sélection naturelle. Et l'on peut supposer qu'à l'origine, la femelle seule fabriquait un nid; que le mâle, par imitation purement instinctive, l'a aidée; et qu'enfin l'abstention plus ou moins fortuite de la femelle *réalisant un progrès* (parce qu'en ménageant ses forces elle pouvait les consacrer toutes à l'acte même de la reproduction) a dû se fixer par sélection dans la vie de l'espèce.

§ 5. — Synthèses expérimentales d'instincts de construction.

Il est possible de créer de véritables instincts, fonctionnant dans le cadre de la nature, en employant des excitations analogues à celles que peuvent rencontrer les animaux libres et en les multipliant extrêmement

afin de hâter — comme on le fait dans le dressage —
l'établissement des habitudes. Et afin de ne pas suivre
une voie fantaisiste, il est intéressant de réaliser, chez
un animal appartenant à une espèce A, la synthèse
d'instincts existant chez une espèce B. C'est ce que
nous avons réussi à faire quelquefois en ce qui concerne la fabrication des nids.

Nous avons, par exemple, réalisé chez un cacatoès
un instinct particulier à un oiseau, le mégapode, et
qui consiste à construire un tumulus en morceaux de
bois, en feuilles, etc... Nous rappellerons rapidement
ces expériences.

Les cacatoès portent volontiers, sans y être invités,
des objets dans leur bec formidable; mais il faut déjà
un dressage sérieux pour obtenir cet acte au commandement. On peut, sans s'adresser à l'intelligence,
arriver à ce résultat par deux voies principales. Le
système de l'aiguille est, de beaucoup, le plus employé par les professionnels. Ayant disposé devant le
perroquet de menus objets, on pique l'oiseau au
moyen d'une aiguille dépassant de 1 millimètre envi-
ron une fine baguette. Le cacatoès essaie de saisir la
baguette, mais n'y parvient pas, si le dresseur est
adroit. Le pauvre animal tourne alors sa « colère »
contre les menus objets qui sont placés devant lui et
les saisit avec son bec : s'il fait mine de les lâcher, il
suffit au dresseur de le piquer pour que l'objet soit
repris; finalement l'oiseau ne les lâche plus, tant qu'il
voit la baguette du maître. Il arrive enfin à prendre
tout ce qui se trouve à sa portée, dès que le dresseur
montre son arme.

Un autre moyen, beaucoup plus recommandable,
consiste à placer, à l'endroit où d'ordinaire on met
la nourriture du cacatoès, les objets à prendre, ou
bien encore à les placer sur la nourriture. On ne laisse
ensuite manger l'animal qu'après qu'il a pris et tenu
assez longtemps un de ces objets. Quand le perroquet

sait faire cela, pour le décider à porter en un endroit
déterminé ce qu'il tient, il n'y a qu'à l'y appeler au
moyen d'un appât, ou bien en le chassant dans cette
direction avec une baguette. On arrive ainsi à obtenir
que le cacatoès fasse de véritables déménagements.
C'est par cette seconde méthode que nous avons appris
à notre sujet à aller dans une partie retirée d'un
petit parc porter et mettre en tas des objets menus,
d'abord après avoir subi les excitations sensorielles
que nous avons indiquées, puis tout seul, après un
ordre. Pour rendre l'expérience plus frappante, nous
avons adopté un « ordre », ou plutôt « un signal »
constitué par une excitation provenant du milieu
ambiant; et nous avons choisi le vent. Finalement,
nous obtînmes que notre perroquet se décidât à commencer son *tumulus* dès qu'il sentait le vent d'un souf-
flet dirigé sur sa tête; et, pour achever la synthèse
d'un instinct pouvant avoir une certaine utilité, nous
avons dressé l'animal à une deuxième série de mouvements aboutissant à l'acte de se mettre à l'abri
parmi les feuilles[1]; cette seconde série, indépendante
de la première, était déclanchée par une succession
de vents *croisés*.

Cette expérience ne tend pas à prouver que des
cacatoès vivant libres dans nos contrées arriveraient
à se créer une industrie de ce genre. Je ne me prononce pas sur ce point. Mais d'autres animaux ont
des instincts *analogues;* et notre synthèse établit du
moins ce principe que des industries *peuvent être réalisées sans intervention de l'intelligence*, sans conception d'un plan. En effet, le perroquet ne pouvait entrevoir le but de ses actions, puisque le second « exercice », la mise à l'abri du vent, n'a été enseigné que
quand la fabrication du tumulus eut été parfaitement

---

1. Le mégapode ne fait rien de pareil; il se contente de déposer ses œufs sous les feuilles.

apprise; et, par conséquent, l'oiseau a obéi à des impulsions dont il ne connaissait pas le but. Dans la vie à l'état sauvage, un instinct analogue *pourrait donc* être réalisé simplement par voie d'association.

Il n'est pas bien difficile d'imaginer comment, à l'état de nature, des excitations extérieures répétées peuvent agir sur un animal, à la façon des excitations provoquées par le dresseur dans l'expérience que nous venons de décrire.

§ 6. — La case hexagonale de l'abeille.

A. — Est-ce là un miracle d'intelligence? — Dans notre rapide examen des formes instinctives principales, il paraît nécessaire de nous arrêter à la case de l'abeille, d'abord parce qu'elle offre un grand intérêt, ensuite parce qu'elle est le produit d'un des trois instincts que Darwin avait tenté d'expliquer et enfin parce que, quand il s'agit des industries animales, c'est à celle de l'abeille que tout le monde pense en premier lieu — ce qui s'explique d'ailleurs sans peine, puisque cet hyménoptère est le seul des animaux *domestiques* qui ait une grande industrie.

La méthode expérimentale nous a donné des éclaircissements sur ce que l'on a pu appeler « le mystère de l'architecture instinctive de la ruche ».

De même qu'un organe complexe, adapté à un but, comme l'œil d'un mammifère ou d'un oiseau n'a pas été réalisé par l'intelligence animale modelant sa propre substance (automorphose), de même des instincts complexes comme ceux de la guêpe cartonnière ou de la mouche à miel ne sont pas de la raison cristallisée. Si cette faculté psychique est intervenue au cours de la vie laborieuse de ces insectes ce ne put être que pour en régler quelques *détails* fort simples.

Retracez-vous mentalement le chemin qu'a suivi

l'intelligence humaine pour réaliser la fabrication du carton ou pour faire du sucre. Quel immense ensemble de connaissances *abstraites*, quelle multitude d'essais, quelle coopération d'hommes différents, de générations successives se transmettant, par la parole écrite, le résultat de leurs recherches ; que d'appareils compliqués, supposant l'existence d'autres industries, n'a-t-il pas fallu à nos fabricants de carton ou de sucre ? Et pendant toutes ces recherches humaines, la guêpe façonnait ses cornets, l'abeille distillait son miel... Croyez-vous qu'elles aient jamais pu suivre le chemin qu'a parcouru l'intelligence humaine ?

Non, à aucun moment de l'existence de leur espèce, les abeilles n'ont pu concevoir leur admirable plan d'existence, le créer *intellectuellement ;* elles l'ont réalisé matériellement par la sélection des actes utiles inaugurés dans la décharge diffuse, par l'imitation instinctive et par la sélection naturelle des mieux adaptés. Cependant ces facteurs n'expliquent peut-être pas toutes les particularités de ces instincts ; et l'on pourrait admettre qu'une certaine intelligence intervient parfois dans *les détails* de la vie des espèces industrieuses et qu'elle est intervenue parfois dans le passé, pour créer de légers perfectionnements, puis se cristalliser elle-même en instincts secondaires. C'est là tout le rôle qu'elle aurait pu jouer.

Nous avons essayé à plusieurs reprises et *sans succès* de reproduire une célèbre expérience de Huber qui, parmi de nombreux récits de cet auteur, nous avait beaucoup frappé. L'illustre entomologiste ayant recouvert d'une lame de verre une paroi de sa ruche d'essai vers laquelle les abeilles dirigeaient la construction de leur rayon, celles-ci auraient changé la direction de leurs travaux *avant* qu'ils fussent arrivés à toucher le verre ; ce qui supposerait une élaboration intellectuelle. Or, dans le même cas, nous avons toujours vu les abeilles continuer de construire jusqu'à la lame de verre, quittes à ne pas y prendre de points d'appui.

Il convient donc, selon nous, de garder jusqu'à nouvel ordre, une prudente réserve en ces matières et de ne pas perdre de vue la loi d'économie.

B. — LA THÉORIE DE L'ÉQUILIBRE DES TRAVAUX COLLECTIFS DES ABEILLES EST FAUSSE. — Une très ancienne hypothèse est restée en faveur auprès des zoologistes. Bien qu'elle tende à limiter le rôle de l'intelligence, nous la croyons absolument fausse. Darwin a repris cette théorie après Buffon. Or, il nous semble que le passage suivant du créateur du transformisme, relatif à cette manière de voir et que nous avons résumé, sans le discuter, dans notre « *Examen psychologique des animaux* » est, à vrai dire, très discutable : « La construction des cellules est le résultat d'un équilibre entre plusieurs abeilles se tenant toutes instinctivement à une même distance relative les unes des autres, toutes décrivant des sphères égales, et qui établissent les plans d'intersection entre ces sphères, soit en les élevant directement, soit en les ménageant lorsqu'elles creusent ». Je me demande comment Darwin, qui, par plusieurs observations fort exactes, a montré, d'autre part, qu'il avait vu travailler des abeilles, a pu croire un seul instant qu'elles « se tiennent à une égale distance les unes des autres » et que c'est pour cette raison que les centres des cellules sont aussi à la même distance les uns des autres. Nous allons constater que la chose est *matériellement impossible*. Mais discutons l'ensemble de la théorie.

Il y a ici une transposition, à l'effort nervoso-musculaire des abeilles, de la notion de la compression des corps plastiques et globulaires ou cylindriques. Mais parce que des bulles de savon agglomérées deviennent hexagonales, quand, étant égales entre elles, elles sont légèrement pressées, parce que des

pois, comprimés dans des tubes, prennent la même
forme, est-il permis de dire que les abeilles, qui
construisent des tubes de cire, subissent des poussées
réciproques, quand elles travaillent à égale distance
les unes des autres, en tournant sur elles-mêmes et
réalisent ainsi forcément un hexagone, sans qu'il soit
besoin de supposer qu'elles se le représentent psychiquement (ce qui pourrait ne pas signifier intellectuellement)? Et, d'ailleurs est-il vrai, *en fait*, que
les abeilles travaillent en même temps et équilibrent
ainsi leurs actions réciproques? Le peuvent-elles faire
matériellement? Cette question domine, certes, tous
les raisonnements du monde; sa solution négative
trancherait le débat et serait une conclusion péremp-
toire de toute discussion.

Plaçons-nous donc à ce point de vue.

Voici, d'abord, quelques observations : comment
Darwin ne s'est-il pas rappelé que les abeilles se succèdent et que chaque cellule est l'œuvre de plusieurs
abeilles dans la généralité des cas ?

Comment expliquerait-on la construction des cellules en bordure, c'est-à-dire des cellules construites
par des abeilles qui ne subiraient la « compression »
que d'un côté ?

Enfin, il n'est pas exact de dire que les abeilles
travaillent à égale distance les unes des autres en
confectionnant des alvéoles contigus. Et cela pour
cette excellente raison qu'*une seule abeille, tournant
latéralement sur elle-même, couvre non pas la superficie d'une cellule, mais celle de sept cellules.* Voilà
ce qu'aucun naturaliste ne semble avoir remarqué !
Ce n'est que dans le sens sagittal, quand elles péné-
trent dans le tube alvéolaire en mettant leur corps
perpendiculairement à la lame de cire dans laquelle
les cellules sont creusées, que ces hyménoptères
peuvent tenir dans une cellule, position qu'il leur
est du reste impossible de garder avant l'*achèvement*

du tube, et qui, par conséquent, ne peut aider en rien à sa fabrication !

Une expérience a d'ailleurs éclairé pour nous la question : *Si l'on isole une abeille, elle peut, placée dans de bonnes conditions, construire une cellule parfaitement régulière...*

C. — LA GENÈSE DES INSTINCTS DE L'ABEILLE. — EXPÉRIENCES. — La construction de la cellule est une industrie qui est sortie d'une autre industrie plus simple dont on ne voit plus aujourd'hui de traces matérielles ; mais dont on peut évoquer expérimentalement des vestiges.

Les abeilles ont dû, avant de construire sur un gâteau vertical des cellules à axe horizontal (légèrement oblique sur l'horizon), se servir de leurs vieux cocons (placés sur un plan horizontal) comme pots à miel et édifier, sur les bords, des rallonges de cire. Les tubes allongés ainsi réalisés étaient espacés, ne se touchaient pas et leur axe était vertical, comme celui des cocons de bourdons. (Ces derniers hyménoptères ont d'ailleurs l'instinct d'endurcir de cire leurs propres cocons). Mais les abeilles ont fait davantage ; leur cocon leur ayant fourni le moule de leurs tubes à miel, elles ont fini par le construire *sans le substratum* de ce cocon.

On ne manquera pas de nous objecter que le cocon de la larve de l'abeille est plus petit que la cellule puisqu'il y est inclus. En effet, la larve actuelle naît dans la cellule et y tisse son cocon ; mais on peut supposer qu'à l'origine, elle naissait libre et tissait un cocon plus grand, exactement de la grandeur de la cellule actuelle. *L'abeille aurait pris, plus tard, l'habitude de pondre dans les tubes qu'elle construisait sur les ruines de ses cocons,* obligeant ainsi ses larves à fabriquer leur cocon dans la cellule et à réduire, par conséquent, les proportions de leur ouvrage.

Mais n'allons pas plus loin sans expérimenter.

1° Que les abeilles aient pu se servir, au début, de vieux cocons nous croyons l'avoir prouvé en faisant travailler des abeilles sur des cocons d'autres insectes ayant les dimensions de la cellule actuelle. En accolant ces cocons, coupés de façon que leur profondeur fût insuffisante pour les besoins des abeilles, et *en tapissant entièrement* de ces tubes, une petite ruche, nous avons obtenu que les abeilles les utilisent en élevant sur leurs bords leurs parois habituelles.

2° Le fait de la réduction du cocon est « démontrable ». Nous l'avons obtenu chez des bombyx du mûrier en forçant des vers à soie à fabriquer leurs cocons dans des alvéoles ayant précisément les dimensions de leur cocon ordinaire.

Nous l'avons obtenu chez l'abeille elle-même en transportant des larves dans des cellules artificielles encore plus petites que celles de l'abeille.

Du reste, le rétrécissement de la cellule d'incubation et l'intercalation du cocon à l'intérieur de ce qui fut d'abord un tube de la même dimension que ce cocon, sont prouvés, nous semble-t-il, par cela même que la larve d'abeille, qui croît très rapidement, est bientôt si fort à l'étroit dans sa cellule qu'elle la remplit entièrement. C'est alors que les ouvrières sont souvent obligées d'écarter les parois, de les infléchir.

Nous en sommes donc à ce moment de la genèse de l'industrie des abeilles où ces hyménoptères construisent des tubes cylindriques allongés, verticaux et légèrement espacés, comme ceux des bourdons actuels. La rigueur croissante du climat dut les forcer à se loger en masse dans de petits espaces, surtout dans des creux d'arbres ; et, de ce fait, les tubes des nombreuses abeilles ainsi réunies ont été complètement accolés les uns aux autres.

C'est alors que l'influence de la sélection naturelle dut se faire sentir très profondément. Toute modification à l'industrie primitive présentant quelque avantage, dut être conservée et développée dans la vie de l'espèce. Or l'examen d'un rayon montre que tout y est organisé de façon que la plus grande économie possible de cire soit réalisée. C'est ce qu'avait merveilleusement compris Darwin. Il attribuait au hasard les modifications en mieux ; nous invoquons, nous, la décharge diffuse, le jeu, l'imitation, quelquefois l'intelligence... mais, avec ces influences, nous faisons, nous aussi, intervenir la sélection, qui accuse les résultats déjà acquis.

Le *nombre* des côtés de la cellule était imposé par la loi d'économie. Sans qu'il soit besoin de grands calculs géométriques, si, pratiquement, l'on cherche à grouper des tubes autour d'un autre tube du même diamètre, de manière à l'entourer complètement, on constate que, pour cela, il faut en placer 6 autour du premier pris comme centre. Les abeilles n'avaient donc pas à choisir le nombre des points de contact d'une cellule avec des cellules différentes ; géométriquement il ne pouvait y en avoir que 6 pour chaque cellule, par le seul fait que toutes, au début, étaient cylindriques.

La sélection a dû avoir un grand effet sur la forme des cellules ; c'est certainement à elle qu'est due la transformation du cylindre primitif en tube à parois planes. En effet, l'économie de cire ainsi réalisée est très importante pour l'abeille ; il n'est pas besoin de démontrer qu'une paroi droite exige moins de matériaux et de peines qu'une double paroi bi-concave. Nous adoptons ici complètement les vues de Darwin : « L'essaim particulier qui aura ainsi construit les meilleures cellules avec le moindre travail et la moindre dépense de miel transformé en cire aura réussi le mieux, et aura héréditairement transmis ses instincts économiques, nouvellement acquis, à ses essaims successifs, qui à leur tour aussi, auront eu une meilleure chance en leur faveur, dans la lutte pour l'existence. »

Un fait psychologique important et que nous avons étudié en parlant des lois de la répétition mnémonique, est que l'abeille sait continuer un ouvrage commencé, au lieu de le recommencer entièrement. C'est la raison pour laquelle elle ne double pas une paroi déjà faite quand il s'agit d'y accoler une nouvelle cellule. Profiter ainsi *du travail déjà fait* permet de réaliser une grande économie de cire.

De même que les nids des oiseaux, d'abord posés à terre, ont été ensuite construits sur des arbres, parce que leurs architectes étaient obligés de s'y réfugier en fuyant les attaques d'une foule d'ennemis, les cellules des abeilles, d'abord construites verticalement sur un plan horizontal, ont fini par être édifiées obliquement sur une lame allant de haut en bas en partant du plafond de la cavité où vit l'essaim. Il y avait là, du reste, un perfectionnement qui réalisait une grande économie de place, chose précieuse pour des insectes vivant en grand nombre dans les cavités étroites de vieux arbres. Par conséquent la sélection devait encore intervenir pour développer ce nouveau mode architectural.

Il convient d'ajouter que la notion d'imitation instinctive projette beaucoup de clarté dans ces questions. Elle permet, en effet, de comprendre la généralisation et la fixation, chez tous les représentants d'une espèce, de mouvements utiles, d'abord accomplis par quelques sujets isolés.

D. — LE RÊVE OBSÉDANT DE L'INSTINCT. — L'abeille travaille soit en ajoutant des pelotes de cire à d'autres, soit en creusant dans un bloc de cette matière amassée par elle. La première méthode est employée pour la confection de la lame verticale ; puis les deux méthodes sont employées successivement pour creuser l'ébauche de la cellule et ensuite en édifier les parois. Toutes deux concourent au même but : arriver à des proportions déterminées de la cellule.

Les écarts en trop ou en moins sont des espèces d'oscillations, et l'équilibre stable est enfin obtenu quand la concordance est parfaite entre la représentation mentale héréditaire de l'objet à modeler et sa réalisation matérielle : mémoire représentative, sensations actuelles du toucher, du sens musculaire, de la vue, etc., entrent ici en jeu.

Il semble qu'il y ait, chez les animaux industrieux, une vision, ou plus exactement un groupement de sensations obsédantes représentant l'objet à construire, que, la représentation étant un commencement d'action, il en résulte une tendance à réaliser l'objet, et que l'animal ne trouve d'apaisement à son besoin de le sentir devant lui que quand, en effet, il le sent et le voit réalisé, et, pour ainsi dire, *jouit* par avance de son utilisation.

Ce besoin de ne trouver devant soi que ce qui est conforme à la vision intérieure, créée par l'habitude, ne se manifeste pas seulement dans la construction de la case hexagonale. Voici, par exemple, des faits intéressants signalés par M. G. Bonnier, et que nous interpréterons en nous inspirant des idées que nous venons d'exposer, et non pas en invoquant, comme l'éminent professeur de la Sorbonne, l'intelligence proprement dite : « Si, a écrit G. Bonnier, l'on attache dans un cadre, au moyen de bouts de ficelle, des morceaux de rayons pris dans une ruche ordinaire, de manière à garnir ce cadre totalement, les abeilles, au bout de plusieurs jours, auront soudé entre eux tous ces morceaux, construit de nouveaux alvéoles dans les intervalles, de façon à ce qu'il n'y ait qu'un seul gâteau de cire dans tout le cadre. Mais les bouts de ficelle ? Les abeilles n'ont jamais vu de ficelle ; il ne doit pas y avoir de ficelle dans une ruche ! Le comité supérieur décide qu'il faut se débarrasser de cette ficelle ; une escouade de nettoyeuses est chargée de cette opération ». Les abeilles coupent et entraînent au dehors les ficelles ; et G. Bonnier invoque ici l'intelligence. Nous croyons qu'il n'y a dans ces faits qu'une manifestation du besoin de concordance entre la représentation intérieure et les objets de la ruche ; et, nous l'avons montré, il n'implique pas l'intelligence, mais seulement l'instinct. D'ailleurs, si l'on reprend l'expérience de G. Bonnier en remplaçant les ficelles par des fils de fer, on constate que les abeilles ne reconnaissent pas l'impossibilité d'attaquer ces fils avec leurs mandibules, et s'épuisent pendant longtemps autour de cet obstacle. Mais le principe des *oscillations* finit par s'appliquer et, ne pouvant supprimer les fils, *les abeilles les recouvrent*. De même quand un petit animal s'est introduit dans la ruche et y est mort, son voisinage est insupportable aux abeilles, parce que sa présence ne concorde pas avec leur représentation intérieure de la ruche. Elles commencent par essayer de le rejeter au dehors. N'y pouvant parvenir, elles emploient leur second moyen : elles amoncellent sur lui des matériaux, elles l'enrobent, l'ensevelissent. Cette habitude étant utile, se conserve nécessairement.

**

En résumé, ce que nous trouvons partout pour déterminer les actes fondamentaux des animaux, ce sont les influences extérieures et les facteurs psychiques inconscients. Il est probable que, *dans les détails* de leur industrie, les abeilles ont apporté quelques modifications dues à des éclairs d'intelligence ; mais déjà, dans notre *Examen psychologique des animaux*, nous montrions qu'il ne faut pas leur faire la part trop large. Cependant nous avions été entraînés, dans ce petit ouvrage, déjà vieux de plus de dix ans, à suivre Darwin dans son hypothèse de l'équilibre de l'action des abeilles travaillant de concert, et nous rattachions le fait à l'intelligence, comme la plupart des auteurs contemporains. Nous devons dire qu'une étude plus approfondie de la question nous a montré que Darwin s'était trompé sur ce point.

C'est une illusion de croire, nous le voyons de plus en plus, que *les principaux* actes industrieux ont été combinés mentalement par les êtres vivants auxquels ils profitent. De même, sur une carte géographique, les rivières *ont l'air* de se jeter intentionnellement dans les fleuves pour se rendre à la mer : elles ne font cependant que parcourir la ligne de la plus grande pente dans les vallées qu'elles suivent fatalement.

CONCLUSION

La méthode expérimentale nous a montré, non pas, certes, la nature intime des phénomènes de sensation et de réaction nervoso-musculaire (ou seulement protoplasmique) auxquels tout instinct peut être ramené, mais les conditions dans lesquelles l'instinct se développe, se complique de mille façons diverses. Ce résultat paraît acquis de façon positive, puisque les lois que nous avons invoquées nous ont permis de *prévoir* la réalisation expérimentale d'instincts véritables, qui se sont formés sous nos yeux; puisque, ayant restitué les conditions dans lesquelles des instincts devaient, selon nos vues, se former, nous avons, en effet, déterminé leur formation; et qu'enfin nous avons obtenu la transmission d'habitudes d'une génération aux suivantes.

L'expérience directe nous a donc révélé certains facteurs de l'évolution des instincts. Le point de départ de toute modification psychique est dans les excitations produites par le monde extérieur. La variation dépend des sensations qui correspondent à ces excitations et de leur groupement, c'est-à-dire de l'association récurrente (qui donne la clé des prévisions apparentes); elle dépend aussi des erreurs utiles, de l'imitation, de la répartition de l'énergie somatique, de la décharge diffuse, des essais, du jeu, etc...; elle dépend enfin, dans une très petite proportion, il est vrai, de l'intelligence proprement dite.

Nous n'avons pas essayé de situer dans le temps l'évolution des instincts et d'en rattacher les phases aux diverses époques de la « création naturelle ». C'est qu'en l'absence de vestiges des industries animales dans les périodes géologiques, une telle étude n'est guère possible; il faudrait, du reste, pour la faire, prendre chaque espèce animale séparément et tenter d'en écrire la phylogénie... L'animalité n'est pas, en effet, une individualité qui marche et progresse; elle est infiniment multiple, et, aux mêmes époques, ses innombrables représentants sont bien loin de se trouver au même niveau psychique ! Il n'y a pas une histoire unilinéaire du psychisme.

Combien d'espèces, laissées pour un temps par la nature, en dehors des influences modificatrices qui agissaient sur les autres espèces, sont restées dans leur forme primitive, aux points de vue physique et psychique, ou bien ont évolué très peu, et l'ont fait dans une direction particulière, qui ne constituait pas un progrès !

Il y a cependant quelques grands faits à signaler dans l'histoire générale de la mentalité animale. Ils dépendent des influences extérieures très puissantes qui ont agi sur de vastes contrées à une même époque géologique.

Le plus notable des événements qui influencèrent le psychisme des animaux fut peut être la révolution géologique qui finit de s'accomplir à l'époque tertiaire ; le refroidissement de la croûte terrestre. La chaleur du sol ne masquant plus désormais celle du soleil, les variations d'intensité du rayonnement calorifique de cet astre sur la terre devinrent sensibles : il y eut des saisons.

De la diminution générale de la température découlait la nécessité de rechercher des abris et aussi de couver les œufs, pour les ovipares, et de donner des soins aux petits pour les vivipares. De plus, comme l'année fut, dès lors, divisée en périodes de chaleur relative et de froid, il y eut un intérêt très puissant, pour les espèces, *à vivre vite*, à avoir terminé avant les grands froids, l'œuvre de reproduction. La période tertiaire fut donc, d'une part, celle où prirent naissance les industries des nids et les migrations, et où, d'autre part, se produisit une sorte de *condensation de la vie*. Ce fut le temps où la récurrence des associations (qui conduit à l'anticipation, à l'existence rapide), devenant de plus en plus utile, il y eut une sélection favorable aux espèces qui surent le mieux obéir à cette *loi de récurrence* et par conséquent vivre vite.

Particulièrement, la plupart des insectes furent obligés de faire tenir tout le cycle de leur existence dans le cours d'une année; et quelques espèces seulement, tout en raccourcissant leur vie, purent, grâce à une industrie, ou encore à un engourdissement hibernal, faire durer chacune de leurs générations pendant plusieurs années.

Ce fut aussi le temps où se développa une faculté nouvelle, l'intelligence, consistant en un emploi plus souple des matériaux déjà employés par l'instinct : les sensations et les réactions. Les animaux chez lesquels se produisit ce phénomène merveilleux appartenaient, selon toute évidence, à des espèces ayant vécu jusque-là sans acquérir d'habitudes réactionnelles fixes bien compliquées, tout en ayant une tendance à enregistrer de nombreuses sensations représentatives. Espèces heureuses, fortes physiquement ou bien particulièrement agiles et adroites, trouvant facilement une nourriture peu disputée, elles pouvaient regarder et écouter autour d'elles, parce qu'elles restaient, pendant de longs instants, sans besoin impérieux d'agir. Elles ne subissaient l'influence de la nécessité que dans la mesure où elle est féconde et stimule le psychisme, tandis que d'autres espèces en étaient les esclaves déprimées. A l'époque miocène, les mastodontes, les grands carnassiers et déjà beaucoup de singes, durent profiter des bienfaits d'une certaine intelligence.

Cette « faculté » n'éclaira, au début, et n'éclaire aujourd'hui encore, qu'un nombre limité d'espèces. Elle se développe chez celles-ci à côté de l'instinct, sans jamais détruire ce qu'il a d'essentiel. Grâce à elle, l'animal, au lieu d'obvier aux difficultés extérieures nouvelles par des réflexes longuement organisés, créant encore des complications d'instincts fixes, c'est-à-dire de nouvelles sujétions, est prêt désormais à des adaptations rapides, pouvant avoir un caractère temporaire. Sa vie est ainsi plus indépendante, et ce n'est qu'exceptionnellement que ses acquisitions intellectuelles se fixent en instincts secondaires par suite de très fréquentes répétitions automatiques.

On aperçoit, dès lors, les deux voies dans lesquelles se sont engagés les animaux : d'une part, l'instinct rigide, de l'autre, l'intelligence plastique. La seconde, celle des mammifères, des oiseaux, etc..., est de beaucoup la meilleure; en revanche, les êtres infiniment nombreux engagés dans l'autre voie, les insectes, par exemple, chez qui l'intelligence se montre à peine, sont appelés à mener une existence stéréotypée, de plus en plus complexe; et l'on ne conçoit d'autre fin à cette progression que la destruction de ces espèces, écrasées par un labeur au-dessus de leurs forces...

Ce fut là, sans doute, le mode d'extinction de bien des êtres vivants au cours des périodes géologiques.

FIN

TABLE DES MATIÈRES

LIVRE II

DE L'INSTINCT AU POINT DE VUE STATIQUE

CHAPITRE I. — Partie négative. — Ce qu'on a voulu opposer à l'instinct.

7835. — Paris. — Imp. Hemmerlé et Cie. — 12-11.

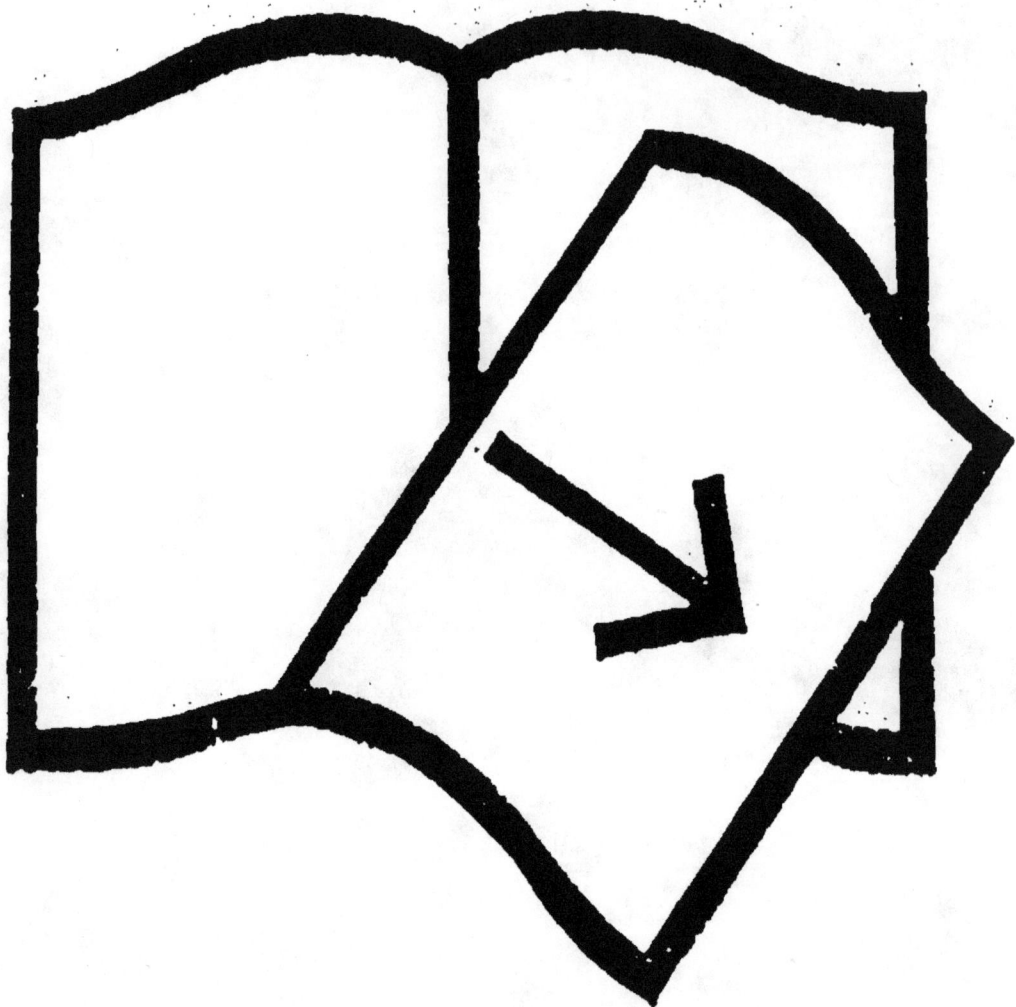

Documents manquants (pages, cahiers...)
NF Z 43-120-13